Key Technologies of

汽车轮毂液压混合动力系统关键技术

曾小华　李广含　宋大凤　著

Hydraulic Hub-Motor Hybrid System for Vehicles

化学工业出版社

·北京·

图书在版编目（CIP）数据

汽车轮毂液压混合动力系统关键技术/曾小华，李广含，宋大凤著.—北京：化学工业出版社，2019.11
ISBN 978-7-122-35262-0

Ⅰ.①汽⋯ Ⅱ.①曾⋯②李⋯③宋⋯ Ⅲ.①混合动力汽车-轮毂-动力系统-液压控制 Ⅳ.①U463.343

中国版本图书馆CIP数据核字（2019）第211475号

责任编辑：黄　滢　　　　　　　　　　文字编辑：冯国庆
责任校对：张雨彤　　　　　　　　　　装帧设计：王晓宇

出版发行：化学工业出版社（北京市东城区青年湖南街13号　邮政编码100011）
印　　装：北京缤索印刷有限公司
710mm×1000mm　1/16　印张15　字数292千字　2020年2月北京第1版第1次印刷

购书咨询：010-64518888　　　　　　　售后服务：010-64518899
网　　址：http://www.cip.com.cn
凡购买本书，如有缺损质量问题，本社销售中心负责调换。

定　价：98.00元　　　　　　　　　　　　　　　　版权所有　违者必究

前言

随着我国工业化与现代化进程的突飞猛进，能源危机和环保问题成为发展道路上的重要难题。汽车行业作为国内的支柱产业，节能减排迫在眉睫。研发"高效、节能"汽车是国内外汽车行业发展的共性需求，混合动力车辆凭借其优异的动力性和经济性，成为行业研究热点。然而，新能源技术目前多应用在乘用车领域，对于自重更大、油耗更高且动力性及通过性需求更高的重型商用车还未形成完整、成熟的技术方案。与乘用车相比，我国商用车技术的自主化程度更高，自主品牌在我国商用车市场占据主导地位，为自主混合动力商用车的研发和推广应用奠定了良好的技术基础。其中，轮毂液压混合动力系统凭借其功率密度大、质量体积小、综合成本低等优点，尤其在重型商用车领域表现出较强的竞争力与良好的市场应用前景。

在此背景下，本书从重型商用车的特点出发，详细介绍了轮毂液压混合动力关键技术在重型商用车领域的应用，并围绕系统集成建模、理论经济性能分析、多模式能量管理算法与非线性动态协调控制、测试平台搭建等内容做了重点讲解。

轮毂液压混合动力系统是在传统车的基础上，通过添加液压变量泵、蓄能器、液压轮毂马达、控制阀组等关键部件构成，其特有的静液辅助驱动与辅助制动功能不仅可以显著改善车辆在低附着路面的通过性，提高工况适应能力，还可以在车辆制动时通过蓄能器实现再生制动能量回收以提高整车经济性，同时通过蓄能器的液压辅助制动可改善制动安全性。诸多优点使轮毂液压系统在重型商用车市场表现出良好的应用前景，目前在欧洲市场比如法国波克兰、德国博世等公司已经推出了成熟的系统产品，得到国际著名商用车公司的认可并实现量产，如德国 MAN、法国雷诺等。但该技术在国内的发展仍处于起步阶段，笔者通过长期研究以及与企业的深度合作，实现了轮毂液压混合动力系统在重型商用车上的应用开发，希望打破国外的技术垄断。

本书结合重型商用车高效化和提升工况适应性的实际需求，提出了一整套轮毂液压混合动力系统关键控制技术。首先，从系统构型开始，详细介绍了关键部件的结构及其原理，并阐明了轮毂液压混合动力系统的基本工作模式，旨在给读者一个整体上的认识；然后，从车辆动力学、液压传动原理、热力学理论出发，进行了系统动态仿真建模，为控制策略开发做好铺垫；同时，基于理论分析总结了一套能耗分析方法，探究各油耗影响因素对系统节能品质的贡献机理；进一步，笔者结合全局优化算法开发了多模式能量管理策略和驱动力协调与非线性集成控制策略，是实现车辆高通过性、强动力性、低油耗的关键环节；最后，介绍了试验平台开发和测试验证内容，最终实现了完整的闭环开发流程。

同时笔者也结合国家自然科学基金项目、企业横向课题等实例进行了深入阐述和详细说明，力求做到文字准确严谨，配图清晰正确，内容丰富翔实，以方便读者阅读和学习。全书各部分主要内容概述如下。

首先建立了轮毂液压混合动力系统仿真平台。基于 MATLAB/Simulink 和 AMESim 仿真平台建立了轮毂液压混合动力系统动态集成模型，包括机械系统动力学模型与轮毂液压系统动态模型。根据轮毂液压系统的研究需求，针对液压系统动态模型分别介绍了常规液压系统建模方法和液压系统热力学建模方法。其中，对于常规液压系统动力学模型，对其关键部件变量泵的控制执行机构，本书采用了两种建模思路：一种是泵控系统的机理模型搭建；另一种则是利用系统参数辨识技术建立的液压变量泵准稳态模型。同时利用节点容腔法对液压系统动态模型集成，并根据实时仿真需求对液压系统模型存在的刚性问题进行了降阶简化。而对于液压热力学模型，本书分析了系统产热、散热机理，建立了系统热平衡关系。最后利用 MATLAB/Simulink 和 AMESim 软件对建立的模型进行了准确性与可行性的对比验证。

为更加细致地分析混合动力系统节能原理及各油耗影响因素对节油的贡献度，本书首次提出了基于能量计算的轮毂液压混合动力系统理论油耗计算模型。通过提出"平均综合传动效率"概念将再生制动、发动机平均燃油消耗率、机械传动效率等因素解耦，分别定量分析各因素对系统节油的贡献度，为混合动力系统开发前期指标的制定提供了理论依据，同时为开发中后期系统的优化和标定指明了方向，从而进一步提高整车经济性优化的效率。

轮毂液压混合动力系统的全局最优控制策略以全工况下的综合能耗最小为控制目标，寻找确定工况下系统综合油耗最低的全局最优解。尽管全局优化算法由于运算量庞大而无法实现在线实时应用，但仍然可以为轮毂液压混合动力系统工作模式切换规则的制定提供有意义的参考依据。因此，本书提出了轮毂液压混合动力系统全局优化算法。根据轮毂液压混合动力系统高速行驶时蓄能器放能限制的工作特性，采用基于车速-蓄能器 SOC 自适应调节方法计算等效燃油消耗因子，进而计算目标罚函数，保证蓄能器 SOC 维持在一定目标范围的同时，也保证蓄能器存在足够的能量空间进行再生制动能量回收；同时，根据轮毂液压混合动力系统各模式工作点控制相对固定的特性，对全局优化算法进行了改进，通过控制变量降维，在不影响优化结果精度的前提下实现更高的计算效率。

在充分了解轮毂液压混合动力系统节能原理及节油能力的基础上，选择合适的能量管理控制策略是提升混合动力系统经济性的重要途径。本书提出了基于分层控制的多模式能量管理策略控制架构。根据全局优化算法的计算结果，通过规则提取以及 LQR 调节器的设计，最终形成一种基于固定门限阈值以及 SOC 目标跟踪控制的最优控制层控制方法，在不同的工况下仿真均实现了近似最优的控制效果。此外，根据轮毂液压混合动力系统多模式控制需求，建立了多模式泵排量控制算法以及基于热特性的温度补偿控制算法，实现机械传动系统与液压传动系统的驱动力最佳分配。

本书使用大量篇幅介绍了提高轮毂液压混合动力系统燃油经济性的方法，然而，轮毂液压混合动力系统是一类典型的强非线性、参数时变的机电液复杂耦合控制系统，前轮液压传动部件与中后轮机械传动部件的响应特性差异明显，系统动态控制品质也将成为影响该系统在重型商用车上推广应用的关键。因此，本书将驱动力动态协调与非线性集成控制作为轮毂液压混合动力重型商用车的另一关键技术，设计了非线性动态协调集成控制架构，通过多模式变量泵排量优化控制算法计算稳态控制目标，并采用基于 MPC 的驱动力协调控制策略得到动态控制增量，进一步基于 Lyapunov 稳定性原理的非线性控制器实现优化目标的跟踪控制，最终得到 NMPC 非线性动态协调集成控制器，解决了轮毂液压混合动力系统工作过程中驱动力协调以及液压系统的本质非线性引起的控制问题，提升了轮毂液压混合动力系统的动力性、通过性以及动态控制品质，为推进轮毂液压系统的产业化发展扫清了障碍。

最后，本书分别介绍了轮毂液压混合动力系统的 HIL 测试平台、台架试验平台以及样车试验平台，验证了系统基本功能及性能，并对系统的多模式能量管理策略和非线性动态协调控制策略进行了有效性与实时性验证，大大缩减了实车调试和开发的周期。

总体来讲，本书结合重型商用车混合动力化实际需求，提出了一整套轮毂液压混合动力系统关键控制技术，从重型车辆轮毂液压混合动力系统动态建模，到系统多模式能量管理策略开发，再到非线性动态协调控制器的设计以及试验平台测试验证，具备较强的综合性，为轮毂液压混合动力系统在重型商用车上的实际应用与推广奠定了理论基础，也为提升我国新型重型商用车的产品竞争力提供了重要保证。

本书可供汽车相关专业的研究生以及从事节能与新能源汽车工作的研究人员使用，旨在为读者提供一本专门介绍汽车轮毂液压混合动力系统完备开发内容和流程的专业书籍，为我国轮毂液压混合动力系统的自主开发提供重要理论借鉴与实际参考。

本书由吉林大学汽车仿真与控制国家重点实验室和汽车工程学院课题组组织，由曾小华、李广含、宋大凤著。李立鑫、孙可华、张轩铭、刘持林参与了书稿的前期策划及资料的搜集、部分插图绘制和文稿整理工作。全书由宋大凤教授统稿。王庆年教授提出许多宝贵的意见。在此，一并表示感谢。

由于本书涉及的研究内容广泛，加之笔者水平有限，书中不妥之处在所难免。欢迎使用本书的广大读者批评指正。笔者联系方式（E-mail）：zeng.xiaohua@126.com。

目录

第 1 章　绪论 ··· 1
  1.1　行业发展背景 ··· 1
  1.2　液压混合动力系统 ··· 3
    1.2.1　静液压驱动形式 ·· 3
    1.2.2　系统构型 ··· 5
    1.2.3　液压混合动力技术的发展概况 ·· 8
  1.3　轮毂液压混合动力系统 ··· 10
    1.3.1　轮毂液压混合动力系统国外产品现状 ································· 10
    1.3.2　轮毂液压混合动力系统国内研究现状 ································· 13
  1.4　轮毂液压混合动力系统关键技术 ··· 14
    1.4.1　能量管理控制策略 ·· 14
    1.4.2　驱动力协调控制技术 ··· 17
    1.4.3　非线性控制技术 ·· 19
    1.4.4　温度补偿控制技术 ··· 21
  本章小结 ··· 24

第 2 章　轮毂液压混合动力系统概述 ·· 25
  2.1　系统构型方案 ··· 25
    2.1.1　轮毂液压混合动力系统构型 ··· 25
    2.1.2　轮毂液压混合动力系统的优势 ·· 27
  2.2　液压关键部件结构及原理 ·· 28
    2.2.1　液压变量泵 ··· 28
    2.2.2　轮毂液压马达 ·· 29
  2.3　系统基本参数 ··· 29
  2.4　基本工作模式 ··· 30
    2.4.1　液压传动回路 ·· 30
    2.4.2　基本工作模式 ·· 31
  本章小结 ··· 36

第 3 章　轮毂液压混合动力系统建模 ·· 37
  3.1　机械系统动力学模型 ·· 37

3.1.1　整车动力学模型 ··· 37
　　　3.1.2　发动机模型 ··· 41
　　　3.1.3　离合器和变速器模型 ··· 42
　　　3.1.4　轮胎模型 ·· 43
　　　3.1.5　制动器模型 ··· 44
　　3.2　液压系统动力学模型 ··· 47
　　　3.2.1　常规液压系统模型 ·· 47
　　　3.2.2　液压系统热力学模型 ··· 64
　　3.3　轮毂液压系统集成建模与仿真验证 ·· 77
　　　3.3.1　系统仿真平台简介 ·· 77
　　　3.3.2　常规液压系统集成模型仿真验证 ·· 80
　　　3.3.3　液压热力学模型集成仿真验证 ··· 90
　　本章小结 ·· 93

第4章　轮毂液压混合动力系统能耗分析方法 ··· 95
　　4.1　基于能量的系统理论油耗计算模型 ·· 96
　　　4.1.1　轮毂液压混合动力系统内部能量流分析 ································ 96
　　　4.1.2　平均综合传动效率定义 ·· 98
　　　4.1.3　理论油耗计算模型 ·· 99
　　4.2　基于理论油耗模型的节油贡献率分析 ··· 100
　　　4.2.1　理论综合油耗增量计算模型 ··· 101
　　　4.2.2　节油量与节油贡献率定义 ·· 101
　　4.3　理论油耗计算模型仿真验证 ··· 102
　　　4.3.1　基本控制策略 ··· 102
　　　4.3.2　仿真工况选择 ··· 104
　　　4.3.3　理论油耗仿真计算结果 ··· 105
　　4.4　轮毂液压混合动力系统油耗影响因素讨论 ······································· 106
　　　4.4.1　再生制动能量回收节油贡献率 ·· 106
　　　4.4.2　发动机平均燃油消耗率节油贡献率 ····································· 109
　　　4.4.3　平均综合传动效率节油贡献率 ·· 111
　　　4.4.4　理论油耗影响因素分析小结 ··· 113
　　本章小结 ·· 114

第5章　轮毂液压混合动力系统全局优化算法 ··· 115
　　5.1　全局优化算法基本原理 ··· 115
　　5.2　轮毂液压混合动力系统全局优化算法 ··· 118
　　　5.2.1　基于车速-蓄能器SOC自适应的等效燃油消耗因子计算 ·········· 118

  5.2.2 基于系统多模式特性的全局优化改进算法 …………………………………… 122

 5.3 全局优化算法计算结果 ………………………………………………………………… 125

  5.3.1 全局优化算法计算结果 …………………………………………………………… 126

  5.3.2 基于能量计算模型的全局优化算法结果 ………………………………………… 129

 本章小结 …………………………………………………………………………………… 132

第6章 多模式能量管理控制策略 …………………………………………………………… 133

 6.1 辅助驱动和再生制动控制策略 ………………………………………………………… 133

  6.1.1 辅助驱动控制 ……………………………………………………………………… 133

  6.1.2 再生制动控制 ……………………………………………………………………… 144

 6.2 多模式泵排量控制算法 ………………………………………………………………… 149

  6.2.1 基于综合效率最优的蠕行模式泵排量控制 ……………………………………… 149

  6.2.2 基于最优驱动力分配的闭式回路泵助力模式泵排量控制 ……………………… 153

  6.2.3 基于最优控制规则提取的主动充能模式泵排量控制 …………………………… 157

 6.3 温度补偿控制算法 ……………………………………………………………………… 158

  6.3.1 蠕行模式温度补偿策略 …………………………………………………………… 158

  6.3.2 助力模式温度补偿策略 …………………………………………………………… 161

  6.3.3 极限状态温度补偿控制策略 ……………………………………………………… 164

 本章小结 …………………………………………………………………………………… 166

第7章 驱动力协调与非线性集成控制策略 …………………………………………………… 168

 7.1 驱动力动态协调与非线性集成控制架构 ……………………………………………… 168

 7.2 基于模型预测控制的驱动力协调控制器 ……………………………………………… 169

  7.2.1 面向控制器设计的轮毂液压混合动力系统模型 ………………………………… 171

  7.2.2 预测模型 …………………………………………………………………………… 172

  7.2.3 约束优化 …………………………………………………………………………… 174

 7.3 基于Lyapunov稳定性的泵排量非线性控制 ………………………………………… 177

  7.3.1 液压系统非线性控制问题 ………………………………………………………… 177

  7.3.2 面向控制器设计的泵排量控制执行机构模型 …………………………………… 177

  7.3.3 基于Lyapunov稳定性的非线性控制器设计 …………………………………… 178

  7.3.4 名义仿真工况验证 ………………………………………………………………… 180

 7.4 仿真验证 ………………………………………………………………………………… 181

  7.4.1 低附着路面工况仿真结果 ………………………………………………………… 181

  7.4.2 高附着路面工况仿真结果 ………………………………………………………… 184

  7.4.3 非线性动态协调控制器性能评价 ………………………………………………… 186

 本章小结 …………………………………………………………………………………… 187

第 8 章　轮毂液压混合动力系统试验平台 …… 188

8.1　HIL 仿真测试 …… 188
8.1.1　HIL 仿真平台 …… 188
8.1.2　HIL 仿真测试 …… 190

8.2　台架试验测试 …… 194
8.2.1　测试方案 …… 194
8.2.2　测试设置 …… 195
8.2.3　试验内容 …… 196

8.3　实车试验测试 …… 200
8.3.1　试验样车搭建 …… 200
8.3.2　实车试验测试 …… 201

本章小结 …… 207

参考文献 …… 208

第 1 章

绪 论

1.1 行业发展背景

"高效、节能"已经成为我国商用车未来发展的重要主题。随着我国工业化和城市化的发展,我国商用车总销量持续增长,全球商业咨询公司 AlixPartners(艾睿铂)发布的"全球商用车行业展望报告"显示,我国已经成为全球商用车行业第一大制造国,商用车行业发展正面临巨大的机遇与挑战。其中,重型商用车作为商用车的重要组成部分,在国家的现代化基础建设中扮演着重要的角色,其市场需求也在稳步增长。图 1-1 所示为 2016~2018 年我国商用车的销量结构,与 2016 年相比,2017 年和 2018 年重型商用车的销售比重已经由 20%提升至 25%以上,成为我国商用车销量增长的主力。

图 1-1 2016~2018 年我国商用车的销量结构

2006~2018 年我国重型商用车的年度销量与同比增长率如图 1-2 所示。2017 年开始,交通运输部、生态环境部等国务院组成部门密集出台相关政策,严格控制公路超载运输。随着 2016 年新版 GB 1589 实施,平均单车载重量下降约 18%,加上政府严格治理超标的措施,2017 年国内重型商用车销量达到

111.7万辆的峰值。截至2018年年底，我国重型商用车销售114.8万辆，同比增长3%，呈现出稳步增长的趋势。

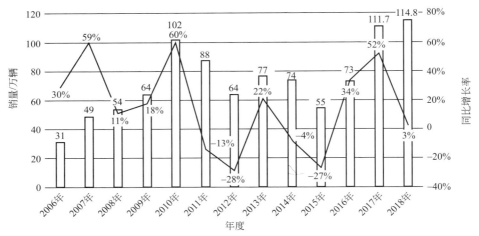

图1-2 2006～2018年我国重型商用车的年度销量与同比增长率

重型商用车在工作过程中经常遇到山区道路、乡间松软路面、冰雪路面等低附着路面工况（此类路面的附着系数较小，一般处于0.3～0.4之间，偶尔伴随着较大坡度），对车辆动力性及通过性需求较高。对此传统解决方案往往采用全轮驱动设计，通过有效利用车辆自身附着重量获取更大的驱动力。然而，重型商用车大部分时间仍然工作于平坦的良好路面，据统计，对一般重型商用车来说，其所遇到的良好硬路面工况占其工作环境的90%。尽管全轮驱动车辆能够克服传统后轴驱动车辆的弱点，但在良好路面上全轮驱动车辆的经济性相对于传统后轮驱动车辆仍然较差。而且，全轮驱动车辆容易产生寄生功率，不仅会增加传动系统零件的载荷，还会加剧轮胎因过多滑动引起的磨损，降低系统的传动效率和牵引效率。相比于乘用车，商用车由于自重大、油耗高、行驶时间长，具有更迫切的节能减排需求。据不完全统计显示，只占汽车总量13.9%的重型商用车消耗了汽车油耗总量的49.2%。可见，节能减排对重型商用车仍然具有重要意义，同时更严格的整车油耗性能需求也使得传统重型商用车在动力性与经济性需求之间的矛盾难以有效解决。

随着新能源汽车技术的发展，混合动力车辆可以在满足整车动力性需求的前提下，通过提升发动机工作效率以及再生制动能量回收等途径，使整车获得良好的经济性与排放性。因此，在广阔的市场需求、严格的油耗限值和更高的整车综合性能需求的背景下，发展高效商用车混合动力系统是解决上述问题的有效途径，进行混合动力商用车开发过程的关键技术研究，对混合动力商用车的产业化应用具有重要意义。其中，液压混合动力技术凭借其功率密度大、充放能速度快以及能量回收效率高等优点,使得重型车辆具备较强的竞争力与良好的应用前景,可视为综合解决重型商用车上述矛盾的可行性方案。

1.2 液压混合动力系统

液压混合动力技术在重型商用车上具备良好的应用前景,本节首先介绍液压混合动力系统的静液压驱动形式、系统构型以及液压混合动力技术的发展概况。

1.2.1 静液压驱动形式

按照不同的分类方法,液压传动系统的基本形式可分为:开式液压回路传动、闭式液压回路传动以及功率分流式液压传动。

1.2.1.1 开式液压回路传动系统

开式液压回路传动系统构型较为简单,如图 1-3 所示。液压泵从油箱吸油,液压油液流经各种控制阀后,驱动液压执行元件,再经过换向阀流回油箱。开式液压回路传动系统可以发挥油箱的散热、沉淀杂质的作用。因油液常与空气接触,使空气易于渗入系统,导致机构运行不平稳等问题,因此需要在液压油路上设置背压阀,但是会引起附加的能量损失,使油温升高;同时换向过程中会出现液压冲击和能量损失,系统效率较低。

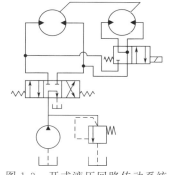

图 1-3 开式液压回路传动系统

开式液压回路传动系统的特点如下。

① 一般采用双泵或三泵供油,先导油由单独的先导泵提供。有些液压执行元件所需功率较大,需要合流供油。合流有以下两种方式。

a. 阀内合流。一般由双泵合流供油给一个阀杆,再由该阀杆供油给所需合流的液压执行元件,该合流方式的阀杆孔径设计需要考虑多泵供油所需的流通面积。

b. 阀外合流。双泵分别通过各自阀杆,通过两阀联动操纵,在阀杆外合流供油给所需合流的液压执行元件。虽然操纵结构相对复杂、体积较大,但是流经阀杆的是单泵流量,阀杆孔径相对较小,可以与其他阀杆通用。

② 为满足多种作业工况及复合动作要求,一般采用简单的通断型二位二通阀和插装阀,把油液从某一油路直接引到另一油路,并往往采用单向阀防止油液回流,构成单向通道。通断阀操纵有以下两种方式。

a. 采用先导操纵油联动操纵，先导操纵油在控制操纵阀杆移动的同时，联动操纵通断阀。

b. 采用操纵阀中增加一条油道作为控制通断阀的油道，这样在操纵作动阀的同时，也操纵了通断阀的开闭。

1.2.1.2 闭式液压回路传动系统

闭式液压回路传动系统如图1-4所示，液压泵的进油管直接与执行元件的回油管相连，工作油液在系统的管路中进行封闭循环。闭式液压回路传动系统结构较为紧凑，和空气接触机会较少，空气不易渗入系统，故传动的平稳性好。工作机构的变速和换向依靠调节泵或马达的变量机构实现，避免了在开式系统换向过程中所出现的液压冲击和能量损失，因此系统效率较开式系统高。但闭式系统较开式系统复杂，由于闭式系统工作循环后的油液不回油箱，油液的散热和过滤的条件较开式系统差。为了补偿系统中的泄漏，通常需要一个小容量的补液泵进行补油和散热，因此这种系统实际上是一个半闭式系统。

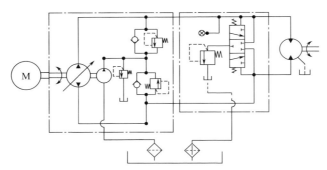

图1-4 闭式液压回路传动系统

闭式液压回路传动系统具有如下优点。

① 目前闭式液压回路传动系统中的变量泵均为集成式构造，补油泵及控制阀组集成于液压泵上，使管路衔接变得简略，不仅缩小了安装空间，而且减少了由管路衔接造成的泄漏和管道振动，提高了系统可靠性。

② 补油系统不仅能在主泵的排量产生变化时保证容积式传动的响应和系统的动作频率，还能增加主泵进油口处的压力，防止大流量时产生气蚀，可有效提高泵转速和防止吸空，提高系统工作寿命；补油系统中装有过滤器，可提高传动装置的可靠性和应用寿命；另外，补油泵还能便利地为其他低压辅助机构供给动力。

1.2.1.3 功率分流式液压传动系统

功率分流式液压传动系统就是把行星差动轮系与液压调速装置组合起来，如图1-5所示，发动机输入的功率流划分为可无级调速的液压功率流和高效率的机械功率流,然后经汇流行星排把两路汇合起来。此项技术把液压传动无级调速和机械传动稳态效率高的优点结合起来,不仅具有无级变速性能,而且有较高的效率和较宽的高效区。

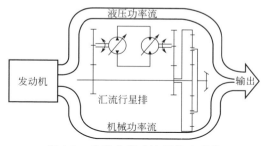

图 1-5 功率分流式液压传动系统

1.2.2 系统构型

根据动力传动系统的拓扑结构分类,液压混合动力系统可以分为串联式、并联式、混联式、轮边驱动式以及轮毂驱动式五种类型。

(1) 串联式构型

串联式液压混合动力车辆的动力传动系统中有两种或两种以上的动力源可同时或单独提供动力,但仅有一种执行元件驱动负载工作。该动力传动系统主要由发动机、变量泵、主减速器、液压蓄能器和液压泵/马达组成,如图 1-6 所示。发动机和高压蓄能器为两个动力源;与主减速器连接的液压泵/马达主要作为驱动车轮的执行元件使用,具有双向和可逆的特性;与发动机连接的变量泵主要作为动力元件使用。串联动力传动系统,可以由普通静压传动系统加液压蓄能器组成,也可以由恒压源液压网络加液压蓄能器或飞轮组成。

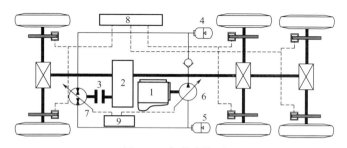

图 1-6 串联式构型

1—发动机;2—变速箱+分动箱;3—离合器;4—高压蓄能器;5—低压蓄能器;
6—变量泵;7—液压泵/马达;8—制动系统;9—控制器

串联式液压混合动力车辆起步或正常行驶时,液压泵/马达以马达工况工作,作为驱动车轮的执行元件使用;当车辆制动(非紧急制动模式)时,以泵的工况工作,将车辆具有的惯性能进行回收,并将车辆的惯性能以液压能的形式存储于高压蓄能器中,这部分能量将在车辆起步和爬坡时释放,弥补与发动机相连的变量泵动力输出的不足,从而达到提高车辆动力性和燃油经济性的目的。

(2) 并联式构型

并联式液压混合动力车辆是指其作为驱动系统时与发动机处于并联形式。并联式构型中同样由两种制动系统复合而成,可同时或单独提供制动力。而其参与驱动过程时有两个或两个以上相应的执行元件可同时驱动负载。该动力传动系统主要由变速箱、主减速器、液压蓄能器和液压泵/马达组成,如图1-7所示。并联式构型通常保留传统车辆的动力传动链,只是在原传动链上增加了由液压泵/马达和液压蓄能器组成的能量再生装置,从而在参与驱动时形成双动力驱动。

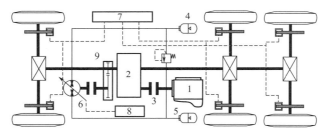

图1-7 并联式构型

1—发动机;2—变速箱+分动箱;3—离合器;4—高压蓄能器;5—低压蓄能器;
6—液压泵/马达;7—制动系统;8—控制器;9—动力耦合器

当车辆制动时,变量泵/马达以泵的工况工作,将车辆具有的惯性能进行回收并存储于高压蓄能器中。并联式液压混合动力汽车处于驱动工况时,发动机和液压马达可以分别独立地向车辆提供动力,也可以共同工作,无需串联式液压混合动力驱动系统的专用液压泵,因此该构型更近似于传统车辆的传动系统,在其作为液压辅助驱动系统时,如果出现问题,仍然可以按照传统汽车驱动方式,由发动机单独驱动继续工作。

(3) 混联式构型

混联式液压混合动力车辆综合了串联式构型与并联式构型的特点,如图1-8所示。虽然在理论上混联式构型最容易实现性能最优,提高汽车的适应能力,但系统过于复杂,控制难度大,部件性能要求高,设计加工困难,造价高。因此混联式液压混合动力系统在研究、开发和应用中都受到很大的限制。

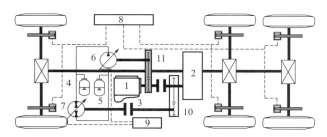

图 1-8 混联式构型

1—发动机；2—变速箱+分动箱；3—离合器；4—高压蓄能器；5—低压蓄能器；6—变量泵；
7—液压泵/马达；8—制动系统；9—控制器；10—动力耦合器；11—取力器

（4）轮边驱动式构型

轮边驱动式静液传动混合动力系统属于串联式构型的变形，如图 1-9 所示，其驱动元件直接与车轮连接，而不是与驱动桥连接。这种结构的工作模式更为多样化，节油效果和驾驶性能也更加优越。但这种结构较为复杂，成本较高，控制系统也较为复杂，适用于飞机牵引车等特殊车辆。

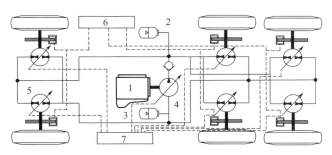

图 1-9 轮边驱动式构型

1—发动机；2—高压蓄能器；3—低压蓄能器；
4—变量泵；5—液压泵/马达；6—制动系统；7—控制器

（5）轮毂驱动式构型

轮毂驱动式构型是指在传统后驱车辆基础上，增加由液压变量泵、液压控制阀组、从动轮（前轮）轮毂液压马达、液压蓄能器、取力器（power take off，PTO）等组成的轮毂液压驱动系统，如图 1-10 所示，可以实现辅助驱动与辅助制动两大功能。当该系统进行辅助驱动时，发动机动力经过 PTO 分流，分别传递至中后轮机械传动路径以及前轮液压传动路径，进而实现全轮驱动，可以显著改善车辆在低附着路面的通过性；当车辆制动时可以通过蓄能器实现再生制动能量回收以提高整车经济性，而且通过蓄能器的液压辅助制动还可以改善制动安全性，在重型商用车上显现出良好的市场应用前景。

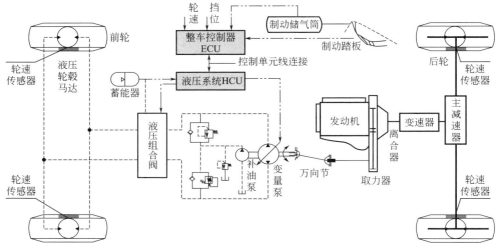

图 1-10 轮毂驱动式构型
----液压管路连接；- - -信号线连接；──机械连接

与油电混合动力系统相比，轮毂液压驱动系统重量和体积更小、综合成本更低，具有非常好的应用潜力。目前德国博世（BOSCH）、法国波克兰（POCLAIN）、美国伊顿液压（Eaton Hydraulics）等公司均已经相继推出了较为成熟的轮毂液压混合动力系统产品，并在较多国际著名的商用汽车公司得到广泛应用；同时，将轮毂液压混合动力系统应用于城市物流车辆进行再生制动能量回收，也实现了较好的经济性能。

1.2.3 液压混合动力技术的发展概况

早在 20 世纪 70 年代，受到世界能源危机影响，德国、美国等发达国家开始研究液压混合动力技术，期望利用液压传动技术改善汽车燃油经济性与动力性。自 1977 年德国汉堡国防工业大学的著名教授 H. W. Nikolaus 首次定义了二次调节静液压传动概念后，国外众多学者围绕液压混合动力系统，在系统构型、建模仿真、系统控制以及节能规律等方面展开了大量的研究，为液压混合动力系统产品的推出奠定了理论研究基础。经历了近 10 年的理论研究积累，1985 年德国 MAN 商用汽车公司最早推出了液压混合动力公交车样车 MAN Hydrobus，该系统采用液压蓄能器作为储能元件，有效改善了系统的排放性能。

20 世纪 90 年代以后，液压混合动力技术得到了国外各国政府与研究机构的高度重视，推动液压混合动力技术发展进入了一个新的阶段。德国 MAN、德国博世（BOSCH）、法国波克兰（POCLAIN）、英国里卡多（Ricardo）、美国环境保护署（Environmental Protection Agency，EPA）、美国伊顿液压（Eaton Hy-

draulics)、美国福特（Ford）、美国派克汉尼汾（Parker Hannifin）、美国澳汰尔（Altair Product Design）、日本三菱等均对液压混合动力系统进行了深入研究与开发，并推出了相关的液压混合动力系统产品，如图 1-11 所示。图 1-11 显示了日本三菱公司采用静液压传动混合动力技术推出的基于恒压系统（constant pressure system，CPS）的公交车、美国 EPA 与福特公司合作推出的并联式液压混合动力 SUV F550、美国伊顿液压公司基于液压辅助启动系统（hydraulic launch assist，HLA）开发的重型城市垃圾运输车、美国澳汰尔公司推出的世界上第一款装备液压混合动力技术批量生产的公交车、德国博世力士乐研制的并联式液压制动能量回收系统（hydraulic regenerative braking system，HRB）应用于市政垃圾运输车辆以及博世力士乐采用液压混合动力技术的挖掘机。

(a) CPS　　　　　(b) SUV F550　　　　　(c) HLA系统

(d) 液压混合动力公交车　　(e) HRB系统　　(f) 液压混合动力挖掘机

图 1-11　液压混合动力系统产品

国内方面，受到相关政策的影响，相关企业与研究机构的研究重心主要集中于油电式混合动力系统，而针对液压混合动力技术的研究起步较晚，但近些年也得到了一定的发展，国内较多企业推出了相关的液压混合动力系统产品。国内较有代表性的企业当属上海交大神舟汽车节能环保有限公司。2005 年，该公司首次推出液压混合动力客车样车，节油率可达 26%；并于 2006 年和上海申沃、厦门金旅等企业合作，成功推出 SWB6106HG 型、XML6115 型液压混合动力公交车产品，平均减排率高于 30%；2013 年，该公司又示范运行了其创新的液压混合动力公交车，进一步消除起步黑烟，降低系统成本。此外，北京创世奇科技公司、北京嘉捷恒信能源技术有限公司、厦门金龙公司等国内企业也有相关的液压混合动力系统产品，其中部分也已经开始商业化运营。

除了上述国内相关企业推出的产品外，国内相关高校在液压混合动力系统的理论方面也进行了较深入的研究，主要有哈尔滨工业大学、吉林大学、浙江大学、清华大学、南京理工大学等。其中，哈尔滨工业大学以姜继海教授为核心的液压传动课题组围绕串联式、并联式以及轮边驱动式静液传动混合动力系统进行了较为细致的研究，并利用仿真测试或者样车试验进行了验证，其所研制的采用前桥静液辅助驱动系统的6×4矿用车，如图1-12所示。该构型通过在变速箱输出轴安装取力器，将动力通过液压泵传递给液压马达，车辆可以实现自由轮、举升、辅助驱动和辅助制动四个模式。吉林大学刘昕晖教授领导的流体传动与控制课题组也是国内较早开展液压混合动力技术研究的团队之一，其在串联式车辆、并联式车辆以及工程机械挖掘机等方面均取得了不错的研究成果。浙江大学王庆丰教授团队、管成教授团队主要在工程机械方面，尤其是针对液压混合动力挖掘机、自卸车等系统进行了大量的研究。清华大学杜玖钰等人对功率分流式液压混合动力系统进行了参数优化与控制策略设计。南京理工大学常思勤教授则对串联式液压混合动力系统的动态特性进行分析，并优化了液压系统的设计参数。

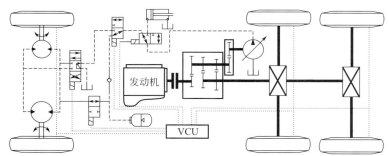

图1-12 哈尔滨工业大学研制的前桥静液辅助驱动系统
——控制信号；----液压油路

1.3 轮毂液压混合动力系统

在众多的液压混合动力系统构型中，轮毂液压混合动力系统性能优异，应用于重型商用车上优势明显，本节主要介绍轮毂液压混合动力技术应用的国内外产品现状。

1.3.1 轮毂液压混合动力系统国外产品现状

国外液压混合动力技术发展较为成熟，且具备广阔的应用前景。但是目前液压混合动力系统产品大多采用串联式或者并联式构型，所应用的对象多为公交车、中/重型卡车、城市 SUV 或者挖掘机等工程机械。围绕重型商用车进行应用的静液压辅助轮毂驱动系统，目前国外的研究主要集中在欧洲的法国与德国。其中，法国波克兰液压有限公司最早开展轮毂液压驱动技术的研究，并相继推出了轮毂液压辅助前桥驱动系统和轮毂液压辅助后桥驱动系统。2009 年，法国波克兰公司与德国 MAN 公司合作，推出静液压前桥辅助驱动系统 HydroDrive，如图 1-13 所示。该系统将液压变量泵安装在变速器后方，并通过安装在前轮的轮毂液压马达实现辅助驱动，相比全轮驱动系统可省去分动器等机构，进而实现整车减重 400kg，具备较好的动力性与经济性。

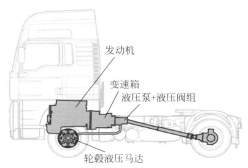

图 1-13 德国 MAN 公司的产品

2010 年，法国波克兰公司与法国雷诺公司合作推出 OptiTrack 重型商用车液压辅助驱动系统产品，如图 1-14 所示。与 HydroDrive 系统相比，OptiTrack 系统的液压变量泵通过发动机 PTO 取力，改善了变量泵的工作环境。

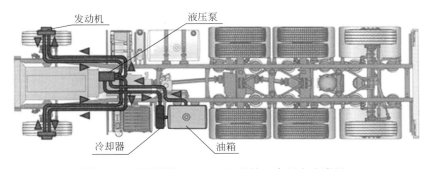

图 1-14 法国雷诺 OptiTrack 系统（参阅书末彩图）

同时，轮毂液压系统在北美市场也已得到实际应用，如美国肯沃斯（KENWORTH）公司采用法国波克兰轮毂液压辅助前桥系统开发的牵引车辆，美国斯特林（STERLING）公司采用法国波克兰公司的液压泵与液压马达开发的轮毂液压货车，如图 1-15 所示。

(a) 美国肯沃斯液压混动车辆　　　　(b) 美国斯特林液压混动车辆

图 1-15　北美市场轮毂液压混合动力系统产品

近年来,法国波克兰公司进一步推出了 CreepDrive 与 AddiDrive 液压混合动力系统。CreepDrive 系统多用于以极低速度工作,但在公路上能够以正常速度行驶的车辆(图 1-16)。配备该系统的车辆通过手动开关即可实现标准机械传动与静液压传动两种模式之间的切换,机械传动用于公路行驶,而静液压传动则用于低速工作。

- 静液压传动
- 在颠簸不平路面可实现均匀低速行驶
- 易于安装和集成,轻巧紧凑
- 可防止制动、离合及传动磨损
- 工作速度:0～5km/h
- 轮毂液压马达最大功率:40kW
- 轮毂液压马达最大转速:200r/min
- 轮毂液压马达最大扭矩:4316N·m
- 轮毂液压马达最大压力:400bar(1bar=10^5Pa)
- 轮毂液压马达质量:125kg

图 1-16　法国波克兰 CreepDrive 液压混合动力系统车辆

AddiDrive 系统则是在车辆原有机械传动系统的基础上,附加一套静液压传动系统,如图 1-17(a) 所示。仅在需要补充牵引力时,AddiDrive 系统开启并将

(a) 波克兰AddiDrive系统　　　　(b) 波克兰公司AddiDrive的解决方案

图 1-17　法国波克兰 AddiDrive 系统

扭矩自动输送至非驱动轴，可在复杂行驶条件下（如泥泞、雪地、砂石和上下坡等）改善卡车机动性。与全时全驱卡车相比，AddiDrive 系统可减重 400~600kg，使得车辆有效负载更高；同时油耗可降低 10%~15%，排放也更少。目前，AddiDrive 系统已经应用于欧洲大型卡车 OEM（原始设备制造商），例如 MAN、雷诺、梅赛德斯-奔驰、沃尔沃等，总产量超过 15000 台。在 2018 年的中国上海宝马展上（2018 Bauma CHINA），波克兰公司也展出了 AddiDrive 的解决方案，如图 1-17(b) 所示。

此外，德国博世公司在轮毂液压驱动方面也有一定的研究，2012 年，博世公司在汉诺威车展上展出了一套液压辅助驱动系统（hydraulic traction assistant，HTA），如图 1-18 所示，该系统与波克兰公司的系统功能较为相似，但在技术细节方面存在较大差别。

图 1-18　德国博世公司轮毂液压辅助驱动系统

1.3.2　轮毂液压混合动力系统国内研究现状

在轮毂液压混合动力系统方面，目前国内的研究仍然处于起步阶段，暂时没有相关的产品推出，笔者团队早在 2011 年和国内某企业进行了前期的理论研究与探索，研制和开发了国内首台轮毂液压混合动力系统样机，如图 1-19 所示，并进行了该样机的试验测试研究。传统重型车辆增加该轮毂液压系统后，整车通过性得到明显改善：车辆在中低附着路面工况下的牵引力可提升 15.6%~17%，且随着路面附着条件的降低，轮毂液压系统的辅助驱动能力变强，在冰雪路面工况下的整车牵引力可提升 20%，爬坡能力可提升 28% 左右。

图 1-19　轮毂液压混合动力系统样机（参阅书末彩图）

 小结

总结现有液压混合动力技术产品可以看出，国内外对液压驱动技术的研究大多集中在恒压静液传动混合动力方面，而对于轮毂液压混合动力系统的研究起步稍晚，国外也是仅有几家公司推出了相关产品，国内目前仍处于研发探索阶段，还未有成熟产品投入量产。但是，作为机械全轮驱动系统的有效替代方案，轮毂液压驱动系统能够根据实际需求开启或关闭全轮驱动模式，在改善整车牵引性能的同时还提高了整车的能量传递效率，应用于重型商用车的优势明显，具有广阔的应用前景。

1.4　轮毂液压混合动力系统关键技术

本节着重阐述与轮毂液压混合动力系统相关的各项关键技术，包括轮毂液压混合动力系统能量管理控制策略、驱动力协调控制技术、液压系统非线性控制方法以及考虑热特性的温度补偿控制技术。

1.4.1　能量管理控制策略

建立合适的能量管理控制策略，实现系统工作模式以及能量流的最佳分配，是充分发挥液压混合动力系统燃油经济性以及工况适应性的关键。当前，最常见的控制策略主要可分为以下四种：基于规则的控制策略，包括逻辑门限、模糊规则和基于优化规则提取等策略；基于随机动态规划的控制策略（stochastic dynamic programming，SDP）；基于等效燃油消耗最小策略（equivalent consumption minimization strategy，ECMS）；基于模型预测控制策略（model predictive control，MPC）。

（1）基于规则的控制策略

① 逻辑门限控制策略。逻辑门限控制策略主要依据工程经验，通过设置车速、蓄能器 SOC 上下限、发动机工作扭矩等一组门限参数，限定动力系统各部件的工作区域，并根据车辆实时参数及预先设定的规则调整动力系统各部件的工作状态，以提高车辆整体性能。

该控制策略主要分为恒温器型与功率跟随型控制策略。其中，恒温器型控制策略以蓄能器 SOC 作为发动机工作状态的开关依据，当蓄能器 SOC 降到设定低门限时发动机启动；而当 SOC 上升到高门限时，进入纯液压驱动行驶模式。在功率跟随型控制策略下，发动机按照行驶功率需求，工作于最低燃油消耗率曲线上，并维持蓄能器 SOC 处于正常的水平，以满足系统起步、加速等工况对蓄能器的需求，发动机作为主要动力输出源，其输出功率紧跟整车需求功率的变化，与传统汽车类似。

② 模糊规则控制策略。基于模糊逻辑的控制策略本质上也是一种基于规则的控制策略，与基于逻辑门限控制策略不同的是，模糊逻辑控制策略是基于模糊值，而非精确值来描述控制规则。模糊逻辑控制策略结合数理逻辑和模糊数学，根据人的经验、知识和推理技术模拟人的思维推理及决策方式。因此这种控制策略鲁棒性强、适应性强，可不依赖系统精确的数学模型，干扰和参数变化对控制效果的影响小，适合应用于非线性、时变及纯滞后系统的控制。

③ 基于优化规则提取的控制策略。上述基于逻辑门限或者模糊规则的控制策略中，规则的制定完全依赖设计者经验，无法最大化地挖掘混合动力汽车的节油潜力。此外，混合动力系统的控制策略不仅要实现最佳的燃油经济性、排放性和动力性，同时还要适应不同的运行工况及驾驶风格，因此，兼顾上述各方面要求的优化控制策略是未来的发展趋势。

基于优化规则提取的控制策略的设计，一般可由工程人员通过试验进行标定得到或者来源于确定性动态规划（deterministic dynamic programming，DDP）的计算结果。DDP是一种优化算法，该算法是在已知确定的循环工况下，从循环工况的终止时刻开始并随时间倒推来计算系统的全局最优解，早期在油电式混合动力系统的能量管理优化控制中得到了相关的应用，并取得了较好的节油效果。然而，尽管 DDP 控制策略能够求得全局最优解，但是该算法计算量十分庞大，导致该算法在实际的车辆控制器中并不具备实时应用条件。因此，为了提高算法的实时性，研究人员往往基于 DDP 的计算结果建立基于规则的控制策略,即通过规则提取的方式得到相应的控制规律以实现近似最优的控制。

(2) 基于随机动态规划的控制策略

由于 DDP 优化算法是基于完全确定的工况信息进行计算的,经过规则提取之后得到的控制策略无法保证可以适应车辆随机变化的实际行驶工况,尤其是当实际工况特征与优化计算采用的目标工况出现较大的偏差时,基于 DDP 规则的优化控制策略将不再具备最优的控制效果。

为了克服这一问题,基于 SDP 的控制策略得到了研究学者的广泛关注。与上述 DDP 计算方法不同,在车辆未来行驶工况信息无法准确获取的情况下,SDP 主要基于车辆行驶工况的马尔可夫性,利用状态转移概率(期望功率需求作为当前功率需求和车速的函数)来确定当前系统状态(车速、蓄能器压力或 SOC 和发动机转速)下的最优控制。目前 SDP 算法在油电式混合动力车辆中得到了较多的应用;同时也有相关研究表明,针对功率分流式液压混合动力系统应用 SDP 控制算法后,可以实现比 2010 年的丰田普锐斯系统更好的燃油经济性。但是,SDP 算法在实际应用中也无法有效避免全局优化计算过程中"维度灾难"问题的影响,当车辆的实际驱动循环工况与生成状态转移概率矩阵的工况存在较大的差别时,同样会由于车辆行驶工况的随机性产生控制不准确的问题,进而导致陷入局部最优的情况产生。

(3) 基于等效燃油消耗最小策略

基于 ECMS 的等效燃油消耗最小策略在液压混合动力系统中也有较多的研究与应用。早期此类基于优化的控制算法的提出,实际是为了解决油电式混合动力系统中的能量管理问题。Paganelli 等人基于车辆的标准行驶循环工况,在每一时刻求解当量燃油消耗(实际燃油消耗和电池电量消耗的加权和)的最小值,来获得接近最优控制的结果。随后,L. Serrao 等人采用庞特里亚金最小原理(Pontryagin's minimum principle,PMP)对 ECMS 策略与 DDP 算法的严格最优结果进行分析与对比。然而,ECMS 策略中当量燃油消耗计算对于目标函数中的等效燃油消耗因子变化较为敏感,因此,相关研究学者进一步提出了自适应策略(adaptive-ECMS,A-ECMS),通过系统的状态反馈和内部预测模型实现等效因子的在线调整,以获取最优燃油经济性能。近年来,ECMS 策略在串联式以及功率分流式液压混合动力系统的能量管理问题中得到了应用,类比于油电式混合动力系统,液压混合动力系统在每一时刻的目标函数选择为实际发动机的燃油消耗与蓄能器能量变化的当量和。此外,在液压混合动力挖掘机等工程机械中,ECMS 策略也有相关的研究,与基于规则的方法相比,ECMS 控制策略无需车辆行驶循环工况等先验信息,且具备较高的实时性,在车辆能量管理控制中显示了较好的应用前景。

(4) 基于模型预测控制策略

与上述基于规则、SDP 方法以及 ECMS 控制方法不同，MPC 控制策略基于滚动优化原理，通过内部系统模型预测值以及当前系统测量值，在每个控制步长更新控制向量。通过确定的成本函数（比如燃料消耗量）在未来时域内（有限的时间步长）滚动优化计算，进而得到当前时刻的最优控制指令，在下一计算步长则重复该计算过程。与其他方法相比，MPC 控制策略在有限时域内进行预测计算，没有使用任何关于未来行驶工况的先验信息，所以 MPC 的结果不能达到 DDP 算法的最优值，而是一种近似最优的控制，但是 MPC 算法对于车辆不断变化的行驶工况具备更好的鲁棒性。在液压混合动力系统的应用中，Vu 等人针对串联式液压混合动力汽车提出了 MPC 控制架构解决巡航控制问题，与 PID 控制相比，采用 MPC 控制策略后系统经济性能明显提升：在 J1015 工况下可实现 35% 的节油，在 HWFET 工况下可实现 10.43% 的节油。目前，MPC 控制算法在并联式液压混合动力汽车以及混合动力挖掘机中也得到了较多的应用。

实际上，上述各种能量管理策略都存在自身的不足之处，不同的控制策略的实际设计均需要在算法最优性以及工况鲁棒性之间进行权衡与折中，最优的控制策略应当是结合系统的工作特性与应用需求而选择的最合适的算法。在选择控制策略时，应综合考虑优化计算效果、计算成本、实时性以及对未知工况信息需求等方面的影响因素，同时考虑工况不确定性以及系统模型参数的影响。因此，在上述各种优化能量管理策略已经在串联式或者并联式液压混合动力系统得到广泛应用的情况下，进一步针对轮毂液压混合动力系统的复杂工况特征与多模式工作特点，提出适用于轮毂液压系统的多模式优化能量管理策略，实现系统经济性与工况适应性的综合提升，是本书的重点叙述内容之一。

关于轮毂液压混合动力系统控制策略的具体应用，在本书第 6 章将会有具体阐述。

1.4.2 驱动力协调控制技术

在轮毂液压混合动力系统开启工作的过程中，车辆前轮与中后轮分别由液压系统以及机械传动系统提供动力，此时建立动态协调控制策略实现发动机动力在液压传动系统与机械传动系统的合理分配，是充分发挥轮毂液压混合动力系统动力性与通过性的关键。由于轮毂液压驱动系统在启动工作时处于全轮驱动状态，整车驱动力协调控制方法可参考四轮驱动车辆，包括：发动机输出力矩调节、驱动轮制动力矩调节、变速器挡位控制、差速器锁止控制，具体叙述如下。

(1) 发动机输出力矩调节

驱动车轮之所以发生过度滑转，是因为驱动力矩远远超过了路面附着力。因此可以通过减小发动机输出力矩的方法，使作用于驱动车轮的驱动力矩适度减小，进而对驱动车轮的滑转率进行主动控制。对发动机（包括汽油机及柴油机）进行力矩控制可以通过对发动机进气量、供油量、点火提前角分别实现，或将以上方法相互组合实现力矩增减控制。发动机力矩控制实现容易，成本低；缺点是响应较慢，容易对发动机的燃油经济性、排放及寿命造成不良影响。

（2）驱动轮制动力矩调节

对发生过度滑转的驱动车轮施加适度的制动力矩可以平衡过多的驱动力矩，使轮速降低，达到控制驱动车轮滑转率的目的。对于驱动轮制动力矩可独立进行调节的车辆，可以使各驱动车轮的地面附着力得到充分利用，获得最大的牵引力，提高汽车的起步加速性能。当汽车速度较快时可以对各驱动车轮的制动力矩进行统一调节，保证各驱动车轮获得相同的牵引力，从而提高车辆的行驶方向稳定性。在驱动过程中对驱动车轮以自适应方式施加制动力矩可以获得防滑差速器的效能，并且克服防滑差速器的副作用。通过此方式进行 TCS（traction control system）控制响应快，可与 ABS（anti-lock braking system）系统共享部分软件和硬件。但需要保证制动力矩调节的精度，否则车辆的稳定性将受到不利影响。对制动力进行调节易使车辆产生纵向振动，影响乘坐舒适性。当车速高于一定值时，此种方法易造成制动摩擦片过热，影响控制效果，而且会降低制动器寿命。

（3）变速器挡位控制

通过控制变速器的传动比可以改变传递到驱动车轮的驱动力矩，减小驱动车轮滑转程度。对于装备自动变速器的汽车，可由 TCS 的电子控制单元与自动变速器电子控制单元通过车载总线进行通信，通过控制自动变速器的挡位，改变传输到驱动轮的驱动力矩，以达到控制车轮滑转率的目的，从而实现牵引力控制。此种方式对于装有自动变速器的车辆易于实现，不增加成本。缺点是驱动力矩变化突然，需与发动机控制结合使用。

（4）差速器锁止控制

普通的对称式差速器在任何时刻都向左右驱动轮输出相同大小的驱动力矩，即通常所说的"差速不差矩"特性。当左右驱动轮的附着条件不同时，高附着力一侧的车轮只能获得与低附着力一侧车轮相等的地面驱动力，这与充分利用地面附着力的要求不相符。采用可控防滑差速器可以在一定范围内根据控制指令（锁止比控制量）和路面情况实现驱动力矩的变比例分配，使附着力较小的驱动车轮得到较小的驱动力矩，减小其滑转程度；而附着力较大的驱动车轮却可以得到较大的驱动力矩，使各驱动车轮获得不同的牵引力。这在汽车速度较低时有助于提高汽车的加速性能，但其硬件成本较高，并且影响汽车的转弯，高速时影响方向稳定性。

目前针对轮毂液压混合动力系统的动态控制研究，尽管国外波克兰等液压技术公司有相关的成熟产品推出，但是由于其技术垄断，并未有相关的控制技术细节公布。笔者及其团队针对该系统的动态控制问题也开展了探索研究。首先针对轮毂液压辅助驱动系统（未加入液压蓄能器，仅实现液压助力功能），建立了液压变量泵细节机理模型反映其动态响应特性，并通过对该系统的驱动特性进行理论分析，提出了"前轮轮速跟随后轮轮速"的核心控制思想；随后，通过"前馈＋反馈 PID"控制器设计，调节液压变量泵排量以实现驱动力协调控制；最后通过搭建系统硬件在环仿真平台，在实时条件下验证了驱动力协调控制器的有效性。在此基础上，针对增加蓄能器的轮毂液压混合动力系统，笔者进一步对系统的再生制动能量回收控制以及蓄能器放液阀的动态控制问题进行了研究，并取得了不错的控制效果。根据当前研究结果，轮毂液压辅助驱动系统在设计的轮速跟随协调控制算法的作用下，当车辆处于附着系数为 0.3～0.4 的路面上时，牵引力的增加比例约为 17% 和 15.6%，且路面附着情况越差，效果越明显，如图 1-20 所示。本书后续章节将围绕上述关键技术内容进行具体介绍。

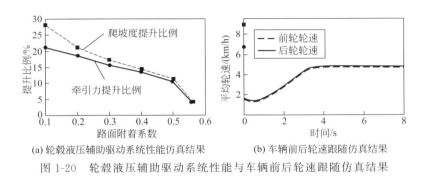

(a) 轮毂液压辅助驱动系统性能仿真结果　　(b) 车辆前后轮速跟随仿真结果

图 1-20　轮毂液压辅助驱动系统性能与车辆前后轮速跟随仿真结果

1.4.3　非线性控制技术

轮毂液压混合动力系统实际是一类典型的强非线性、参数时变的复杂机电液耦合控制系统，同时重型商用车辆运行工况十分复杂，负载变化大，进而导致液压系统的动态性能随负载的变化而变化。在实际的系统控制过程中，动态协调控制律的响应将会受到液压系统本质非线性特征的影响而难以实现最优的控制效果。根据相关试验的测试研究，在使用常规 PID 控制器调节的情况下，变量泵排量调节存在明显的滞后与超调（图 1-21），泵出口压力波动较大（图 1-22），导致车辆在实际运行过程中液压系统响应较慢或者产生较大冲击，降低了系统的动态控制品质。因此，针对轮毂液压混合动力系统中存在的驱动力协调需求与系统本质非线性的耦合控制问题开展优化控制，是本书讲述的另一个重要内容。

目前针对液压系统非线性控制的解决方法，主要包括 PID 控制；模糊控制以及神经网络控制等智能型控制算法；Backstepping 控制；Triple-stepping 控制。

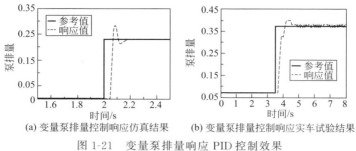

图 1-21　变量泵排量响应 PID 控制效果

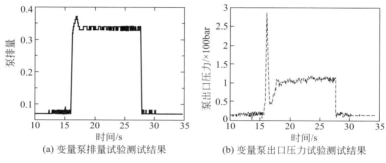

图 1-22　变量泵出口压力 PID 控制结果

1bar＝10^5Pa，全书同

(1) PID 控制

PID 控制是以经典控制理论为基础的控制，是连续系统技术成熟、应用最广泛的一种控制方式，它最大的优点是不需要了解被控对象的数学模型，只需要根据经验进行调节器参数在线调整，即可取得满意的结果，但对被控对象参数变化比较敏感。

工程中往往采用控制结构较为简单的 PID 控制器，通过"稳态查表前馈＋PID 误差动态反馈"的控制器设计形式，实现泵排量执行机构中目标 PWM 控制信号的计算，如图 1-23 所示。其中稳态前馈控制量 $u_f(t)$ 可基于液压系统控制

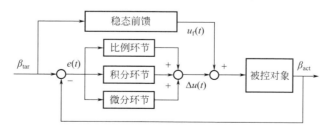

图 1-23　PID 控制器

信号与状态量之间的稳态特性得到，PID 动态反馈控制量 $\Delta u(t)$ 则利用目标值 β_{tar} 与响应值 β_{act} 之间的误差 $e(t)$ 计算得到，最终计算得到控制信号 $u_f(t)+\Delta u(t)$。

相比于经典 PID 控制，上述"前馈＋误差动态反馈"控制方法能够有效抑制 PID 控制器调节过程中容易出现的振荡等问题，但是其控制器本质仍然没有脱离 PID 调节的范畴。尽管针对某一固定响应的控制过程，理论上可以通过试验标定得到满足控制要求的 PID 控制参数，但固定的标定参数在重型商用车的复杂行驶工况中不具备良好的适应性，也无法保证控制效果的鲁棒性与一致性。

（2）模糊控制

模糊控制是一种智能控制，它模仿人工控制活动中人脑的模糊概念和成功的控制策略，运用模糊数学，用计算机实现人工控制策略。其对系统参数变化不敏感，具有很强的鲁棒性，另外它算法非常简洁，适合用于汽车这一类的动态系统。

（3）神经网络控制

神经网络控制是一个高度复杂的非线性动力学系统，神经网络发生的动力学过程分两类，第一类为学习过程，第二类为运行过程，通过学习一定的控制规则对输入信号进行处理。

（4）Backstepping 控制

Backstepping 控制方法，即反步递推方法，基于 Lyapunov 稳定性理论通过反步递推的方式设计非线性控制器，其具备较好的控制效果，但所求得的控制律物理意义不清晰，且对于高阶复杂系统经过多步推导后得到的控制律也较为复杂。

（5）Triple-stepping 控制

Triple-stepping 控制，即三步法，近年来在系统跟踪控制问题中也得到了较多的应用，其设计仍然基于工程中常用的"前馈＋反馈"的控制结构，通过规范的三步推导方法，分别基于稳态控制、参考动态前馈控制以及误差动态反馈控制得到最终控制律，其控制结构层次清晰，且可以减少控制器中的参数标定时间，具备较好的鲁棒性。

1.4.4 温度补偿控制技术

油液温升问题在液压系统的工作过程中普遍存在。由于液压元件如阀、泵、马达等在工作中会有不同形式的能量流失，常见的有摩擦、溢流、泄漏等，这些流失的能量绝大多数都转变为热能散发在系统中，从而使系统的油液温度上升。油液温度的上升会降低油液黏度，使系统泄漏量增加，液压系统效率会显著降低,严重时,系统压力下降明显,产生泵送无力、泵输出流量减小、马达转速下降等情况。

重型车辆的运行工况和外界环境复杂多变,油温波动范围大,油液温度的变化对液压元件的性能及控制精度的影响很大,在设计系统控制策略时有必要考虑温度带来的影响,通过必要的方式来弥补这些性能的变化。而除了液压系统内部自身原因和外界环境温度影响之外,如果整车机械系统和液压系统的动力协调不当,例如出现液压系统过早溢流等问题,也会导致液压驱动系统的温升变化。

目前关于液压系统的热特性研究大多是分析产热散热机理,研究导致系统温升变化的因素,通过改进系统结构方案来改善热特性,或是设计冷却方式,来降低温度变化对系统的影响。在液压系统的其他运用领域提出的温度补偿控制技术案例,也对轮毂液压混合动力系统的热特性温度补偿控制方法的研究具有一定的借鉴价值,相关案例如下所示。

(1) 基于最优控制原理的减振器温度补偿研究

最优控制理论作为现代控制理论的重要分支,它的主要目的是在一定限制条件范围内,按照所需要求设定性能指标,寻找能使系统性能满足要求并能使设定的性能指标达到最优值的控制量。对于求解最优控制问题,首先需要建立系统的状态方程并确定状态方程中的边界条件,然后根据所要求解的问题,选定性能指标,性能指标一般包括积分指标和终端指标两部分,最后确定出控制器的允许范围,并且按照一定的方法计算出允许控制,同时能使性能指标达到最优值。

如图 1-24 所示为基于温度补偿的减振器最优控制原理,首先深入分析油液温度变化对汽车平顺性产生影响的原因、机理和过程,采用温度补偿的方法,把油液温度变化的影响反馈到阀系参数的调节,建立考虑油液温度变化的减振器动力学模型。应用 MATLAB/Simulink 软件进行仿真优化,利用最优控制原理,得出最优阻尼值,根据整车匹配性能,分析油液温度变化对整车平顺性的影响规律。在建立考虑油温的减振器模型后,通过改变模型参数,探讨不同因素对油液温度变化的影响程度,进而给出合理设计减振器结构以实现减小或避免油液温度

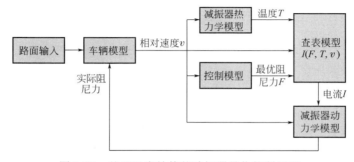

图 1-24 基于温度补偿的减振器最优控制原理

变化带来影响的一些原则与方法。

（2）基于神经网络的离合器自适应温度补偿控制

BP 神经网络拓扑结构如图 1-25 所示。考虑到液压系统具有复杂的非线性特性，离合器工作过程中温度与接合速度之间的关系以及温度、压力与分离速度之间的关系很难用传统数学模型来精确表达。而人工神经网络具有很强的非线性建模能力，能完成复杂问题的非线性映射功能，同时由于网络具有自组织、自学习及推理的自适应能力，因此适合应用神经网络辨识的方法建立无脉宽调制离合器接合过程模型及离合器分离过程温度和压力补偿模型，并且可以在此基础上提出基于神经网络的离合器自适应温度补偿控制方法。

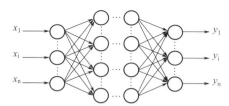

图 1-25　BP 神经网络拓扑结构

AMT 离合器自适应温度补偿控制的基本思想如图 1-26 所示。根据液压系统温度和目标输出（目标接合速度或目标分离速度）确定神经网络辨识模型的输出，以它作为调节器参数设计的输入去调节调节器的参数，从而调整系统的可控参数占空比或压力，以适应系统温度 T 的变化，进而实现预期的目标接合速度或目标分离速度。

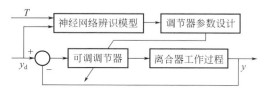

图 1-26　AMT 离合器自适应温度补偿的基本思想

（3）基于误差峰值采样的变速器自适应温度补偿控制

在电控机械式自动变速车辆起步过程中，液压系统同样存在温升问题，且对系统精度和控制鲁棒性有很大影响。为提高系统对温度变化的适应能力，首先从充分反映驾驶员意图、减少冲击度和滑磨功的角度出发，根据电控机械式自动变速器起步性能指标及起步过程离合器转矩传递特性，制定起步过程离合器目标接合速度的加权确定方法。接着，模仿人工控制的特点，同时考虑液压油温度变化的影响，提出基于峰值采样的离合器接合速度控制算法。最后引入温度影响因子，以补偿因 AMT 液压油温度变化而导致控制系统性能的变化。

(4) 基于闭环 PID 控制补偿的高温液压系统流量控制

以液压供油系统中的齿轮泵为研究对象,建立其数学模型,对其静态、动态特性进行理论分析,使用 MATLAB 工具箱对各环节及其系统特性进行仿真研究,分析油温以及重要结构参数对其的影响。对比分析开环、闭环控制下系统输出流量的变化规律,针对温度变化对系统控制精度的影响,研究闭环控制补偿作用。

在对开环变频液压泵的输出特性分析中,负载引起的电动机转速下降、温度变化引起的液压系统输出流量泄漏,使得齿轮泵流量输出不能满足系统要求,因此对系统输出流量损失进行补偿,采用闭环控制后,对泵实时流量进行反馈,与设定值进行比较得到偏差信号,再通过控制器输出控制信号给变频器补偿流量损失,达到系统精确输出要求。由于负载压力的随机可变性和温度不确定因素,按照固定比例关系得出的补偿方法必然无法满足大范围的流量补偿;同时,针对开环变频液压泵的动态特性响应时间较长的问题,应采用适当控制方案加以改善。综上所述,提出在偏差信号产生后加入控制环节,既可以减小系统稳态误差,又可以改进系统动态响应品质,达到精确控制的目的。

本章小结

本章介绍了重型商用车行业的发展背景,作为应对重型商用车动力性、通过性与整车经济性需求矛盾的综合解决方案,高效商用车混合动力技术成为重要的发展战略。其中,液压混合动力系统凭借其功率密度大、充放能速度快以及能量回收效率高等优点,成为目前重型商用车领域的一个研究重点。在所有混合动力系统构型中,轮毂液压混合动力系统构型由于其重量和体积更小、综合成本更低,且可以避免因簧下重量的增加对车辆操纵性能的影响,在重型车辆上表现出更强的竞争力与更好的应用前景。

相比于乘用车,商用车不仅在自身特点和法规约束等方面具有更迫切的节能减排需求,而且由于其行驶工况的复杂性也使其具有较高的动力性与通过性需求。因此,将轮毂液压混合动力系统构型应用于重型商用车已成为行业发展的共性需求。本书将主要依据轮毂液压混合动力系统的特点,讲述轮毂液压混合动力商用车研究与开发的关键技术,主要包括:轮毂液压混合动力系统基本介绍、系统动态建模与仿真、理论能耗分析、能量管理控制策略、动态协调与非线性控制技术,并在本书最后介绍轮毂液压混合动力系统开发过程中的试验测试平台,包括 HIL 硬件在环测试平台、台架试验平台以及样车试验平台。

第2章 轮毂液压混合动力系统概述

传统车辆采用机械全轮驱动结构实现驱动能力的提高，额外增加的机械结构会导致油耗恶化、有效负载能力下降并且降低驾驶舒适性。作为机械全驱的有效替代，轮毂液压混合动力系统可以在保证车辆经济性的同时，有效提高车辆在恶劣道路工况行驶的通过性能。本章基于开发的轮毂液压混合动力系统，详细介绍系统构型方案、液压关键部件结构及原理、系统基本参数和基本工作模式等方面的内容。

2.1 系统构型方案

轮毂液压混合动力系统是实现传统重型商用运输车全轮驱动的一种有效解决方案。相比机械全轮驱动系统，轮毂液压混合动力系统不仅可以有效提高车辆在坏路面行驶的动力性与通过性，而且可以利用液压蓄能器回收制动能量，改善车辆经济性；同时，相比电动混合动力系统，轮毂液压混合动力系统中轮毂液压马达的体积与重量相对于同功率等级的轮毂电机均明显减小，可以尽量避免由于簧下重量的增加对车辆操纵性能的影响，在重型车辆上表现出更强的竞争力与更好的应用前景。

2.1.1 轮毂液压混合动力系统构型

本书所研究的轮毂液压混合动力系统基于国内某重型商用车进行改装，系统构型如图 2-1 所示，包括液压变量泵组件（hydraulic variable pump，HVP）、轮毂液压马达（hydraulic hub-motor，HHM）、液压控制阀组（hydraulic valves block，HVB）以及液压蓄能器（hydraulic accumulator，HA）等关键液压部件。

其中，液压变量泵组件通过万向节连接到发动机 PTO 取力，轮毂液压马达

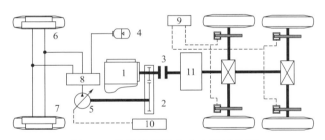

图 2-1 轮毂液压混合动力系统构型

1—发动机；2—PTO；3—离合器；4—蓄能器；5—液压变量泵；6,7—前轮轮毂液压马达；
8—液压控制阀组；9—气压制动系统；10—整车控制器；11—变速器

安装在前轮轮毂（非驱动轮）内。液压变量泵、轮毂液压马达以及液压蓄能器通过液压控制阀组构成液压传动回路，并通过液压阀组的组合控制实现轮毂液压系统不同工作模式之间的切换。

从系统功能角度划分，轮毂液压混合动力系统可实现辅助驱动以及辅助制动两大功能，不同辅助功能工作过程中系统的动力传递路径如图 2-2 所示。当轮毂液压系统进行辅助驱动时，如图 2-2(a) 所示，发动机动力经过 PTO 分流，分

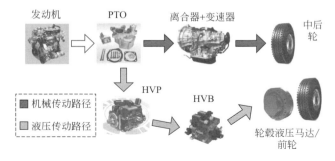

(a) 辅助驱动动力传递路径

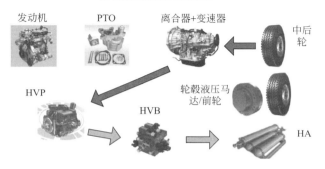

(b) 辅助制动动力传递路径

图 2-2 轮毂液压混合动力系统动力传递路径（参阅书末彩图）

别传递至中后轮机械传动路径以及前轮液压传动路径,进而实现全轮驱动,可以显著改善车辆在低附着力路面上的通过性,当车辆高速运行时可自动断开轮毂液压系统以提高整车经济性。当轮毂液压系统进行辅助制动时,如图 2-2(b) 所示,中后轮的制动动能通过机械传动路径传递至液压传动路径,进而带动液压泵工作并向蓄能器充液,实现再生制动能量回收;此外,辅助制动功能还可以在小强度长时间制动或频繁制动等情况下起到缓速器作用,减少制动器的频繁使用和磨损,以改善制动安全性。

2.1.2 轮毂液压混合动力系统的优势

轮毂液压混合动力系统能显著改善重型牵引车在沙地、泥地、冰雪等低附着路面和山坡路面上的通过性能,还可以实现重型牵引车的制动能量回收,提高能量使用效率,同时减少主制动器的使用以提高其寿命,改善制动安全性。国内市场上此类产品尚未研发,而系统所呈现的特有优势,显示出其良好的市场应用前景。

与传统的重型牵引车相比,轮毂液压混合动力系统具有以下优势。

① 该系统多工况适应能力强,能显著提高汽车在坏路面上行驶的通过性能。

② 该系统可以减少小强度制动时主制动器的使用频次,增加行车过程中频繁小强度制动的安全性。

③ 该系统可以实现制动能量回收再利用,提高整车的能量利用率。

与电动马达助力系统相比,轮毂液压混合动力系统具有以下优势。

① 当前液压元件成熟,其系统的综合效率可以达到 95%,甚至比电机电池系统的综合效率还高。

② 该系统中液压元件的功率密度大,体积小,重量轻,可减少汽车的自重,从而减小汽车的行驶阻力,提高汽车的有效负荷率,减少燃油消耗。

③ 该系统使整车成本增加不多,相比油电混合动力系统,整车成本更具优势。由于轮毂液压混合动力系统多用于重型牵引车,若采用油电混合动力系统,需要很高规格和价格的电机、电池等器件,而相同功率等级的液压元件价格比电机、电池要低得多,同功率等级的液压驱动系统的价格是电驱动系统的 10%~20%。

④ 该系统中液压元件工作要比高电压电力驱动具有更高的安全性。

与传统全驱汽车相比,轮毂液压混合动力系统具有以下优势:

① 该系统以液压传动作为车辆的辅助驱动方式,其组成部件制造技术成熟,工作性能稳定且寿命长;

② 液压马达体积很小,可做成轮毂马达,直接驱动车轮,省去机械分动器、前轴驱动桥等结构,在空间相对较大的重型商用车上的布置更加容易实现;

③ 大大减少了整车的重量,增加了整车的有效载荷,降低了改装与运输成本;

④ 液压马达与原驱动系统并没有机械连接,不会因为产生寄生功率而增

附加载荷、加速轮胎磨损等问题。

2.2 液压关键部件结构及原理

本节针对轮毂液压系统的关键部件进行结构及原理分析，包括液压变量泵以及轮毂液压马达。

2.2.1 液压变量泵

液压变量泵组件作为液压系统的动力元件，向整个轮毂液压驱动系统提供液压油，其组件结构如图 2-3 所示，主要包括液压变量泵、补油系统以及泵排量控制执行机构。补油泵为回路供油，液压泵组件和液压马达通过液压控制阀组构成闭式回路。

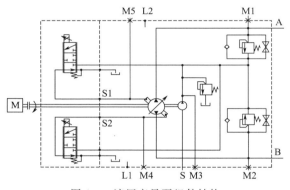

图 2-3 液压变量泵组件结构

其中，主泵采用斜盘式变量柱塞泵，其结构如图 2-4 所示，包括斜盘调节液压缸、柱塞、斜盘及伺服阀等。泵排量控制执行机构通过脉冲宽度调制（pulse-

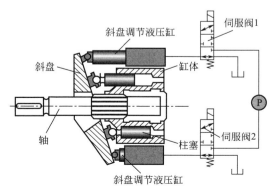

图 2-4 斜盘式变量柱塞泵结构

width modulation，PWM）占空比信号调节两个伺服阀控制液压缸位移，进而实现泵斜盘开度（排量）的调节。

2.2.2 轮毂液压马达

轮毂液压混合动力系统采用两个径向柱塞式定排量液压马达，分别安装于左、右两前轮的轮毂内，其结构如图 2-5 所示。径向柱塞式液压马达的体积小、布置方便，可以不需额外减速机构直接安装于车轮的轮毂或轮边位置，在工程机械等具有低速大扭矩需求的系统中具有广泛的应用。本系统中采用的轮毂液压马达壳体和转子上的柱塞可以分离，减少了在液压系统不工作时的能量损失。

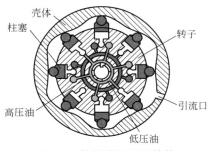

图 2-5 轮毂液压马达结构

2.3 系统基本参数

本书研究的轮毂液压混合动力系统的基本参数，包括整车基本参数、发动机参数、传动系统参数等，分别如表 2-1～表 2-6 所示。

表 2-1 整车基本参数

项目	参数	项目	参数
整车整备质量/kg	9200	整车满载质量/kg	49000
迎风面积/m^2	6.7	空气阻力系数	0.8
车轮半径/m	0.544	滚动阻力系数	0.008
整车重心高度/m	2.148	重心至前轴距离/m	1.921
前轴中轴轴距/mm	3150	中轴后轴轴距/mm	1350

表 2-2 发动机参数

项目	参数	项目	参数
怠速/(r/min)	650	最大功率/kW	275
最高转速/(r/min)	2000	最大转矩/N·m	1806

表 2-3　传动系统参数

项目	参数
变速器速比	15.53/12.08/9.39/7.33/5.73/4.46/3.48/2.71/2.10/1.64/1.28/1.00
主减速比	5.921
PTO 速比	1.08

表 2-4　液压变量泵组件参数

项目	参数	项目	参数
最大排量/(mL/r)	96	质量/kg	71
最高工作压力/bar	420	传动轴转动惯量/kg·m^2	0.0125
最高连续转速/(r/min)	3650	理论转速/(r/min)	2000
输出转矩/N·m	580(96mL/r 和 380bar)	理论功率/kW	223(3650r/min, 96mL/r, 380bar)
理论流量/(L/min)	192(2000r/min)	最高补油压力/bar	30
补油泵排量/(mL/r)	22	泵壳体的压力/bar	5

表 2-5　轮毂液压马达参数

项目	参数	项目	参数
额定排量/(mL/r)	1043	理论转矩/N·m	1658(100bar)
质量/kg	29	最大工作转速/(r/min)	90
最高工作压力/bar	420	最大功率/kW	40

表 2-6　液压蓄能器参数

项目	参数	项目	参数
最高工作压力/bar	330	预充压力/bar	180
最低工作压力/bar	200	公称容积/L	50

2.4　基本工作模式

2.4.1　液压传动回路

轮毂液压混合动力系统不同工作模式或者功能的实现依赖于液压控制阀组的控制。本小节首先介绍液压控制阀组构型，如图 2-6 所示，主要包括主油路控制阀组、蓄能器控制阀组、先导控制阀组以及液压回路切换阀组。

其中，主油路控制阀组用于控制车辆驱动或制动过程中轮毂液压系统的介入或退出，通过控制电磁换向阀 CVL、CVR 以及液动换向阀 BPV 的阀芯位置，可以实现液压系统助力、传统发动机单独驱动以及液压油路旁通模式的切换。旁通模式是在液压系统参与驱动过程中，遇到换挡或紧急制动等情况而需要短暂切断液压系统动力的模式。蓄能器控制阀组主要用于实现蓄能器充液或放液功能的

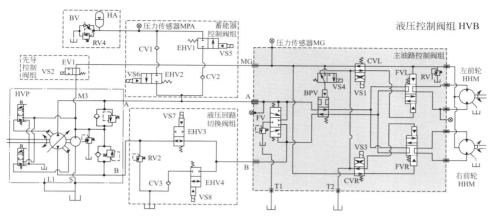

图 2-6 液压控制阀组构型（参阅书末彩图）

切换，通过控制电液换向阀 EHV1 与 EHV2 实现蓄能器充、放液功能转换以及充、放液流量控制。先导控制阀组的功能则是在系统利用液压泵组件对蓄能器进行主动充能的过程中，控制电磁换向阀 EV1 断开补油泵与主油路控制阀组的连接，避免主油路作动导致充液流量无法流向蓄能器，进而保证主动充能功能的实现。

此外，根据液压控制阀组的不同导通连接方式，轮毂液压混合动力系统工作过程中可以实现闭式液压回路传动与开式液压回路传动两种模式。其中，闭式液压回路传动路径：发动机→PTO→液压变量泵→液压控制阀组→轮毂液压马达，主要适用于低附着路面的助力与辅助驱动。开式液压回路传动路径：蓄能器→液压控制阀组→轮毂液压马达，主要适用于高附着路面的辅助驱动，同时可以通过蓄能器实现制动能量回收功能。两种不同液压回路的油液传递路径以及最高工作压力均不相同，图 2-6 中所示的液压回路切换阀组的功能即通过控制电液换向阀 EHV3 与 EHV4 作动，实现开式、闭式液压回路之间的切换。

2.4.2 基本工作模式

根据系统功能定义以及液压控制阀组的切换，轮毂液压混合动力系统可以实现的整车基本工作模式包括：蠕行模式（creep drive mode，CDM）、自由轮模式（free-wheel mode，FWM）、泵助力模式（auxiliary drive mode，ADM）、蓄能器助力模式（accumulator auxiliary drive mode，AADM）、主动充能模式（accumulator charge mode，ACM）、旁通模式（by-pass mode，BPM）、再生制动模式（regenerative brake mode，RBM）以及机械制动模式（mechanical brake mode，MBM）。

上述各基本工作模式与液压控制阀组中各换向阀作动的对应关系，如表 2-7

所示。其中，1 表示作动；0 表示不作动，即为图 2-6 中所示的各换向阀的连接位置。

表 2-7 轮毂液压混合动力系统基本工作模式

换向阀	CVL	EV1	CVR	BPV	EHV1	EHV2	EHV3	EHV4
控制信号	VS1	VS2	VS3	VS4	VS5	VS6	VS7	VS8
CDM	1	0	1	0	0	0	0	0
FWM	0	0	0	0	0	0	0	0
ADM	1	0	1	0	0	0	0	0
AADM	1	1	1	0	1	0	1	1
ACM	0	1	0	0	0	1	1	1
BPM	1	—	1	1	0	0	—	—
RBM	0	—	0	0	0	1	—	—
MBM	0	0	0	0	0	0	0	0

（1）蠕行模式

理论上，轮毂液压混合动力系统可以实现蓄能器-马达开式液压回路蠕行以及泵-马达闭式液压回路蠕行两种蠕行模式，但是由于蓄能器的压力与容积有限且能量密度较低，使得蓄能器-马达开式回路蠕行放能较快，无法为车辆持续提供驱动力，因此该系统仅采用泵-马达闭式回路蠕行模式，如图 2-7 所示，油路流通方向如图中的箭头所示方向。此模式下，变速箱挡位维持空挡状态或者控制离合器保持断开状态，发动机动力经由 PTO 完全输出至液压传动系统，通过液压变量泵驱动前轮轮毂液压马达实现车辆蠕行行驶。此时，发动机与车轮之间完全解耦，整车控制器主要通过调整变量泵目标排量以及发动机节气门开度，适应整车行驶的负载功率需求。

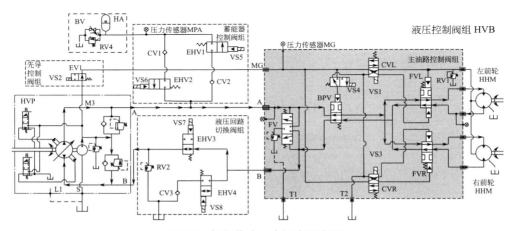

图 2-7 蠕行模式（参阅书末彩图）

(2) 自由轮模式

即发动机单独驱动中、后轮行驶的模式，此模式下液压系统不工作，车辆行驶状态与传统车保持一致。该模式如图 2-8 所示，油路流通方向如图中的箭头所示。

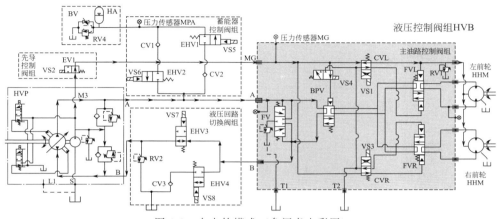

图 2-8 自由轮模式（参阅书末彩图）

(3) 开式液压回路蓄能器助力模式

车辆在较好路面工况行驶，遇到坡道等工况时，可以通过蓄能器-马达开式回路短时助力，为车辆提供额外的动力，增强车辆的通过性与动力性，如图 2-9 所示，油路流通方向如图中的箭头所示。但是此模式下，蓄能器放液阀流量存在限制，其最大放液流量不超过 160L/min；而蓄能器-马达助力工作时，需要的蓄能器流量取决于负载的转速以及轮毂液压马达的排量；由于轮毂液压马达的排量固定，因此蓄能器需要的流量与轮速呈现正相关的关系，如式 (2-1) 所示。根据上述流量上限阈值，此模式对应最大轮速限制为 76.70r/min，对应最高车速限

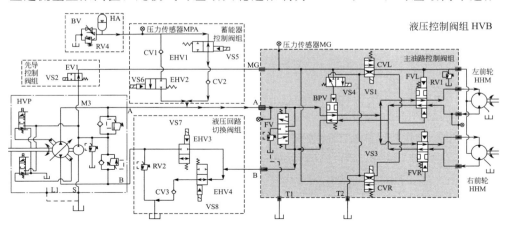

图 2-9 蓄能器助力模式（参阅书末彩图）

制为 15.73km/h。

$$n_{f,max} = \frac{500Q_{max}}{V_m} \quad (2\text{-}1)$$

式中，Q_{max} 为蓄能器放液阀最大流量；V_m 为轮毂液压马达排量；$n_{f,max}$ 为蓄能器助力模式下前轮最大转速。

(4) 闭式液压回路泵助力模式

当车辆在较低附着力路面上行驶时，仅由发动机驱动中后轮，可能会导致中、后轮的附着力不够而造成驱动力浪费，并导致车辆动力性与通过性下降。因此，当车辆在低附着力路面上出现动力不足现象或者在复杂路面工况遇到打滑问题时，可以通过此模式实现全轮驱动以充分利用地面附着力，提高动力性与通过性，该模式如图 2-10 所示，油路流通方向如图中的箭头所示。此模式下，整车实际驱动功率仍然全部来自发动机，但经过液压传动系统的动力分流实现了全轮驱动行驶。然而由于轮毂液压马达的最高转速限制，也会存在最高助力车速上限阈值。此外，由于车速较高时会使系统油温上升，因此当车速超过 18.46km/h 限值或者变速器挡位超过 6 挡时，关闭液压系统。

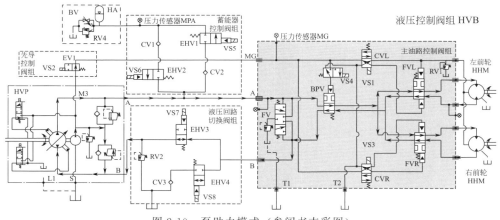

图 2-10 泵助力模式（参阅书末彩图）

(5) 主动充能模式

当车辆在较好的路面工况行驶时，整车控制器可以通过对蓄能器主动充能实现发动机工作点调节，同时也为未来时刻的助力行驶储备能量，该模式如图 2-11 所示，油路流通方向如图中的箭头所示。此模式下，通过发动机带动变量泵为蓄能器充液，此时液压油主要依赖变量泵系统内部集成的补油泵在油箱中吸油进行供应。该补油泵为定量泵，因此在主动充能模式下，变量泵的排量控制不能高于补油泵的排量（22mL/r），否则将会导致变量泵吸油口出现真空，由此可能引起气穴、噪声等问题，导致泵容积效率下降，甚至可能导致液压泵损坏。

第 2 章 轮毂液压混合动力系统概述

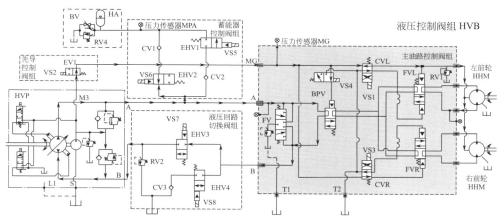

图 2-11 主动充能模式（参阅书末彩图）

（6）旁通模式

此模式为闭式液压回路泵助力模式下车辆换挡或紧急制动过程中的辅助模式，可以实现液压系统快速卸荷，切断液压系统动力，该模式如图 2-12 所示，油路流通方向如图中的箭头所示。

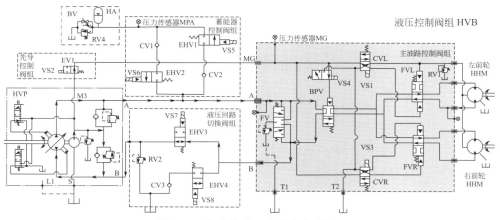

图 2-12 旁通模式（参阅书末彩图）

（7）再生制动模式

该系统再生制动功能的实现，是在车辆制动过程中由发动机带动补油泵从油箱吸油并供给液压变量泵，进而由变量泵对蓄能器充液实现再生制动功能，该模式如图 2-13 所示，油路流通方向如图中的箭头所示。出于对传统重型商用车制动系统改造尽可能小的考虑，本书的研究对象采用并行制动方案：当制动强度较小且制动踏板仍处于所设计的空行程阶段时，进入纯再生制动模式，仅通过液压辅助制动为系统提供制动力；当越过制动踏板空行程阶段后则进入"再生制动＋气压制动"的并行制动模式，由液压系统辅助制动以及原车气压制动系统共同提供制动力。

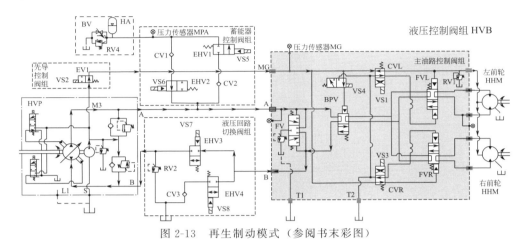

图 2-13　再生制动模式（参阅书末彩图）

（8）机械制动模式

在车辆紧急制动或者液压系统出现故障的情况下，退出再生制动模式，仅由原传统车气压制动系统提供制动力。

本章小结

本章首先基于某重型牵引车提出轮毂液压混合动力系统方案并进行优势分析，相比于传统重型牵引车、电动马达系统及传统全驱汽车，该系统具有工况适应能力强、自重小、通过性能好、成本低等方面的优势；其次，介绍了液压系统核心部件——液压变量泵、轮毂液压马达的结构及原理；最后，基于液压传动回路中阀组切换作动和油液流通方向，分别介绍了蠕行模式、自由轮模式、闭式液压回路泵助力模式、开式液压回路蓄能器助力模式、主动充能模式、旁通模式、再生制动模式以及机械制动模式的基本工作原理。

第3章

轮毂液压混合动力系统建模

合理准确的模型对于仿真技术的实现及控制策略的前期验证至关重要。本章将轮毂液压混合动力系统分为机械系统和液压系统两个部分分别展开建模研究，并利用 MATLAB/Simulink 和 AMESim 软件仿真平台，实现轮毂液压混合动力系统的集成仿真验证。其中，考虑到实际应用需求分别讨论了常规液压系统模型和考虑热特性的液压热力学模型两类模型。

首先，本章介绍了机械系统动力学模型各部件的建模机理，包括整车动力学模型、发动机模型、离合器和变速器模型、轮胎模型以及制动器模型；其次，介绍了液压系统动力学模型，包括常规液压系统模型和液压系统热力学模型，分别针对系统内不同液压元件展开建模机理分析，包括液压油模型、液压泵模型、液压控制阀组模型、液压马达模型、液压管道模型和液压蓄能器模型等；最后，简单介绍了 MATLAB/Simulink 和 AMESim 系统仿真平台，并借助该仿真平台对轮毂液压混合动力系统进行了集成仿真验证。

3.1 机械系统动力学模型

机械系统的动力学建模包括整车动力学模型、从发动机至后轮的整个传动系统模型及制动器模型，在建模过程中考虑实际情况会做一些必要简化。

3.1.1 整车动力学模型

在建立整车动力学模型时，考虑重型牵引车在载货行驶过程中，整车悬架系统对整车轴荷的转移影响较小，近似可以忽略。同时，对液压轮毂马达系统的研究重点在其纵向运动，可忽略整车侧倾和转向对整车运动的影响，因此，可将中、后轴车轮的双轮胎结构，简化为单轮胎模型。

依据上述假设，车体运动学简图如图 3-1 所示。以地面为参考坐标系 XOY，以车辆本身为参考建立车体动坐标系 xoy 以及车轮动坐标系 $x_w oy_w$，建立运动平衡方程。

$$m(\dot{v}_x - v_y\psi) = F_{xrl} + F_{xrr} + F_{xml} + F_{xmr} + (F_{xfl} + F_{xfr})\cos\delta_w - (F_{yfl} + F_{yfr})\sin\delta_w \tag{3-1}$$

$$m(\dot{v}_y + v_x\psi) = F_{yrl} + F_{yrr} + F_{yml} + F_{ymr} + (F_{yfl} + F_{yfr})\cos\delta_w - (F_{xfl} + F_{xfr})\sin\delta_w \tag{3-2}$$

$$I_\psi \dot{\psi} = [(-F_{xfl} + F_{xfr})\cos\delta_w + (F_{yfl} - F_{yfr})\sin\delta_w]\frac{d_f}{2} + [(F_{xfl} + F_{xfr})\sin\delta_w$$
$$+ (F_{yfl} + F_{yfr})\cos\delta_w]L_f - (F_{xrl} - F_{xrr})\frac{d_r}{2} - (F_{xml} - F_{xmr})\frac{d_m}{2}$$
$$- (F_{yrl} + F_{yrr})(L_{fm} - L_f + L_{mr}) - (F_{yml} + F_{ymr})(L_{fm} - L_f) \tag{3-3}$$

式中，m 为整车等效质量；I_ψ 为整车等效横摆刚度；$\dot{v}_x$、v_x 为整车纵向加速度和速度；$\dot{v}_y$、v_y 为整车侧向加速度和速度；$\dot{\psi}$、ψ 为整车横摆角加速度和角速度；δ_w 为前轮转角；F_{xfl}、F_{xfr}、F_{xml}、F_{xmr}、F_{xrl}、F_{xrr} 为前、中、后六个车轮的纵向力；F_{yfl}、F_{yfr}、F_{yml}、F_{ymr}、F_{yrl}、F_{yrr} 为前、中、后六个车轮的侧向力；d_f、d_m、d_r 为前、中、后桥的轮距；L_f 为整车等效中心与前轴的距离；L_{fm}、L_{mr} 为前、中轴和中、后轴之间的距离。

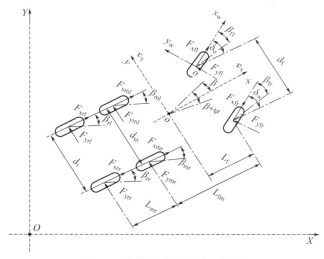

图 3-1 车体运动学简图（俯视）

根据车辆动坐标系中的车速 v_x、v_y 和横摆角速度 $\dot{\psi}$，可求得前、中、后桥各车轮轮心处沿车体动坐标系 xoy 的纵向和侧向速度。

$$\begin{cases} v_{\mathrm{xfl}} = v_{\mathrm{x}} - \dfrac{d_{\mathrm{f}}}{2}\dot{\psi} \\ v_{\mathrm{xfr}} = v_{\mathrm{x}} + \dfrac{d_{\mathrm{f}}}{2}\dot{\psi} \end{cases} \tag{3-4}$$

$$\begin{cases} v_{\mathrm{yfl}} = v_{\mathrm{y}} + L_{\mathrm{f}}\dot{\psi} \\ v_{\mathrm{yfr}} = v_{\mathrm{y}} + L_{\mathrm{f}}\dot{\psi} \end{cases} \tag{3-5}$$

$$\begin{cases} v_{\mathrm{xml}} = v_{\mathrm{x}} - \dfrac{d_{\mathrm{m}}}{2}\dot{\psi} \\ v_{\mathrm{xmr}} = v_{\mathrm{x}} + \dfrac{d_{\mathrm{m}}}{2}\dot{\psi} \end{cases} \tag{3-6}$$

$$\begin{cases} v_{\mathrm{yml}} = v_{\mathrm{y}} - (L_{\mathrm{mf}} - L_{\mathrm{f}})\dot{\psi} \\ v_{\mathrm{ymr}} = v_{\mathrm{y}} - (L_{\mathrm{mf}} - L_{\mathrm{f}})\dot{\psi} \end{cases} \tag{3-7}$$

$$\begin{cases} v_{\mathrm{xrl}} = v_{\mathrm{x}} - \dfrac{d_{\mathrm{r}}}{2}\dot{\psi} \\ v_{\mathrm{xrr}} = v_{\mathrm{x}} + \dfrac{d_{\mathrm{r}}}{2}\dot{\psi} \end{cases} \tag{3-8}$$

$$\begin{cases} v_{\mathrm{yrl}} = v_{\mathrm{y}} - (L_{\mathrm{mf}} - L_{\mathrm{f}} + L_{\mathrm{mr}})\dot{\psi} \\ v_{\mathrm{yrr}} = v_{\mathrm{y}} - (L_{\mathrm{mf}} - L_{\mathrm{f}} + L_{\mathrm{mr}})\dot{\psi} \end{cases} \tag{3-9}$$

因为忽略转向对整车车体运动的影响，所以建立原点在车轮中心的车轮动坐标系 $x_{\mathrm{w}}oy_{\mathrm{w}}$ 下，前、中、后桥各车轮中心沿轮胎动坐标系坐标轴的纵向和侧向速度与前、中、后桥各车轮轮心处沿车体动坐标系 xoy 的纵向和侧向速度是相同的。

根据各车轮中心沿车轮动坐标系 $x_{\mathrm{w}}oy_{\mathrm{w}}$ 坐标轴速度确定前、中、后桥各车轮中心处的侧偏角。

$$\beta_{\mathrm{i}} = \arctan\left(\dfrac{v_{\mathrm{y}i}}{v_{\mathrm{x}i}}\right) \tag{3-10}$$

式中，i 分别为前、中、后桥的左右车轮 fl、fr、ml、mr、rl、rr。

车体动坐标系 xoy 中车体中心的侧偏角为

$$\beta = \arctan\left(\dfrac{v_{\mathrm{y}}}{v_{\mathrm{x}}}\right) \tag{3-11}$$

重型牵引车前桥采用非独立悬架，中、后桥采用平衡悬架，而平衡悬架的特点是在车辆行驶过程中，中、后桥同一侧车轮的轴荷是相等的，同时不考虑整车侧倾的影响，同轴的左、右车轮的轴荷也是相等的，整车结构布置如图 3-2 所示。

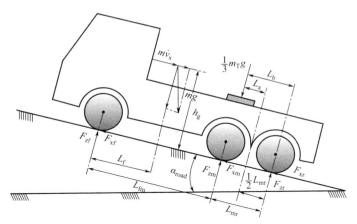

图 3-2 整车结构布置

因此，前轴左、右轮的轴荷计算如下。

$$F_{zfl}=F_{zfr}=\frac{1}{2}\left[mg\cos\alpha_{road}\frac{L_{fm}+L_a-L_f}{L_{fm}+L_a}-(m\dot{v}_x+mg\sin\alpha_{road})\frac{h_g}{L_{fm}+L_a}\right.$$
$$\left.+\frac{1}{3}m_Tg\frac{L_a}{L_{fm}+L_a}\right] \tag{3-12}$$

那么，中、后轴左、右车轮的轴荷计算如下。

$$F_{zrl}=F_{zrr}=F_{zml}=F_{zmr}=\frac{1}{4}[mg\cos\alpha_{road}+\frac{1}{3}m_Tg-(F_{zfl}+F_{zfr})] \tag{3-13}$$

式中，m_T 为牵引挂车的重量；g 为重力加速度；h_g 为整车等效中心离地面的距离；L_a 为牵引盘中心离中、后轴中心的距离；F_{zfl}、F_{zfr} 为前轴左、右车轮的轴荷；F_{zml}、F_{zmr}、F_{zrl}、F_{zrr} 为中轴左、右轮和后轴左、右车轮的轴荷；α_{road} 为路面坡度。

重型牵引车的中、后驱动桥之间不存在轴间差速器结构，因此，变速器输出轴的转速，也就是中、后桥差速器壳的转速，计算如下。

$$I_{0q}\dot{\omega}_0=T_{gout}-(M_{fml}+M_{fmr}+M_{frl}+M_{frr}) \tag{3-14}$$

式中，$\dot{\omega}_0$ 为差速器壳的转动角加速度；I_{0q} 为差速器壳的转动惯量；M_{fml}、M_{fmr}、M_{frl}、M_{frr} 为中、后轴的左、右车轮的阻力矩，计算如下。

$$\begin{pmatrix}M_{fml}\\M_{fmr}\\M_{frl}\\M_{frr}\end{pmatrix}=\begin{pmatrix}F_{xml}\\F_{xmr}\\F_{xrl}\\F_{xrr}\end{pmatrix}R+\begin{pmatrix}F_{zml}\\F_{zmr}\\F_{zrl}\\F_{zrr}\end{pmatrix}fR+\begin{pmatrix}M_{bml}\\M_{bmr}\\M_{brl}\\M_{brr}\end{pmatrix} \tag{3-15}$$

式中，F_{xml}、F_{xmr}、F_{xrl}、F_{xrr} 为中、后轴的左、右车轮的纵向牵引力，由

轮胎模型中计算得到；R 为车轮的半径；f 为滚动阻力系数。

中轴左、右车轮的轮速计算如下。

$$\begin{cases} I_{wm}(\dot{\omega}_{ml}-\dot{\omega}_0)=-M_{fml}+M_{fmr} \\ I_{wm}(\dot{\omega}_{mr}-\dot{\omega}_0)=M_{fml}-M_{fmr} \end{cases} \quad (3-16)$$

后轴左、右车轮的轮速计算如下。

$$\begin{cases} I_{wr}(\dot{\omega}_{rl}-\dot{\omega}_0)=-M_{frl}+M_{frr} \\ I_{wr}(\dot{\omega}_{rr}-\dot{\omega}_0)=M_{frl}-M_{frr} \end{cases} \quad (3-17)$$

式中，$\dot{\omega}_{ml}$、$\dot{\omega}_{mr}$、$\dot{\omega}_{rl}$、$\dot{\omega}_{rr}$ 为中、后轴的左、右车轮的转动角加速度；I_{wm}、I_{wr} 为中、后轴的转动惯量。

3.1.2 发动机模型

由于发动机的工作过程十分复杂，建立精确的发动机仿真模型较为困难。为简化建模，采取工程中广泛应用的 MAP 图查表法建立发动机数学模型，包括转矩计算模型与油耗计算模型。

(1) 转矩计算模型

该轮毂液压混合动力系统配备的柴油发动机基本参数参见表 2-2，发动机的部分负荷特性如图 3-3 所示；进而通过发动机转速以及负荷率进行查表计算，即可得到发动机稳态转矩。

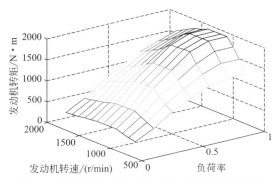

图 3-3 发动机的部分负荷特性（参阅书末彩图）

发动机实际转矩输出存在一定的动态响应过程，为了简化建模，在上述稳态转矩的基础上加入一阶惯性滞后环节模拟发动机动态响应，如式(3-18) 所示。

$$T_{ed}=T_{es}\frac{e^{-st_1}}{1+st_2} \quad (3-18)$$

式中，T_{ed} 为发动机动态输出转矩；T_{es} 为查表静态转矩；t_1、t_2 为时间常数；s 为拉普拉斯算子。

(2) 油耗计算模型

该轮毂液压混合动力系统装备的发动机油耗模型，如图 3-4 所示，根据发动机的转速、转矩进行插值查表计算，即可得到当前发动机工作点对应的平均燃油消耗率，进而根据式(3-19)计算可得发动机的喷油量。

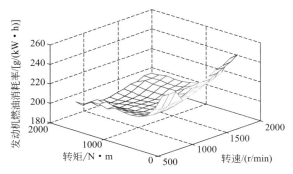

图 3-4 发动机油耗模型（参阅书末彩图）

$$M_e = \frac{b_e \omega_e T_e}{9549 \rho_{fuel}} \tag{3-19}$$

式中，M_e 为发动机喷油率；b_e 为发动机的平均燃油消耗率；ω_e 为发动机转速；T_e 为发动机转矩；ρ_{fuel} 为燃油密度。

3.1.3 离合器和变速器模型

离合器结合过程简化为简单的摩擦结合过程，据此可建立其动力学模型，如下所示。

$$\begin{cases} I_{eq} \dot{\omega}_e = M_{cin} - M_c \\ I_{cq} \dot{\omega}_{gin} = M_c - M_{gin} \end{cases} \tag{3-20}$$

式中，$\dot{\omega}_e$ 为发动机的转动角加速度；I_{eq} 为发动机曲轴端的当量转动惯量，等于发动机的曲轴转动惯量与离合器输入轴端转动惯量之和，$I_{eq} = I_e + I_{cin}$；M_{cin} 为离合器输入端的转矩，即为发动机的输出转矩；M_c 为离合器摩擦转矩；M_{gin} 为变速器的输入转矩；$\dot{\omega}_{gin}$ 为变速器输入轴的转动角加速度；I_{cq} 为离合器从动轴端的当量转动惯量。

离合器从动轴端的当量转动惯量考虑中、后轴机械传动路径上各部件转动惯量的折算之和。

$$I_{cq} = I_{cout} + I_g + \frac{2I_0}{i_g^2} + \frac{4I_{wm} + 4I_{wr}}{i_g^2 i_0^2} \tag{3-21}$$

式中，I_{cout} 为离合器从动盘的转动惯量；I_g 为变速器的转动惯量；I_0 为主减速器的转动惯量；I_{wm}、I_{wr}分别为中、后轮的转动惯量；i_g为变速器的传动比；i_0为主减速器的传动比。

离合器的结合过程有分离、滑磨与完全结合3种状态，分离状态下$M_c=0$，滑磨状态下$M_c=M_{cs}$，完全结合状态下$M_c=M_{cin}$，其中M_{cs}为离合器的静摩擦转矩，其计算公式如下。

$$M_{cs}=\text{sign}(\omega_e-\omega_{gin})\times 2\mu_c F_{cN}R_c \tag{3-22}$$

式中，μ_c为离合器摩擦片的摩擦系数；F_{cN}为弹簧的正压力；R_c为离合器摩擦片的有效半径；ω_e为发动机曲轴转速；ω_{gin}为变速器输入轴转速。

离合器结合后，变速器的输出转速为

$$\omega_{gout}=\frac{\omega_{gin}}{i_g} \tag{3-23}$$

式中，ω_{gout}为变速器输出轴的转速。

3.1.4 轮胎模型

硬路面轮胎模型基于车轮滑动状态、垂向载荷、地面状况等相关因素的影响，实现轮胎与地面之间纵向附着力等参数的计算，一般可分为理论模型（如G.Gim模型）和经验、半经验模型（如"魔术公式"和稳态指数统一模型）。其中，G.Gim模型参数物理意义明确，对轮胎力拟合精度较高，本书建立轮胎模型时采用G.Gim模型进行计算。

区别轮胎制动和驱动两种情况，不考虑侧倾角，纵向滑移率为

$$S_s=\begin{cases}\dfrac{v_t-v_x}{v_t} & \text{驱动时}\\[2mm] \dfrac{v_x-v_t}{v_t} & \text{制动时}\end{cases} \tag{3-24}$$

式中，v_x为车辆纵向速度；v_t为轮胎的圆周速度。

横向滑移率为

$$S_a=\begin{cases}(1-|S_s|)|\tan\alpha| & \text{驱动时}\\ |\tan\alpha| & \text{制动时}\end{cases} \tag{3-25}$$

式中，α为车轮侧偏角，$\alpha=\arctan(v_y/v_x)$；v_y为车轮的横向速度。

考虑轮胎纵向力与横向力的作用，可得到合成附着系数u。

$$u=u_0(1-As_{sa}) \tag{3-26}$$

式中，$s_{sa}=\sqrt{S_s^2+S_a^2}$；$u_0=(u_1s_2-u_2s_1)/(s_2-s_1)$；$A=(u_1-u_2)/(u_1s_2-u_2s_1)$，$u_1$为峰值附滑移率$s_1$对应的附着系数，$u_2$为完全打滑时$s_2$对应的附着系数。$s_{sa}$为反映轮胎纵向滑移侧偏联合作用的合成滑移率；$u_0$为轮胎与路面的

静态摩擦系数；A 为附着系数缩减因子。

将合成附着系数 u 进行分解，得到考虑纵向力的纵向附着系数 u_x 与考虑横向力的横向附着系数 u_y，如下所示。

$$\left(\frac{u_x}{u}\right)^2 + \left(\frac{u_y}{u}\right)^2 = 1 \tag{3-27}$$

车轮的纵向附着系数为

$$u_x = \frac{uS_s}{s_{sa}} = u\cos\beta \tag{3-28}$$

$$u_y = \frac{uS_a}{s_{sa}} = u\sin\beta \tag{3-29}$$

式中，β 为滑移方向角。

ξ 为轮胎与地接触面长度 l 的附着区与滑移区分界点，定义无量纲值 $l_n = \xi/l$ 表示轮胎接地线长度，$S_n = 1 - l_n$，为滑移界限点，计算如下。

$$S_n = \frac{\sqrt{(C_s S_s)^2 + (C_a S_a)^2}}{3\mu F_z} \tag{3-30}$$

纵向临界滑移率为

$$S_{sc} = \frac{3\mu F_z}{C_s} \tag{3-31}$$

横向临界滑移率为

$$S_{ac} = \frac{C_s \sqrt{S_{sc}^2 - S_s^2}}{C_a} \tag{3-32}$$

轮胎纵向力为

$$F_x = \begin{cases} C_s S_s l_n^2 - \mu_x F_z (1 - 3l_n^2 + 2l_n 3) & (S_s < S_{sc}) \\ \mu_x F_z & (S_s \geqslant S_{sc}) \end{cases} \tag{3-33}$$

轮胎侧向力为

$$F_y = \begin{cases} C_a S_a l_n^2 + \mu_y F_z (1 - 3l_n^2 + 2l_n 3) & (S_a < S_{ac}) \\ \mu_y F_z & (S_a \geqslant S_{ac}) \end{cases} \tag{3-34}$$

G. Gim 轮胎模型的输入为车轮的转动角速度 ω、车轮线速度 v_x、轮胎侧偏角 α（无转向时简化为 0）以及垂直载荷 F_z，而轮胎输出则是所受到的地面摩擦力 F_x、F_y。

3.1.5 制动器模型

重型车车轮采用气压鼓式制动器。为简化计算，制动储气筒的压力建立只考虑制动踏板开度因素，即

$$p_b = \begin{cases} 0 & 0 \leqslant X_b < X_{0\max} \\ f(X_b) & X_{0\max} \leqslant X_b < X_e \\ p_{\max} & \text{else} \end{cases} \quad (3\text{-}35)$$

前后轮的制动力矩计算如下。

$$T_b = K_b A_b p_{bi} R_b \quad (3\text{-}36)$$

考虑到制动系统中气压迟滞的影响，在此将制动系统简化为一阶惯性系统，即为

$$T_b' = \frac{T_b e^{-st_{b1}}}{st_{b2}+1} \quad (3\text{-}37)$$

式中，p_b、p_{bi} 分别为制动储气筒和制动气室的压力；$p_{\max}$ 为制动储气筒内最大制动压力；X_b、$X_{0\max}$、X_e 分别为制动踏板实际行程、空行程上限、踏板压力上升临界点对应的行程；T_b 为制动力矩；K_b、R_b 分别为制动效能因数、制动有效半径；A_b 为制动缸活塞的面积；t_{b1}、t_{b2} 为时间常数；s 为拉普拉斯算子。

而半挂车的制动系统与牵引车是独立的，为简化计算，认为半挂车的压力建立过程与制动踏板开度呈线性关系。所研究车辆的各个轴对应制动储气筒压力与踏板行程关系曲线以及各个轴车轮制动力矩与制动气室压力的关系曲线分别如图 3-5 和图 3-6 所示。由图可知，当制动踏板行程在 0~27.3mm（制动踏板开度为 0~35%）之间，制动储气筒以及各车轮的制动气室无压力，此时无制动力矩产生，随着制动踏板行程的增加，牵引车后轴、挂车轴、牵引车前轴的各车轮的制动气室逐渐有压力作用，并产生制动力矩。

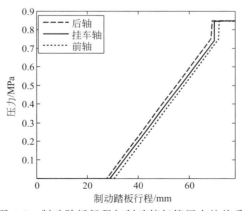

图 3-5 制动踏板行程与制动储气筒压力的关系

如图 3-7 所示，在 MATLAB/Simulink 平台，根据制动踏板行程，分配不同踏板行程阶段所对应的需求制动力，即"踏板行程-前轴需求气压制动力""踏

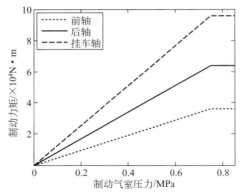

图 3-6　制动气室压力和制动力矩的关系

板行程-后轴需求气压制动力""踏板行程-挂车需求制动力"的对应关系。

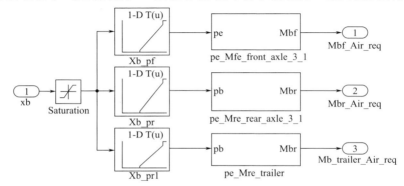

图 3-7　制动踏板行程所对应的需求制动力

对于后轴制动力,由于离合器在制动时一直闭合,发动机在后轮轮速降为 0 之前一直有转速,且具有相应的反拖制动阻力矩,如图 3-8 所示。

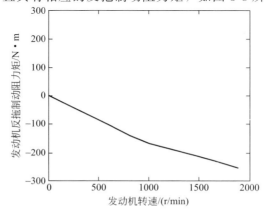

图 3-8　发动机的反拖制动阻力矩

3.2 液压系统动力学模型

轮毂液压混合动力系统是重型车辆上新增的液压驱动部分,也是本书研究的重点,因此本节针对液压系统展开细致的建模研究,从不同液压元件的多个角度进行探究,分为不考虑系统热特性的常规液压系统模型和考虑热特性的液压系统热力学模型。其中,液压系统热力学模型不同于常规液压系统模型,它不仅包含常规液压模型所涵盖的液压基本属性,还需要考虑油液温度变化的性质,基本属性已在常规液压系统模型中介绍,因此液压系统热力学模型中的液压元件基本属性不再介绍,而是重点阐述液压系统热力学模型与温度相关的机理建模问题。

3.2.1 常规液压系统模型

3.2.1.1 简单油液模型

液压油液作为液压系统传动的工作介质,其流体特性对系统的动态响应存在一定影响。根据常规液压系统的研究需要,本小节建立液压系统简单油液模型,存在如下假设。

① 假设油液流动是一维的,即油液压力和流量仅是时间的函数。
② 暂不研究液压系统热特性,即看作恒温过程,不考虑温度的影响。
③ 假设油液的绝对黏度为常数。
④ 假设管道内油液属性是均匀的,各节点计算压力即为油液的平均压力。

所建立的简单油液模型的基本属性参数,如表 3-1 所示。

表 3-1 简单油液模型的基本属性参数

油液基本属性	参数值
大气压下油液密度/(kg/m^3)	850
饱和蒸气压/Pa	1000
体积模量/bar	17000
绝对黏度/cP	51

注:$1cP=10^{-3} Pa \cdot s$。

液压系统在工作过程中,实际油液密度取决于当前油液压力以及体积模量,计算如式(3-38)所示。

$$\rho(p) = \begin{cases} \rho(p_{atm}) \exp\left[\dfrac{p}{B(p_{sat})}\right] & p \geqslant p_{sat} \\ \rho(p_{sat}) \exp\left[\dfrac{1000}{B(p_{sat})}(p - p_{sat})\right] & p < p_{sat} \end{cases} \quad (3-38)$$

式中,$\rho(p)$ 为液压系统在不同压力下的液体密度;$\rho(p_{atm})$ 为大气压下的液体密度;$\rho(p_{sat})$ 为饱和蒸气压下的液体密度;p_{sat} 为饱和蒸气压;$B(p_{sat})$

为饱和蒸气压下的油液体积模量。其中，$\rho(p_{\text{sat}}) = \rho(p_{\text{atm}}) \exp\left[\dfrac{p}{B(p_{\text{sat}})}\right]$。

液压油液的体积模量与系统当前压力以及饱和蒸气压有关，计算如式(3-39)所示，即当系统压力在饱和压力之上时，体积模量为常数 $B(p_{\text{sat}})$；当系统压力降至饱和压力以下时，根据资料表明，此时液压油本身将会迅速气化而产生大量蒸气，体积模量将随压力急剧下降，本书按照 $B(p_{\text{sat}})/1000$ 进行计算。

$$B(p) = \begin{cases} B(p_{\text{sat}}) & p \geqslant p_{\text{sat}} \\ \dfrac{B(p_{\text{sat}})}{1000} & p < p_{\text{sat}} \end{cases} \tag{3-39}$$

3.2.1.2 液压变量泵模型

液压变量泵的出口流量计算，如式(3-40)所示，主要取决于当前泵排量以及工作转速。

$$Q_{\text{p,out}} = \dfrac{\beta V_{p_{\max}} \omega_{\text{p}} \eta_{\text{pv}}}{1000} \tag{3-40}$$

式中，$Q_{\text{p,out}}$ 为变量泵流量；$V_{p_{\max}}$ 为液压变量泵的最大排量；η_{pv} 为液压变量泵的容积效率；ω_{p} 为液压变量泵的转速。

液压变量泵的输入转矩计算，如式(3-41)所示，主要与当前泵排量以及工作压力有关。

$$T_{\text{p,in}} = \dfrac{\beta V_{p_{\max}} \Delta p}{20\pi \eta_{\text{pm}}} \tag{3-41}$$

式中，Δp 为液压泵进、出油口压差；η_{pm} 为液压变量泵的机械效率。

在实际工作中，液压泵会产生两方面的损失：容积损失和转矩损失。容积损失的大小主要受泵体自身的泄漏量和液压油的可压缩性等影响；转矩损失的大小受机械和黏性等摩擦因素影响。对应于上述两种损失，泵存在容积效率和机械效率。根据相关文献，液压变量泵的效率特性主要取决于当前油液黏度、输入转速、液压系统工作压力、泵排量等因素。假设液压系统间隙内的油液流动为层流，并假设油液为牛顿流体，忽略工作过程中间隙的变化以及油液压缩性的影响，液压变量泵的容积效率以及机械效率计算，分别如式(3-42) 和式(3-43)所示。

$$\eta_{\text{pv}} = 1 - C_{\text{ps}} \dfrac{60 \times 10^5 \Delta p}{\mu \omega_{\text{p}}} \times \dfrac{1}{\beta} \tag{3-42}$$

$$\eta_{\text{pm}} = \dfrac{1}{1 + C_{\text{pv}} \dfrac{\mu \omega_{\text{p}}}{60 \times 10^5 \Delta p} \times \dfrac{1}{\beta} + C_{\text{pf}} \dfrac{1}{\beta} + \dfrac{2\pi T_{\text{c}}}{10^{-1} \Delta p V_{p_{\max}}} \times \dfrac{1}{\beta}} \tag{3-43}$$

式中，μ 为液压油的动力黏度；C_{ps} 为泵层流泄漏系数；C_{pf} 为泵机械阻力系数；C_{pv} 为泵层流阻力系数；T_c 为与进、出口压差和转速无关的扭矩损失。

变量泵的总效率为

$$\eta_p = \eta_{pv}\eta_{pm} = \frac{1 - C_{ps}\dfrac{60\times 10^5 \Delta p}{\mu\omega_p}\times\dfrac{1}{\beta}}{1 + C_{pv}\dfrac{\mu\omega_p}{60\times 10^5 \Delta p}\times\dfrac{1}{\beta} + C_{pf}\dfrac{1}{\beta} + \dfrac{2\pi T_c}{10^{-1}\Delta p V_{p_{\max}}}\times\dfrac{1}{\beta}} \quad (3\text{-}44)$$

其中，液压油的动力黏度主要受压力和温度影响，此处不涉及热力学问题，暂不考虑温度对效率的影响，液压泵热力学模型将在后文介绍。同时该系统压力对液压油黏度的影响（本系统的最高工作压力<420bar）并不显著，可以忽略。因而此处简化模型中的黏度可以设置为一个常值。

根据式(3-42) 和式(3-43)，可进一步计算得到液压变量泵的效率 MAP，如图 3-9 所示。可见，液压变量泵的效率随着泵排量的增加而增大，同时在低转速、高压力区间变量泵的容积效率较低；低压力区间的机械效率较低。

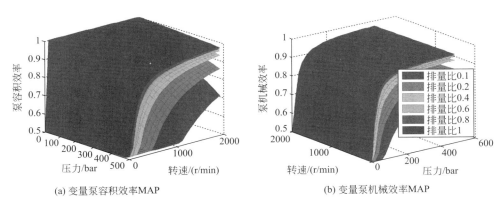

(a) 变量泵容积效率MAP (b) 变量泵机械效率MAP

图 3-9　液压变量泵效率 MAP（参阅书末彩图）

泵排量控制执行机构是液压泵控系统的关键部件，以下介绍它的两种建模方法，分别是液压泵控系统机理模型和考虑动态响应的准稳态模型。

(1) 液压泵控系统机理模型

本系统的泵控系统简化原理如图 3-10 所示。斜盘式变量泵排量大小由斜盘倾角决定，在泵控系统中通过调节高速开关阀 1 和开关阀 2 控制液压缸活塞位移并调节斜盘倾角的大小，进而实现泵排量调节。高速开关阀的控制方式为脉宽调制（PWM）控制，通过改变占空比大小来改变脉冲信号在单位时间内的平均输出值，而高速开关阀在脉冲电信号的控制下周期性开闭，产生脉冲流量，进而产生与占空比对应的单位时间内的平均输出流量，实现连续的脉冲流量控制。液压缸位移经位置传感器放大后反馈到输入控制信号处实现占空比信号与泵排量之间的闭环控制。当需求泵排量增大时，来自控制器的占空比信号与反馈调节后的信号共同作用产生脉宽调制信号作用于开关阀1，使其产生对应的流量向液压缸提供油液，增大斜盘倾角。其中，在闭式液压系统中外部液压源 P 为补油泵，当需求泵排量减小时，来自控制器的占空比信号与反馈调节后的信号共同作用产生脉宽调制信号使开关阀2动作，使液压缸对应流量卸荷，复位弹簧使斜盘倾角减小。泵排量达到目标值时，占空比信号为零，两开关阀均不动作，液压缸处于保压状态，维持当前排量。

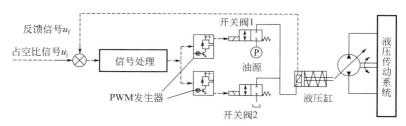

图 3-10 泵控系统简化原理

高速开关阀阀芯位移与 PWM 控制信号对应关系如图 3-11 所示。由于阀芯惯性以及电磁惯性等影响，阀芯位移响应相对于控制信号存在滞后。

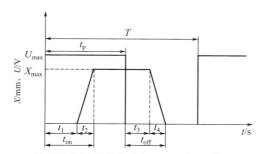

图 3-11 高速开关阀阀芯位移与 PWM 控制信号对应关系

其中，U_{max} 为脉冲信号高电平电压值；X_{max} 为阀芯最大位移；T 为脉冲信号周期；t_1 为电磁铁电流增加滞后时间；t_2 为阀芯开启运动时间；t_3 为磁铁电流衰减滞后时间；t_4 为阀芯关闭运动时间；t_{on} 为阀芯开启时间；t_{off} 为阀芯关闭时间；t_p 为 PWM 信号电压作用时间。阀芯开启与关闭时的位移均简化为线性变化。

定义无量纲平均位移 $\overline{X}$ 为阀芯平均位移占最大位移的比例，即

$$\overline{X} = \frac{\overline{x}}{X_{max}} \tag{3-45}$$

$$\bar{x} = \frac{1}{T}\int_0^T x\,dt \tag{3-46}$$

由图 3-11、式(3-45)、式(3-46) 及相关推导,可得无量纲平均位移与占空比的关系。

$$\bar{X} = \begin{cases} 0 & 0 \leqslant \tau \leqslant \tau_1 \\ \dfrac{1}{2\tau_2}\left(1+\dfrac{\tau_4}{\tau_2}\right)(\tau-\tau_1)^2 + \dfrac{\tau_3}{\tau_2}(\tau-\tau_1) & \tau_1 \leqslant \tau < \tau_{\text{on}} \\ \tau + \dfrac{1}{2}(\tau_4-\tau_2) + (\tau_3-\tau_1) & \tau_{\text{on}} \leqslant \tau \leqslant 1-\tau_{\text{off}} \\ 1 - \dfrac{1}{2\tau_4}\left(1+\dfrac{\tau_2}{\tau_4}\right)(1-\tau-\tau_3)^2 - \dfrac{\tau_1}{\tau_4}(1-\tau-\tau_3) & 1-\tau_{\text{off}} \leqslant \tau < 1-\tau_3 \\ 1 & 1-\tau_3 \leqslant \tau \leqslant 1 \end{cases} \tag{3-47}$$

式中,$\tau_1 = \dfrac{t_1}{T}$,$\tau_2 = \dfrac{t_2}{T}$,$\tau_3 = \dfrac{t_3}{T}$,$\tau_4 = \dfrac{t_4}{T}$,$\tau_{\text{on}} = \dfrac{t_{\text{on}}}{T}$,$\tau_{\text{off}} = \dfrac{t_{\text{off}}}{T}$,$\tau = \dfrac{t_p}{T}$。

由式中关系可得高速开关阀阀芯位移与输入占空比信号关系的静态特性曲线,如图 3-12 所示。

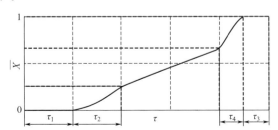

图 3-12 高速开关阀阀芯位移与输入占空比信号关系的静态特性曲线

由图 3-12 可知,在占空比 $\tau_1+\tau_2 \leqslant \tau \leqslant 1-(\tau_3+\tau_4)$ 范围内,阀芯的平均位移与占空比呈线性关系,且增益恒为 1。该范围为开关阀正常工作区域,结合当前泵控系统则有

$$(u_i - u_f) = x + c \tag{3-48}$$

式中,u_i 为输入的初始占空比信号;x 为阀芯位移;c 为线性关系常数项;u_f 为调节液压缸反馈的等效占空比,是液压缸位置信号经放大器处理后的反馈信号。

$$u_f = k_1 x_p \tag{3-49}$$

式中,k_1 为比例系数;x_p 为液压缸位移。

柱塞泵的排量求解公式及调节液压缸的位移与斜盘倾角的关系如下。

$$V_p = \frac{\pi}{4}d^2 Dn\tan\alpha \tag{3-50}$$

$$x_p = L\tan\alpha \tag{3-51}$$

式中，d 为柱塞的直径；D 为柱塞的分布直径；α 为斜盘的倾角；n 为柱塞数；L 为液压缸作用点距旋转中心的距离。

由式(3-50) 和式(3-51) 得

$$V_p = k_2 x_p \tag{3-52}$$

式中，$k_2 = \dfrac{n\pi D d^2}{4L}$。

联立求解式(3-48)、式(3-49) 和式(3-52) 得

$$V_p = \dfrac{k_2}{k_1}(u_i - x - c) \tag{3-53}$$

由系统控制原理可知，当排量达到目标值时，开关阀 1 和开关阀 2 均不动作，即此时 $x=0$，则

$$V_p = \dfrac{k_2}{k_1}(u_i - c) \tag{3-54}$$

可知，柱塞泵的排量与输入的占空比信号可以简化为线性关系。

下面利用 AMESim 仿真软件搭建泵控系统机理模型。AMESim 中液压泵模型根据实际物理系统的结构所搭建，并基于实车测试数据修正相关参数使得该模型更接近实际，以减少仿真误差，保证验证模型的有效性。

单个柱塞的结构原理如图 3-13 所示。其中，柱塞腔内的油液压力作用在柱塞上，使其产生作用在斜盘上沿柱塞轴向的力 F_z。

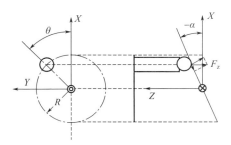

图 3-13　单个柱塞的结构原理

柱塞沿轴向的运动方程为

$$\begin{cases} Z = -R\tan\alpha\cos\theta \\ Z' = \theta' R\tan\alpha\sin\theta + \dfrac{\alpha' R\cos\theta}{\cos^2\alpha} \end{cases} \tag{3-55}$$

式中，Z 为柱塞相对于缸体的轴向位移；Z' 为柱塞相对于缸体的轴向速度；R 为柱塞的分布半径；α 为斜盘倾角；θ 为缸体转过的角度。

柱塞作用在斜盘上绕 X 轴方向的旋转力矩为

$$T_x = F_z R \sin\theta \tag{3-56}$$

柱塞作用在斜盘上绕 Y 轴方向的旋转力矩为

$$T_y = \frac{F_z R \cos\theta}{\cos^2\beta} \tag{3-57}$$

柱塞作用在斜盘上绕 Z 轴方向的旋转力矩为

$$T_z = F_z R \tan\beta \sin\theta \tag{3-58}$$

由上式可知,多柱塞泵全部柱塞作用于斜盘上的合力矩为

$$T_{\text{total}} = \sqrt{\left(\sum_n T_x\right)^2 + \left(\sum_n T_y\right)^2 + \left(\sum_n T_z\right)^2} \tag{3-59}$$

斜盘倾角的液压缸调节机构结构原理如图 3-14 所示。

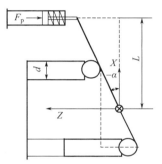

图 3-14 斜盘倾角的液压缸调节机构结构原理

液压缸运动方程如下。

$$\begin{cases} x_p = -L\tan\alpha \\ x_p' = \dfrac{-\theta' L}{\cos^2\alpha} \end{cases} \tag{3-60}$$

式中,x_p' 为液压缸活塞移动速度。

液压缸作用在斜盘上绕 Y 轴的旋转力矩为

$$T_p = \frac{-F_p L}{\cos^2\alpha} \tag{3-61}$$

式中,F_p 为液压缸作用力;L 为液压缸作用点距旋转中心的距离。

根据以上运动学分析,在 AMESim 中建立相应柱塞与斜盘动力学计算模块、液压缸与斜盘动力学关系计算模块的斜盘模型,利用 AMESim 中 HCD 库中所带元件建立起柱塞模型。柱塞泵在旋转过程中,每个柱塞腔随转过角度通过配流盘周期性地连通进油口与出油口,在 AMESim 中利用样条曲线和信号开关分别构成了柱塞泵配油盘的高压进油路和低压回油路。并结合前述各计算模块,将各模块封装后集成建立九柱塞变量泵模型,如图 3-15 所示。

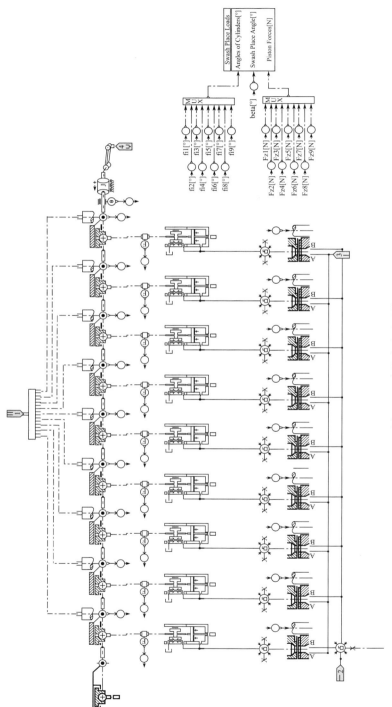

图 3-15 九柱塞变量泵模型

根据牛顿第二定律,开关阀阀芯的动力学表达式为

$$m_0 \frac{\mathrm{d}^2 x}{\mathrm{d}t^2} + B_0 \frac{\mathrm{d}x}{\mathrm{d}t} + kx = F_e - F_f \tag{3-62}$$

式中,m_0 为阀芯质量,kg;x 为阀芯位移,m;B_0 为黏性摩擦系数;k 为开关阀阀芯复位弹簧刚度,N/m;F_f 为摩擦力,N;F_e 为阀芯所受电磁力,N。

在忽略漏磁通后,可以得出高速开关阀阀芯的电磁力为

$$F_e = \frac{\phi^2}{2\mu_0 A} \tag{3-63}$$

式中,ϕ 为磁通量,Wb;μ_0 为真空中的磁导率,H;A 为缝隙处的磁极面积,m²。

针对开关阀中线圈,$LI = \phi N$,根据电压平衡方程有

$$\frac{\mathrm{d}}{\mathrm{d}t}(\phi N) + R_s i + R_1 \phi = E \tag{3-64}$$

式中,L 为线圈电感,H;I 为电流,A;N 为线圈匝数;R_s 线圈的内阻,Ω;R_1 为线圈的磁阻,H^{-1};E 为线圈两端的电动势,V。

AMESim 中电磁机电库提供的元件可以进行电磁阀细节建模,实现其电、磁、机、液的多物理量耦合。利用其中的元件在 AMESim 中建立了完整的比例电磁阀模型,如图 3-16 所示。该电磁阀模型与实际物理模型的相似程度符合本

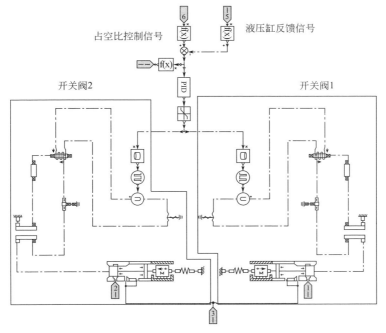

图 3-16 电磁阀模型

书液压控制系统的设计要求。

(2) 考虑动态响应的准稳态模型

液压变量泵作为本书液压闭式回路中唯一的被控对象,其动态控制品质对液压系统性能存在重要影响。目前针对液压变量泵的建模研究,多数是仅根据液压泵工作原理得到变量泵的稳态转矩/流量模型,忽略了泵排量控制执行机构的动态响应过程;也有相关研究考虑液压系统非线性特性建立液压泵的机理模型,但由于模型阶数较高导致求解过程十分缓慢,不利于液压系统的实时仿真测试;而且机理模型建立过程需求的参数较多,有些参数在实际系统中无法准确获取,也导致机理模型难以准确反映实际液压系统的动态特性。

基于此,本小节将结合液压变量泵的实际测试数据以及系统辨识技术,介绍一种液压变量泵排量控制执行机构动态响应模型,实现对实际液压泵系统强非线性、大滞后响应特性的准确模拟。

根据上文泵控系统机理模型的研究结论,液压变量泵工作过程中,在一定范围内给定 PWM 占空比控制信号之后,液压变量泵到达稳态时的排量与占空比信号呈现近似线性关系,如图 3-17 所示。图中所示即为根据实际数据所得占空比控制信号与泵排量特性关系拟合曲线。进而,可以得到稳态时泵排量与 PWM 占空比信号的计算公式,如式(3-65) 所示。

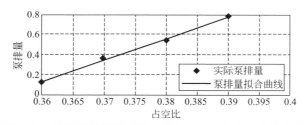

图 3-17 液压变量泵排量稳态值与 PWM 占空比变化关系

$$\beta = 21.21 u_{\mathrm{PWM}} - 7.5 \qquad (3-65)$$

式中,β 为液压变量泵的斜盘开度,实际是当前泵排量与最大泵排量之比;u_{PWM} 为 PWM 占空比控制信号。

实际上,式(3-65) 所示的关系是液压变量泵在 PWM 信号控制作用下,泵排量响应达到稳态时的控制结果。由于液压系统本身存在的大滞后响应特性,泵目标排量在到达稳态工作点之前,仍存在一定的动态响应过程。不同的 PWM 占空比信号下,对应的变量泵排量响应测试结果如图 3-18 所示。可见,变量泵排量的响应特性存在大滞后、时变的特征,随着目标排量或者 PWM 信号的增大,变量泵响应时间逐渐变短。

根据图 3-18,对应不同的目标泵排量,变量泵排量执行机构的响应变化特

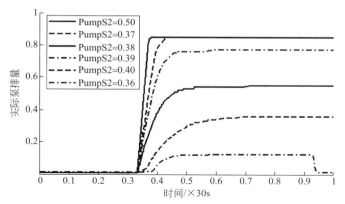

图 3-18　不同 PWM 占空比信号下变量泵排量响应测试结果（参阅书末彩图）

征可以看作时间常数不同的一阶惯性环节，因此，本小节采用一阶惯性环节对变量泵排量执行机构的动态响应特性进行模拟，其传递函数如式（3-66）所示。

$$G_{\mathrm{m}}(s)=\frac{\beta_{\mathrm{act}}(s)}{\beta_{\mathrm{cmd}}(s)}=\frac{b}{\tau s+a} \tag{3-66}$$

式中，s 为拉普拉斯算子；β_{cmd} 和 β_{act} 为变量泵目标泵排量及真实泵排量；a、b、τ 为待辨识参数。

进一步，采用双线性变换法对系统传递函数进行离散化，令 $s=\frac{2}{T_{\mathrm{s}}}\times\frac{1-z^{-1}}{1+z^{-1}}$，计算得到离散后的传递函数，如式（3-67）所示。

$$\beta_{\mathrm{act}}(t)=\alpha_1[\beta_{\mathrm{cmd}}(t)+\beta_{\mathrm{cmd}}(t-1)]-\alpha_2\beta_{\mathrm{act}}(t-1) \tag{3-67}$$

式中，T_{s} 为离散仿真步长；z^{-1} 为延迟一个步长；$\alpha_1=b/(2\tau/T_{\mathrm{s}}+a)$，$\alpha_2=(a-2\tau/T_{\mathrm{s}})/(2\tau/T_{\mathrm{s}}+a)$。针对不同的目标排量，设置不同的一阶惯性环节，并结合递推最小二乘法对式（3-66）所示动态模型的参数进行辨识。

根据式（3-67），将系统的传递函数转化为双输入单输出系统差分方程形式，如式（3-68）所示。

$$y(k)=u(k)b_0+\xi(k) \tag{3-68}$$

式中，$y(k)$ 为系统输出的观测值；$u(k)$ 为系统输入信号；b_0 为系统待辨识参数；$\xi(k)$ 为系统的测量误差及系统的内部噪声，是均值为 0 的白噪声。

其中，$y(k)=\beta_{\mathrm{act}}(k)$，$u(k)=[\beta_{\mathrm{cmd}}(k)+\beta_{\mathrm{cmd}}(k-1),\beta_{\mathrm{act}}(k-1)]$，$b_0=\begin{bmatrix}\alpha_1\\\alpha_2\end{bmatrix}$。

将上述方程扩展至 N 个输入、输出观测值，代入式（3-68）得到系统的矩阵形式，如式(3-69)所示。

$$Y = \phi\theta + e \tag{3-69}$$

其中，$Y = \begin{bmatrix} y(n+1) \\ y(n+2) \\ \vdots \\ y(n+N) \end{bmatrix}$，$\phi = \begin{bmatrix} u(n+1) \\ u(n+2) \\ \vdots \\ u(n+N) \end{bmatrix}$，$e = \begin{bmatrix} \xi(n+1) \\ \xi(n+2) \\ \vdots \\ \xi(n+N) \end{bmatrix}$，$\theta = b_0$。

根据递推最小二乘辨识原理，得到该系统的最小二乘估计，如式(3-70)所示。

$$\begin{cases} \hat{\theta}(k) = \hat{\theta}(k-1) + K(k)[y(k) - u(k)\hat{\theta}(k-1)] \\ K(k) = P(k-1)u^T(k)\left[u(k)P(k-1)u^T(k) + \dfrac{1}{\Lambda(k)}\right]^{-1} \\ P(k) = [I - u(k)K(k)]P(k-1) \end{cases} \tag{3-70}$$

式中，$\Lambda(k)$ 为第 k 时刻的遗忘因子，$0 < \Lambda(k) \leqslant 1$。

综上，本小节建立的液压变量泵排量控制执行机构的递推最小二乘辨识系统，如式(3-71)所示。

$$\begin{bmatrix} \hat{\alpha}_1(k) \\ \hat{\alpha}_2(k) \end{bmatrix} = \begin{bmatrix} \hat{\alpha}_1(k-1) \\ \hat{\alpha}_2(k-1) \end{bmatrix} + K(k)\left\{\beta_{\text{act}}(k) - u(k)\begin{bmatrix} \hat{\alpha}_1(k-1) \\ \hat{\alpha}_2(k-1) \end{bmatrix}\right\} \tag{3-71}$$

以 PWM 占空比控制信号为 0.36，泵目标排量为 0.1229 为例，泵排量执行机构动态模型的辨识结果，如图 3-19 所示。可见，经过初始几个步长的迭代计算之后，辨识模型结果迅速趋于误差较小的稳定区域，具备较好的辨识精度。

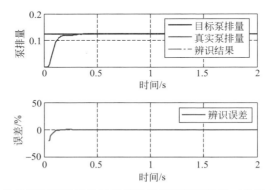

图 3-19　单目标下泵排量执行机构动态模型辨识结果（参阅书末彩图）

进一步，得到不同 PWM 占空比信号以及不同泵排量控制目标，对应的泵排量执行机构动态模型的辨识结果，如图 3-20 所示。对比实际变量泵排量的工作范围可知，参数辨识结果能良好反映变量泵排量执行机构的真实动态响应特性。

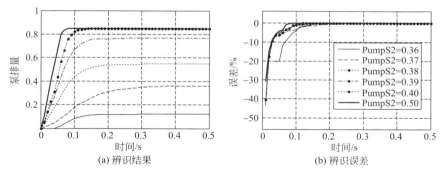

(a) 辨识结果 (b) 辨识误差

图 3-20 泵排量执行机构动态模型辨识结果（参阅书末彩图）

这种由参数辨识得到的泵控执行机构模型相比机理模型具备更简洁的形式，易于实时仿真计算；相比稳态模型则能够更好地反映液压系统的非线性动态响应特征，因此，本书称为液压变量泵准稳态模型。

3.2.1.3 液压控制阀组模型

轮毂液压混合动力系统中液压控制阀组由多个方向阀以及流量阀组合而成，可以实现液压系统不同工作模式的切换以及流量调节。从阀组组成元件的控制方式来看，液压阀组元件主要采用电液比例换向阀以及电磁换向阀。针对此类换向阀建模，目前多根据阀芯受力平衡方程分析阀芯运动，同时根据液压系统流量连续性原理以及孔口流动特性分析阀芯不同位置下的各阀口流量。基于此，本书采用"阀芯位移模型＋孔口流量模型"的建模方法实现换向阀建模，在此基础上集成液压控制阀组模型。

本小节以一个二位三通阀为例介绍本书针对换向阀的建模方法。该换向阀的结构示意如图 3-21 所示。初始状态下，换向阀 P 口与 A 口接通；当控制信号为 1 时，换向阀作动，控制阀芯右移，换向阀 T 口与 A 口接通。

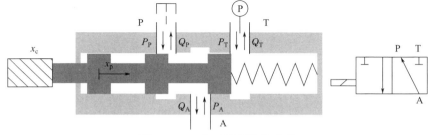

图 3-21 二位三通阀结构示意

首先，建立阀芯位移模型模拟换向阀控制阀芯移动的动态特性。考虑换向阀的动态响应特点，本书将阀芯位移模型简化为二阶振动环节，如式（3-72）所示。

$$x_\mathrm{p} = \frac{k\omega_\mathrm{n}^2}{s^2 + 2\xi\omega_\mathrm{n}s + \omega_\mathrm{n}^2} x_\mathrm{c} \tag{3-72}$$

式中，x_p 为阀芯位移占阀芯最大位移的比例；k 为控制增益；ω_n 为固有频率；ξ 为阻尼比；x_c 为控制信号。

然后，根据孔口流量方程计算阀口流量，如式(3-73)所示。

$$Q = c_\mathrm{q} A \sqrt{\frac{2|\Delta p|}{\rho}} \mathrm{sgn}(\Delta p) \tag{3-73}$$

式中，Q 为孔口流量；c_q 为流量系数；A 为通流面积；Δp 为连通的两个孔口之间的压力差；sgn 为符号函数。

根据不同的阀芯位移，换向阀存在如表 3-2 所示的三种状态，进而结合式(3-73)可计算得到不同阀芯位移状态下的阀口流量。

表 3-2 不同控制信号下换向阀的不同位置状态

项目	控制信号		
	$x_c = 0$	$x_c = 1$	$0 < x_c < 1$
换向阀阀芯位置	P 口-A 口接通	T 口-A 口接通	阀芯处于中间位置，各阀口均连通
阀芯位移	$x_\mathrm{p} = 0$	$x_\mathrm{p} = 1$	$0 < x_\mathrm{p} < 1$
阀口通流面积	$A_\mathrm{PA} = (1-x_\mathrm{p})A_\mathrm{max}$	$A_\mathrm{TA} = x_\mathrm{p}A_\mathrm{max}$	$\begin{cases} A_\mathrm{PA} = (1-x_\mathrm{p})A_\mathrm{max} \\ A_\mathrm{TA} = x_\mathrm{p}A_\mathrm{max} \end{cases}$
阀口 P 流量	Q_P	0	Q_P
阀口 T 流量	0	Q_T	Q_T
阀口 A 流量	$Q_\mathrm{A} = -Q_\mathrm{P}$	$Q_\mathrm{A} = -Q_\mathrm{T}$	$Q_\mathrm{A} = -Q_\mathrm{P} - Q_\mathrm{T}$

其中，A_PA 为阀口 P-A 之间的通流面积；A_TA 为阀口 T-A 之间的通流面积；A_max 为最大通流面积；Q_P、Q_T 和 Q_A 分别为阀口 P、T、A 的流量。Q_P 与 Q_T 即根据式(3-73)所示的小孔流量计算方程得到，如式(3-74)所示。

$$\begin{cases} Q_\mathrm{P} = c_\mathrm{q} A_\mathrm{PA} \sqrt{\dfrac{2|\Delta p_\mathrm{PA}|}{\rho}} \mathrm{sgn}(\Delta p_\mathrm{PA}) \\ Q_\mathrm{T} = c_\mathrm{q} A_\mathrm{TA} \sqrt{\dfrac{2|\Delta p_\mathrm{TA}|}{\rho}} \mathrm{sgn}(\Delta p_\mathrm{TA}) \end{cases} \tag{3-74}$$

式中，Δp_PA 为阀口 P-A 之间的压力差；Δp_TA 为阀口 T-A 之间的压力差。

进一步，根据上述的换向阀建模方法，分别建立主油路控制阀组、蓄能器控制阀组、先导控制阀组以及液压回路切换阀组中的换向阀元件模型，并根据各元件之间的连接关系进行集成，即得到液压控制阀组模型。

3.2.1.4 轮毂液压马达模型

本小节针对轮毂液压马达建模,包括两部分:流量/转矩计算模型以及效率模型。

(1) 流量/转矩计算模型

轮毂液压马达的进口流量,主要取决于前轮轮速,如式(3-75)所示。

$$Q_{m,in} = \frac{V_m \omega_m}{1000 \eta_{mv}} \tag{3-75}$$

式中,$Q_{m,in}$ 为液压马达出口流量;V_m 为液压马达排量;ω_m 为马达转速,与前轮轮速相同;η_{mv} 为液压马达的容积效率。

轮毂液压马达的实际输出转矩,则与当前系统压力以及液压马达排量有关,计算如式(3-76)所示。

$$T_m = \frac{V_m \Delta p \eta_{mm}}{20 \pi} \tag{3-76}$$

式中,T_m 为液压马达实际输出转矩;η_{mm} 为轮毂液压马达的机械效率;Δp 为液压马达进出口压差。

(2) 效率模型

根据相关文献,轮毂液压定量马达的容积效率、机械效率可以根据当前系统压力、马达转速、油液黏度等参数理论计算得到,分别如式(3-77)和式(3-78)所示。

$$\eta_{mv} = \frac{1}{1 + C_{ms} \dfrac{60 \times 10^5 \Delta p}{\mu \omega_m}} \tag{3-77}$$

$$\eta_{mm} = 1 - C_{mf} - C_{mv} \frac{\mu \omega_m}{60 \times 10^5 \Delta p} \tag{3-78}$$

式中,C_{ms} 为液压马达层流泄漏系数;C_{mv} 为液压马达层流阻力系数;C_{mf} 为液压马达机械阻力系数。

液压定量马达的总效率为:

$$\eta_m = \frac{1 - C_{mf} - C_{mv} \dfrac{\mu \omega_m}{60 \times 10^5 \Delta p}}{1 + C_{ms} \dfrac{60 \times 10^5 \Delta p}{\mu \omega_m}} \tag{3-79}$$

根据上式计算得到轮毂液压马达效率 MAP 如图 3-22 所示。可见,轮毂液压马达的平均机械效率较高,超过 0.95;而轮毂液压马达的容积效率受到转速以及压力影响,在低转速、高压力区间轮毂液压马达的容积效率较低。

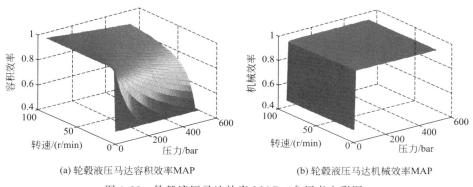

(a) 轮毂液压马达容积效率MAP　　　　(b) 轮毂液压马达机械效率MAP

图 3-22　轮毂液压马达效率 MAP（参阅书末彩图）

3.2.1.5　液压管道模型

液压管道系统将液压泵、液压马达及液压阀组等部件连接在一起，构成可以实现相应功能的完整系统，是连接和维系整个液压系统的纽带，对液压系统有着重要作用。简单的液压管道模型需要考虑液体的可压缩性、管道摩擦、油液惯性的影响。

液压管道可以认为是具有一定容积的、充满油液的容器。当其中的压力变化时，由于油液的可压缩性，油液的容积也会变化，从而造成容器口流量的变化。油液体积弹性模量为

$$B = \frac{V}{dV}dp \tag{3-80}$$

式中，B 为油液体积弹性模量；V 为管道内油液体积；dV 为油液体积变化量，dp 为油液压力变化量。

令液容 $C = V/B$，则有

$$dp = \frac{B}{V}dV = \frac{B}{V}\int_0^t Q dt \tag{3-81}$$

$$dp = \frac{1}{C}\int_0^t Q dt \tag{3-82}$$

式中，Q 为流经管道的流量。

以上计算认为管路为刚性容器，若考虑管壁的可伸缩性，则可计算考虑管壁和液体的等效弹性模量。考虑管壁后的等效体积模量有

$$\frac{1}{B_{\text{eff}}} = \frac{1}{B} + C_{\text{wall}} \tag{3-83}$$

式中，B_{eff} 为等效液体体积弹性模量；C_{wall} 为管壁顺应性。

$$C_{\text{wall}} = \frac{2}{ER}\left(\frac{1+R+\dfrac{R^2}{2}}{1+R}+\varepsilon R\right) \tag{3-84}$$

式中，E 为管壁材料的杨氏模量；ε 为泊松系数。

$$R = \frac{2t}{d} \tag{3-85}$$

式中，d 为管道内直径；t 为管壁厚度。

在层流状态下，液体流过管道有沿程损失，可表示为

$$\Delta p = \frac{128\mu l}{\pi d^4}Q \tag{3-86}$$

式中，l 为管道长度。

令液阻 $R = \dfrac{128\mu l}{\pi d^4}$，则有

$$\Delta p = RQ \tag{3-87}$$

液体流动时惯性的大小可以由液感表示。一段管道内的油液根据牛顿第二定律有

$$(p_1 - p_2)A = \rho l A \frac{\mathrm{d}\left(\dfrac{Q}{A}\right)}{\mathrm{d}t} \tag{3-88}$$

$$\Delta p = \frac{\rho l}{A} \times \frac{\mathrm{d}Q}{\mathrm{d}t} \tag{3-89}$$

式中，p_1、p_2 分别为油液两端压强；ρ 为液体密度；A 为管道截面积。

令液感 $L = \dfrac{\rho l}{A}$，则

$$\Delta p = L\frac{\mathrm{d}Q}{\mathrm{d}t} \tag{3-90}$$

由一段管道内油液的液容、液感可得油液固有频率。

$$\omega_{\text{h}} = \sqrt{\frac{1}{LC}} = \sqrt{\frac{AB_{\text{eff}}}{\rho l V}} = \sqrt{\frac{\dfrac{A^2 B_{\text{eff}}}{V}}{M}} = \sqrt{\frac{K_{\text{h}}}{M}} \tag{3-91}$$

式中，M 为管道内油液质量；K_{h} 为油液刚度系数。

为实现对管道模型较高精度的计算，可以采用分布式液压管道模型，如图 3-23 所示。该模型将一段管道等量划分为多个简单而又相互作用的子单元进行分别计算，再将每一单元集成，实现将液压管道复杂问题以简单的问题代替后再求解，并用有限数量的未知量去逼近无限未知量的真实系统。

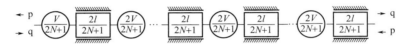

图 3-23 分布式液压管道模型

3.2.1.6 液压蓄能器模型

根据热力学定律,建立液压蓄能器的理论计算模型,如式(3-92)所示。

$$p_0 V_0^n = p_1 V_1^n \tag{3-92}$$

式中,p_0 为蓄能器初始压力;p_1 为变化后的蓄能器压力;V_0 为蓄能器气囊初始体积;V_1 为变化后的蓄能器气囊体积;n 为热力学参数($n=1.4$)。

根据式(3-92),可进一步推导当蓄能器压力、体积发生变化后,蓄能器的能量变化量,如式(3-93)所示。

$$\begin{aligned} E &= \int_{V_0}^{V_1} p\, \mathrm{d}V = \int_{V_0}^{V_1} p_0\, \frac{V_0^n}{V^n} \mathrm{d}V = \left(\frac{p_0 V_0^n}{1-n} V^{1-n}\right) \Bigg|_{V_0}^{V_1} \\ &= \frac{\dfrac{p_0 V_0}{1-n} \left[\left(\dfrac{p_0}{p_1}\right)^{\frac{1-n}{n}} - 1\right]}{10} \end{aligned} \tag{3-93}$$

式中,E 为蓄能器由初始压力 p_0 变化至压力 p_1 后所放出或充入的能量。

3.2.2 液压系统热力学模型

液压系统的油液温度变化是由系统产热功率和系统散热功率共同作用的结果,当系统产热功率等于散热功率,即处于热平衡状态下,系统油温才稳定下来。系统的主要产热源有:液压泵和液压马达的泄漏损失及其机械损失,油液在管道中的摩擦损失,油液流经液压阀组、过滤器、流量计等元件及弯管处的局部损失等。而系统散热主要通过油箱、管道、泵和马达自身散热等途径进行。

3.2.2.1 热液压油模型

液压油是液压系统传递液压能的介质,它起着能量传递、润滑、防腐、防锈、冷却等作用。通常要求液压油具有适宜的黏度、较优的黏温特性,保证在工作温度变化时也能较好地传递动力,保障系统可靠运行。

(1)黏温特性

由于温度的变化会使液体的内聚力发生变化,油液黏度对温度变化很敏感,随着油温的上升,油液黏度下降,这一特性称为液体的黏温特性。而压力对黏度的影响只有在大于 50MPa 的高压下才趋于显著,由于本系统最高压力为 42MPa,相对处于较低压力,因此压力对黏度的影响可以忽略不计。

液压油动力黏度和温度的关系可以用式(3-94)描述。

$$\mu_t = \mu_{t_0} e^{-\lambda(t-t_0)} \quad (3-94)$$

式中，μ_t 为液压油 t 温度下的动力黏度；μ_{t_0} 为油液在 $t=t_0$ 时的动力黏度；λ 为液压油黏温系数。

油液动力黏度 μ 和密度 ρ 之比称为油液的运动黏度 ν（mm^2/s），即

$$\nu = \frac{\mu}{\rho} \quad (3-95)$$

根据产品手册，本书介绍的轮毂液压混合动力系统选定液压油运动黏度等级为 VG46，即 40℃下的平均运动黏度为 $46mm^2/s$，其液压油黏温特性曲线如图 3-24 所示。另外，液压油需要在一定合适的范围内使用才能保证系统性能，液压油工作条件范围如表 3-3 所示。

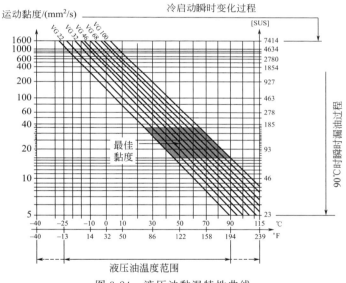

图 3-24 液压油黏温特性曲线

表 3-3 液压油工作条件范围

条件范围	油液属性				
	正常工作状态	允许最大值	最大值工作条件	允许最小值	最小值工作条件
温度范围	0~80℃	100℃	持续时间不宜超过 30min	−20℃	持续时间不宜超过 30min
黏度范围	16~36mm^2/s	1000mm^2/s	冷启动条件下	5mm^2/s	90℃条件下

（2）密度状态方程

热液压模型采用伯德状态方程（Bode's equation of state）计算油液密度，如式(3-96)所示。

$$\rho(p,T) = \frac{\rho_{\mathrm{b}}(1-\alpha T)}{1 - A\log\left(\dfrac{B_1 + B_2 T + B_3 T^2 + B_4 T^3 + p - p_0}{B_1 + B_2 T + B_3 T^2 + B_4 T^3}\right)} \quad (3\text{-}96)$$

式中，ρ 为密度，$\mathrm{kg/m^3}$；p 为绝对压力，$\mathrm{bar}(1\mathrm{bar}=10^5\mathrm{Pa})$；$T$ 为温度，K；log 为常用对数。该方程最多需要 7 个参数来确定，分别是 ρ_{b}、α、A、B_1、B_2、B_3 和 B_4。其中，B_3 和 B_4 对于某些液体不是必需的。

等温体积弹性模量 β_{T} 为

$$\begin{aligned}\beta_{\mathrm{T}} &= \frac{\rho}{\left(\dfrac{\partial \rho}{\partial p}\right)\Big|_T} \\ &= \left[1 - A\log\left(1 + \frac{p - p_0}{B_1 + B_2 T + B_3 T^2 + B_4 T^3}\right)\right]\frac{B_1 + B_2 T + B_3 T^2 + B_4 T^3 + p - p_0}{A}\end{aligned}$$

$$(3\text{-}97)$$

特定压力 p 下的膨胀系数 α_p 为

$$\alpha_p = -\frac{1}{\rho}\left(\frac{\partial \rho}{\partial T}\right)\Big|_p \quad (3\text{-}98)$$

当 $p=p_0$ 时，根据伯德状态方程［式(3-96)］可以得出 $\alpha = \alpha_p$。

为了简化计算，忽略空气含量对油液性能的影响。根据文献，本书研究选择基本油液属性，因此可以对伯德状态方程进行简化，有以下假设：$B_2 = B_3 = B_4 = 0$。体积弹性模量 $fpbm$ 为

$$fpbm = \frac{B_1}{A} \quad (3\text{-}99)$$

在这些条件下，对于简化的油液密度状态方程，伯德状态方程的各系数表达式为

$$\begin{cases} \rho_{\mathrm{b}} = \dfrac{fpd}{1 - fpdslope \times T_0} \\ \alpha = fpdslope \\ A = \dfrac{1}{1 + fpslope} \\ B_1 = \dfrac{fpbm}{1 + fpslope} \end{cases} \quad (3\text{-}100)$$

式中，密度 fpd 是油液参考密度值；参考压力下的膨胀系数 $fpdslope$ 作为伯德 α 系数；$fpslope$ 是体积弹性模量的变化梯度。

根据伯德状态方程得到的基本油液密度-温度-压力关系如图 3-25 所示。可见，密度随着压力的升高而增大，随着温度的升高而降低。温度变化对密度的影

响比压力变化对密度的影响要大些,而且密度-压力及密度-温度的关系都近似呈线性关系。

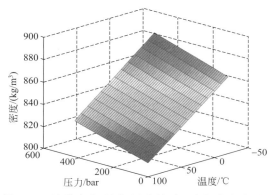

图 3-25 油液密度-温度-压力关系(参阅书末彩图)

(3) 比热容和比焓

为了简化计算,油液比热容的计算采用一阶多项式来描述。

$$c_p(p_0,T) = cp00 + cp0t(T-T_0) \tag{3-101}$$

式中,p_0、T_0 分别为参考压力和参考温度;$cp00$、$cp0t$ 分别为常数项系数和一次项系数。

油液比焓的计算式描述为

$$h(p,T) = \int_{T_0}^{T} c_p(p_0,T) \mathrm{d}T + \int_{p_0}^{p} \frac{1-\alpha_p(p,T)T}{\rho(p,T)} \mathrm{d}p \tag{3-102}$$

在 AMESim 仿真平台上选用热液压油液属性模块,如图 3-26 所示。根据产品手册,热液压油基本参数设置如表 3-4 所示。

图 3-26 热液压油液属性模块

表 3-4 热液压油基本参数设置

项目	参数
参考压力(表压)/bar	0
参考温度/℃	20
参考压力和参考温度下的密度/(kg/m³)	850
热胀系数/K^{-1}	0.00055
体积弹性模量/bar	17000
比热容公式系数(常数项)/[J/(kg·K)]	2025.7

3.2.2.2 热液压泵模型

(1) 热液压泵效率研究

热液压泵作为液压系统的核心元件,它的效率是影响系统热特性的关键因素。因此在热液压泵模型中必须考虑温度和效率之间的相互影响。根据热液压泵效率计算公式[式(3-44)]的分析可知,温度对效率的影响主要体现在温度对油液黏度的影响。而根据黏温特性公式[式(3-94)]分析,油液黏度主要受油液温度影响,同时可以忽略系统压力对黏度的影响。因此,在热液压泵模型中,所研究的泵效率影响因素有油液温度、工作压力、泵转速及泵排量。下面采用控制变量法分别研究这四个因素对热液压泵模型效率的影响。

① 油液温度和工作压力对泵效率的影响。令斜盘开度为0.5,泵转速为1500r/min,绘制泵效率关系图,如图3-27和图3-28所示。从图3-27可以看出,当油液温度处于较高区间,容积效率随压力的增加而迅速下降;当油液温度处于较低区间,压力对容积效率的影响很小。产生此现象的原因来自温度对油液黏度的影响,温度较低,黏度较大,压力变化导致的泄流流量变化比较小;而温度较高,黏度较小,压力变化对泄流流量的影响就会比较大。在相同压力条件下,容积效率随温度的上升而逐渐下降。

从图3-27可以看出,机械效率随负载压力的增加而上升。因为有常值摩擦损失,在压力较小时,泵输入功率也较小,而常值摩擦产生的功率损失占输入功率的比重就比较大,从而使泵机械效率较小;当压力增加时,泵输入功率增加,此时常值摩擦功率损失占的比重降低,导致泵机械效率上升。在高温区,泵机械效率随油温变化较小,而在低温区,泵机械效率下降明显,这主要是低温带来的黏性摩擦损失增加导致的。

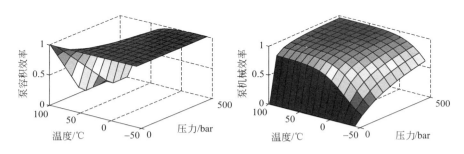

图3-27 泵容积效率和泵机械效率-温度-压力关系(参阅书末彩图)

从图3-28综合来看,泵总效率较高的区间落在较高的负载压力(250~420bar)和适宜的油液温度(15~50℃)条件下,所以应尽量控制变量泵工作在这个条件区间内。

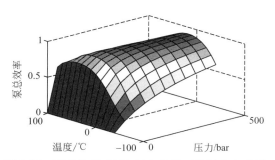

图 3-28 泵总效率-温度-压力关系（参阅书末彩图）

② 油液温度和泵转速对泵效率的影响。令泵斜盘开度为 0.5，压差为 350bar，绘制泵效率关系图，如图 3-29 和图 3-30 所示。从图中可以看出，转速较低时，泵容积效率随温度的上升较早地下降，因为随着温度的上升而泵继续保持在低转速，导致泄漏流量增加，从而引起泵容积效率下降；泵转速较高时，泵容积效率高效区可以覆盖更大的范围。

另外，泵机械效率随着转速的上升而下降，不过下降幅度很小。

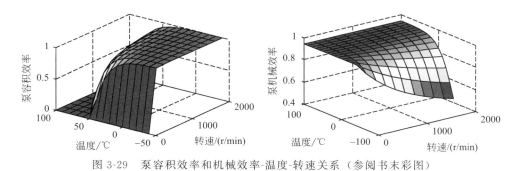

图 3-29 泵容积效率和机械效率-温度-转速关系（参阅书末彩图）

从图 3-30 可以看出，在高温或低温下，泵总效率较低，而转速对泵总效率的影响不大。

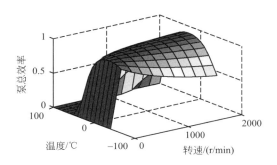

图 3-30 泵总效率-温度-转速关系（参阅书末彩图）

③ 油液温度和泵斜盘开度对泵效率的影响。如图 3-31 和图 3-32 所示，同样用上述分析方法，可得泵容积效率、泵机械效率和总效率都是随着斜盘开度的减小而降低。

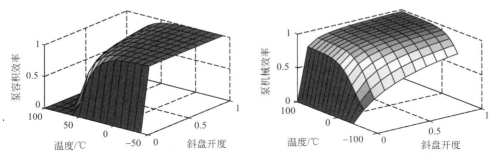

图 3-31　泵容积效率和泵机械效率-温度-斜盘开度关系（参阅书末彩图）

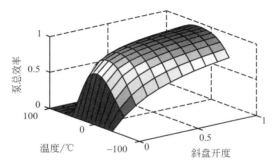

图 3-32　泵总效率-温度-斜盘开度关系（参阅书末彩图）

通过以上分析各因素对泵效率的影响可以得到：影响泵效率的主要因素有油液温度、工作压力和斜盘开度（泵排量），而转速对泵效率的影响较小。另外，在较高或较低的油液温度、较低的工作压力和较小的斜盘开度下，泵总效率较低。通过对热液压泵效率的影响因素及其影响规律的深入探究，对泵机理模型有了更加全面的认识，在建模时需要考虑实际需求进行取舍，保证模型的合理性。

（2）热液压泵的产热功率

方便起见，认为液压泵的功率损失全部转化为热量，则液压泵的产热功率为

$$\phi_{\mathrm{p}} = \frac{Q_{\mathrm{p,out}} \Delta p}{600 \eta_{\mathrm{p}}} (1 - \eta_{\mathrm{p}}) \tag{3-103}$$

式中，ϕ_{p} 为液压泵的产热功率，kW。

AMESim 软件平台提供的热液压变量泵模型如图 3-33 所示。用户可以选择变量泵效率影响因素（工作压力、泵转速、斜盘开度及油液温度）中的部分因素或全部因素，然后通过查表或者表达式的方式导入变量泵效率。此处选择建立泵

效率与以上四个因素的关系，即建立 $f(\Delta p, n_p, D_p, T)$。在 AMESim 平台上搭建的热液压泵组件模型如图 3-34 所示。

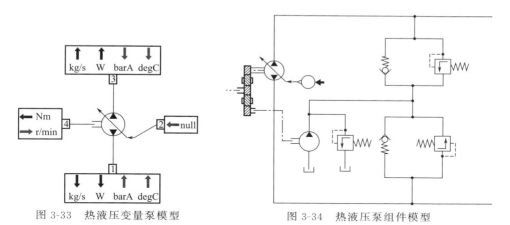

图 3-33 热液压变量泵模型　　　　　图 3-34 热液压泵组件模型

3.2.2.3 热液压马达模型

(1) 热液压马达效率研究

在对系统进行热力学建模时，液压马达作为执行元件，其效率也至关重要。根据马达效率计算公式 [式(3-79)]，采用类似上述热液压泵效率模型的分析方法，分析油液温度、工作压力和马达转速对马达效率的影响，由于各因素对热液压马达效率的影响规律及其原因与热液压泵很相似，以下仅做简要介绍。

① 油液温度和工作压力对马达效率的影响。令马达转速为 80r/min，绘制马达效率关系图，如图 3-35 和图 3-36 所示。从图中可以看出，当油液温度处于较高区间，容积效率随压力的增加而迅速下降；当油液温度处于较低区间，压力对容积效率的影响很小。在相同压力条件下，容积效率随温度的上升而逐渐下降。

从图 3-35 可以看出，机械效率随负载压力的减小有所降低，但在大部分区域内变化不是很大。在高温区，马达机械效率随油温变化较小，而在低温区，马

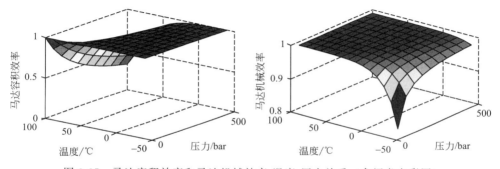

图 3-35 马达容积效率和马达机械效率-温度-压力关系（参阅书末彩图）

达机械效率下降较多。

从图 3-36 可以看出，在温度高于 50℃ 之后，马达效率下降明显，故工作时将油液控制在 50℃ 以下可以保证较高效率。压力对马达效率的影响相对较小，特别是在适宜的温度下。

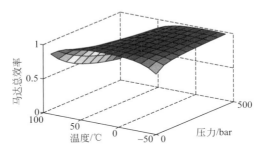

图 3-36　马达总效率-温度-压力关系（参阅书末彩图）

② 油液温度和转速对马达效率的影响。马达效率关系图如图 3-37 和图 3-38 所示。从图中可以看出，转速较低时，马达容积效率随温度的上升较早地下降；转速较高时，马达容积效率高效区可以覆盖更大的范围。

另外，马达机械效率随着转速的上升而下降，不过下降幅度比较小。

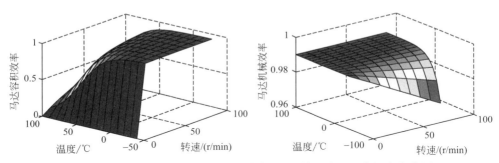

图 3-37　马达容积效率和马达机械效率-温度-转速关系（参阅书末彩图）

从图 3-38 可以看出，在高温下，马达总效率较低。随着转速的增加，泵总

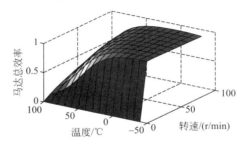

图 3-38　马达总效率-温度-转速关系（参阅书末彩图）

效率先上升后稍有下降，但总体上马达转速对马达总效率的影响不大。

通过以上分析各因素对马达效率的影响可以得到：影响马达效率的因素有油液温度、工作压力和马达转速。而油液温度是影响马达效率的最主要因素，工作压力和马达转速对马达效率的影响相对较小，将这两者结合来看，马达在低速高压和高速高压下的效率都会低些。

（2）热液压马达的产热功率

液压马达的产热机理与液压泵的类似，液压马达的产热功率为

$$\phi_m = \frac{Q_{m,out} \Delta p}{600}(1-\eta_m) \qquad (3-104)$$

其中，ϕ_m 为液压马达的产热功率，kW。

AMESim 软件平台提供的热液压定量马达模型如图 3-39 所示。通过查表或者表达式的方式导入定量马达效率 $f(\Delta p, n_m, T)$。

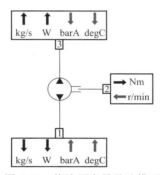

图 3-39 热液压定量马达模型

3.2.2.4 热液压管道模型

对于容腔、管道等容性元件，由能量守恒定律及流体焓的定义，可以得到在控制体内部温度与压力的关系。

$$\begin{cases} \dfrac{dT}{dt} = \dfrac{1}{c_p m}\left[\sum \dot{m}_{in}(h_{in}-h) + \dot{Q} - \dot{W} + T\alpha V \dfrac{dp}{dt}\right] \\ \dfrac{dp}{dt} = B\left[\dfrac{1}{\rho V}\left(\dfrac{dm}{dt} - \rho \dfrac{dV}{dt}\right) + \alpha \dfrac{dT}{dt}\right] \end{cases} \qquad (3-105)$$

式中，T 为控制体内部温度；c_p 为流体比热容；m 为控制体内流体质量；$\dot{m}_{in}$ 为流入控制体的质量流量；h_{in} 为输入控制体内的流体焓值；h 为控制体的焓值；$\dot{Q}$ 为流体换热功率；$\dot{W}$ 为流体热流密度；α 为流体体积膨胀系数；V 为容性元件的容积；p 为流体压力；B 为体积弹性模量；ρ 为流体密度。

另外，从宏观上，液压管道的功率损失主要包括沿程压力损失和局部压力损失。前者由油液经过直管时受到的内外摩擦力引起，后者是管道的突变带来的油

液运动方向和动量的突变导致的。

油液流经管道的沿程压力损失可由 Darcy-Weisbach 公式得到。

$$\begin{cases} \Delta p_{\text{hp}} = \sum_{i=1}^{n} \lambda_{\text{hp}} \dfrac{l_i}{d_i} \times \dfrac{\rho}{2} v_i^2 \\ \Delta p_{\text{sp}} = \sum_{i=1}^{n} \lambda_{\text{sp}} \dfrac{l_i}{d_i} \times \dfrac{\rho}{2} v_i^2 \end{cases} \tag{3-106}$$

式中，Δp_{hp}、Δp_{sp} 分别为系统硬管和软管的沿程损失；λ_{hp}、λ_{sp} 分别为硬管和软管的沿程阻力系数；l_i、d_i 分别为各管道的长度和水力直径；v_i 为各管道内的油液平均流速。

在通常情况下，液压系统管道内的液压油是处于层流状态的，那么硬管和软管的沿程阻力系数就分别为

$$\begin{cases} \lambda_{\text{hp}} = \dfrac{75}{Re} \\ \lambda_{\text{sp}} = \dfrac{80}{Re} \\ Re = \dfrac{v_i d_i}{\nu} \end{cases} \tag{3-107}$$

式中，Re 为雷诺数；ν 为油液运动黏度。

联立式(3-106) 和式(3-107)，可得硬管、软管层流状态下的沿程损失为

$$\begin{cases} \phi_{\text{hp}} = q_{\text{pl}} \sum_{i=1}^{n} \dfrac{75 \rho l_i \nu v_i}{2 d_i^2} \\ \phi_{\text{sp}} = q_{\text{pl}} \sum_{i=1}^{n} \dfrac{40 \rho l_i \nu v_i}{2 d_i^2} \end{cases} \tag{3-108}$$

于是，硬管和软管对应的沿程损失产热功率为

$$\begin{cases} \phi_{\text{hp}} = q_{\text{pl}} \sum_{i=1}^{n} \dfrac{75 \rho l_i \nu v_i}{2 d_i^2} \\ \phi_{\text{sp}} = q_{\text{pl}} \sum_{i=1}^{n} \dfrac{40 \rho l_i \nu v_i}{2 d_i^2} \end{cases} \tag{3-109}$$

式中，q_{pl} 为流经管道的流量。

油液流经管道的接头处或弯管所产生的局部压力损失为

$$\Delta p_2 = \sum_{i=1}^{n} \zeta \dfrac{\rho v_i^2}{2} \tag{3-110}$$

式中，Δp_2 为管道局部压力损失；ζ 为局部阻力系数。

于是管道局部压力损失对应的产热功率为

$$\phi_{\text{pl\_local}} = q_{\text{pl}} \sum_{i=1}^{n} \zeta \frac{\rho v_i^2}{2} \tag{3-111}$$

因此，管道的产热功率为

$$\phi_{\text{pl}} = \phi_{\text{hp}} + \phi_{\text{sp}} + \phi_{\text{pl\_local}} \tag{3-112}$$

3.2.2.5 其他辅助液压元件模型

除了上述主要液压元件外，液压回路中还存在液压控制阀组、溢流阀、冲洗阀、流量计、过滤器等辅助元件，油液流经各液压元件会产生局部损失。

(1) 单向阀及安全阀的产热功率

单向阀及安全阀的压力损失为

$$\Delta p_{\text{vi}} = k_{\text{qpv}} q_{\text{vi}} \tag{3-113}$$

式中，k_{qpv} 为单向阀及安全阀的流量压力因数；q_{vi} 为流经各阀的流量。

因此单向阀及安全阀的总发热功率为

$$\phi_1 = \sum_{i=1}^{n} \Delta p_{\text{vi}} q_{\text{vi}} \tag{3-114}$$

(2) 补油泵溢流阀的产热功率

补油泵溢流阀用于控制补油压力 p_{ch}，补油泵溢流阀的溢流流量为

$$Q_{\text{chr}} = Q_{\text{ch}} - Q_{\text{C}} - Q_{\text{fl}} \tag{3-115}$$

式中，Q_{ch} 为补油泵输出流量；Q_{C} 为系统中泄漏流量；Q_{fl} 为冲洗流量。

因此，补油泵溢流阀的产热功率为

$$\phi_2 = Q_{\text{chr}} p_{\text{ch}} \tag{3-116}$$

(3) 冲洗溢流阀的产热功率

在回路中设置冲洗阀与补油泵配合，可以让主回路中的高温油液强制溢流回到油箱，提高冷却和过滤效果。根据冲洗阀的压力流量关系，可得冲洗流量为

$$Q_{\text{cx}} = k_{\text{fv}}(p_0 - p_{\text{cx}}) \tag{3-117}$$

式中，k_{fv} 为冲洗阀的流量压力系数；p_0 为回路低压侧压力；p_{cx} 为冲洗溢流阀开启压力。

为了保证冲洗溢流阀能够被打开，一般情况下，冲洗溢流阀设定的开启压力要比补油泵溢流阀的设定开启压力低 0.2~0.6MPa。冲洗溢流阀的产热功率为

$$\phi_3 = p_{\text{cx}} Q_{\text{cx}} \tag{3-118}$$

(4) 液压阀组、过滤器、流量计等阻性元件

由于本小节液压热力学模型重点关注闭式系统稳态过程，暂不考虑液压系统工作模式切换的动态过程，因此不对液压控制阀组建立细节的模型。液压阀组、流量计等阻性元件用液阻模块产生的压降来替代局部压力损失，同时忽略压力传感器等对油温影响很小的元件。这部分局部损失可由各元件的压力流量关系得

到。各液压元件的压力损失为

$$\Delta p_i = k_i q_i \tag{3-119}$$

式中，k_i 为各元件的流量压力因数；q_i 为流经各元件的流量。

因此，这些阻性元件的产热功率可以用一个通式来表示。

$$\phi_4 = \sum_{i=1}^{n} \Delta p_i q_i \tag{3-120}$$

综上，其他辅助元件的总产热功率为

$$\phi_a = \phi_1 + \phi_2 + \phi_3 + \phi_4 \tag{3-121}$$

3.2.2.6 液压系统的散热功率模型

液压系统的散热主要包括油箱散热、液压泵和马达的壳体散热及管道表面散热等。

(1) 油箱散热

油箱的散热功率为

$$P_{t_1} = k_T A_T (T_T - T_0) \tag{3-122}$$

式中，k_T 为油箱散热系数；A_T 为油箱散热面积；T_T 为油箱内部油温；T_0 为环境温度。

油箱内部油液温度微分方程为

$$\frac{dT_T}{dt} = \frac{dH}{c_p \rho V_{oil}} \tag{3-123}$$

式中，dH 为油箱内油液能量变化；V_{oil} 为油箱内油液体积。

其中，油箱内油液能量变化由进出口焓流量计算。

$$dH = \sum dm h_i + dh - (\sum dm_i) h \tag{3-124}$$

式中，$dm h_i$ 为进入油箱的焓流量，与进出口油温有关；dh 为油箱与外界环境的热交换；dm_i 为进入油箱油液的质量流量；h 为质量焓。

(2) 其他元件、管道表面散热

自然界的热量传递形式包括热对流、热传导和热辐射，实际中多是以两种或三种形式同时存在的。但是考虑到系统中的液压元件都是金属材质，属于热的良导体，稳态下，可以认为液压元件表面温度和液体内温度相同。所以可以将散热过程简化为液压元件表面与外界环境的对流换热过程。而软管为橡胶材质，热导率较低，忽略软管散热。

由牛顿冷却公式可知，液压系统这部分元件的散热功率为

$$P_{t_2} = \sum_{i=1}^{n} A_i k_q \Delta T \tag{3-125}$$

式中，A_i 为各元件的表面积；k_q 为对流换热系数；ΔT 为油液温度与大气温度差值。

综上，液压系统的总散热功率为

$$P_\mathrm{t}=P_{\mathrm{t}_1}+P_{\mathrm{t}_2} \tag{3-126}$$

3.2.2.7 闭式液压回路系统的热平衡关系

综合以上全部液压元件的产热功率，液压系统的总产热功率为

$$\phi=\phi_\mathrm{p}+\phi_\mathrm{m}+\phi_\mathrm{pl}+\phi_\mathrm{a} \tag{3-127}$$

在闭式回路中，补油泵和冲洗阀的组合通过不断补充低温的新油来置换走回路中产生的高温液压油。当系统处于热平衡状态时，补油泵和冲洗阀带走的热量等于系统产热量和散热量的差值，即

$$Q_\mathrm{pc} c_p \rho \Delta T_\mathrm{oil} = \phi - P_\mathrm{t} \tag{3-128}$$

式中，Q_pc 为补油泵向回路中补充的低温油流量；c_p 为液压油的比热容；ΔT_oil 为系统内高温油与油箱内低温油的温差。

3.3 轮毂液压系统集成建模与仿真验证

借助数字仿真软件平台实现上述轮毂液压混合动力系统的模型集成和仿真验证，在前期开发阶段可以大大缩短开发周期，可反复测试，并且可以完成实车上无法完成的测试工作。目前轮毂液压混合动力系统使用到的软件仿真平台主要包括 MATLAB/Simulink 软件和 AMESim 软件，并且两者可实现联合仿真。

3.3.1 系统仿真平台简介

3.3.1.1 MATLAB/Simulink 仿真平台

创建于 1984 年的 MathWork 公司推出的 MATLAB 软件，一直以其强大的功能在同类数值计算软件中独领风骚。作为 MATLAB 软件重要组成部分的 Simulink 软件包已成为院校和工程领域中广大师生及研究人员使用最广泛的动态系统建模、仿真工具。Simulink 是用于动态系统和嵌入式系统的多领域仿真及基于模型的设计工具。对各种时变系统，包括通信、控制、信号处理、视频处理和图像处理系统，Simulink 提供了交互式图形化环境和可定制模块库来对其进行设计、仿真、执行和测试，其特点如下。

① 丰富的可扩充的预定义模块库。

② 交互式的图形编辑器组合和管理直观的模块图。

③ 以设计功能的层次性来分割模型，实现对复杂设计的管理。

④ 通过 Model Explorer 导航、创建、配置、搜索模型中的任意信号、参数、属性，生成模型代码。

⑤ 提供 API 用于与其他仿真程序的连接或与手写代码集成。

⑥ 使用 Embedded MATLAB 模块在 Simulink 和嵌入式系统执行中调用

MATLAB 算法。

⑦ 使用定步长或变步长运行仿真，根据仿真模式（Normal，Accelerator，Rapid Accelerator）来决定以解释性的方式或以编译 C 代码的形式来运行模型。

⑧ 图形化的调试器和剖析器检查仿真结果，诊断设计的性能和异常行为。

⑨ 可访问 MATLAB 从而对结果进行分析与可视化，定制建模环境，定义信号参数和测试数据。

⑩ 模型分析和诊断工具可保证模型的一致性，确定模型中的错误。

3.3.1.2 AMESim 仿真平台

AMESim 的全称为 Advanced Modeling Environment for Performing Simulations of Engineering Systems（高级工程系统建模环境），是由法国 IMAGINE 公司自 1995 年开发的一款新型的高级建模和仿真软件。该软件提供了一个系统工程设计的完整平台，工程师可以在 AMESim 平台上建立复杂的多学科领域系统模型，深入研究系统和元件动态及稳态性能，帮助用户更快更好地完成设计任务。

AMESim 是基于功率键合图的液压/机械系统建模、仿真及动力学分析软件，采用图形化的物理建模方式，具有复杂液压元件结构参数化的功能模块，非常适合进行作动器的结构参数化建模与分析。由于该软件具有非常完善的人机界面，操作和参数设定非常方便，充分体现出该软件的开发人员具有丰富的工程实践和开发经验。在实际应用中，我们将 Simulink 控制系统仿真功能模块和 AMESim 进行有机结合，充分发挥两者的长处，对轮毂液压混合动力系统实施动态联合仿真和试验。

AMESim 软件中提供了丰富的应用元件库，用户可以采用基本元素法按照实际物理系统来构建自定义模块或仿真模型，从而使用户从烦琐的数学建模中解放出来，将更多的精力投入到实际物理模型本身的研究。主要应用于航空航天以及车辆、船舶、重工制造业。其应用领域包括：燃料喷射系统、悬挂系统、车辆动力学、制动系统、润滑系统、动力操纵系统、冷却系统、传动系统、变量阀压力脉动、液压元件、阀/管路/升降机、系统控制、液压回路、机械系统。

AMESim 软件的一个很大优点是模型库丰富（18 个模型库，100 多个模块），因此用户能比较方便地建立自己需要的物理模型，它具有以下特点。

① AMESim 实现了多学科领域的系统工程的建模和仿真，包括机械、液压、气动、热、电和磁等物理领域。不同领域的模块之间直接的物理连接方式使得 AMESim 成为多学科领域系统建模和仿真的标准环境。

② AMESim 基本元素的理念，即从物理系统中提取出构成工程系统的最小元素，使得用户可以用尽可能少的要素来建立尽可能详细的反映工程系统和零部件功能的复杂模型。

③ AMESim 定位在工程技术人员中使用，建模的语言是工程技术术语。其物理模型的图形化建模方式使得 AMESim 成为在汽车、液压和航空航天工业研发部门的理想选择。

④ AMESim 系列产品中的 AMESet 为用户提供一个标准化、规模化和图形化的二次开发平台。用户不仅可以直接调用 AMESim 所有模型的源代码，而且可以把用户自己的 C 或 Fortran 代码模型以图形化模块的方式综合进 AMESim 软件包。AMESet 可以将用户在 AMESim 上建立的模型生成标准化的 C 或 Fortran 代码，并为此生成相应的标准说明文档。

⑤ AMESim 提供了齐全的分析工具以方便用户分析和优化自己的系统。分析工具有：线性化分析工具、模态分析工具、频谱分析工具以及模型简化工具。

⑥ AMESim 具有多种仿真运行模式：动态仿真模式、稳态仿真模式、间断仿真模式以及批处理模式。

⑦ AMESim 提供了丰富的与其他软件的接口。

AMESim 处于不断的快速发展中，它现在包括五大软件平台：AMESim——建模、仿真和分析平台，AMESet——高级的二次开发平台，AMECustom——定制、封装、加密平台，AMERun——现有模型仿真分析平台，AMEDesk——数据库管理平台。其中 AMEDesk 是新版本 AMESim Rev7A 中新增的，它的出现使得软件的系统协调仿真能力大大增强。

3.3.1.3　AMESim 和 MATLAB/Simulink 联合仿真技术

LMS Imagine.Lab AMESim 是完整工程系统仿真平台，而 Mathworks 的 Simulink 是控制设计标准平台。点对点的 AMESim-Simulink 接口提供了简单易用的高效工具，用于将 AMESim 的工程物理模型和 Simulink 的控制系统模型连接起来。通过简单的模型交换，避免了为各种平台重复建立多领域系统模型的工作。联合仿真平台能够集合 AMESim 在物理模型仿真方面和 Simulink 在控制算法建模方面的优势，因此本书介绍的轮毂液压混合动力系统仿真模型采用这两个软件共同搭建。

AMESim 和 Simulink 的联合仿真是以 S 函数（S-Function 或 System-Function）作为桥梁的。当 Simulink 所提供的模型不能满足用户要求时，用户可以自己编写程序来满足自己的需求，而 S 函数提供给用户接口，以实现用户自己编写程序和 Simulink 的交互。在 MATLAB 中，S 函数可以使用 m、C/C++、Ada、Fortran 语言以 mex（MATLAB executable，即 MATLAB 环境中的可执行文件）文件的形式编写。利用 AMESim 中提供的 AMESim-Simulink 接口模块（interface block）将 AMESim 模型转化为 C++编写的 S 函数，在 Simulink 中通过其提供的 S-Function 模块，调用 AMESim 中生成的 S 函数，以实现 AMESim 和 Simulink 的联合仿真。

3.3.2 常规液压系统集成模型仿真验证

本小节将介绍常规液压系统建模的两种方法，一种是利用商用软件平台 AMESim 进行搭建，另一种是基于节点容腔法利用 MATLAB/Simulink 平台建立。而机械系统动力学模型均采用 MATLAB/Simulink 平台搭建。此外，轮毂液压混合动力系统的控制器模型也同样在 MATLAB/Simulink 平台建立，最终将各部分模型整合集成，完成整车离线测试仿真平台的搭建。

3.3.2.1 MATLAB/Simulink+AMESim 联合仿真集成模型

利用 MATLAB/Simulink+AMESim 联合仿真平台集成整个轮毂液压混合动力系统模型。其中采用 AMESim 平台搭建液压传动结构中液压泵、液压阀组、液压马达、蓄能器以及液压管道等液压元件，采用 MATLAB/Simulink 平台搭建机械传动结构中发动机、离合器、变速器、车体运动学、轮胎以及制动器等模型，并结合 Simulink 和 Stateflow 搭建系统的控制策略，两个平台之间采用 S-Function 模块实现通信。系统离线测试模型联合仿真平台架构如图 3-40 所示。

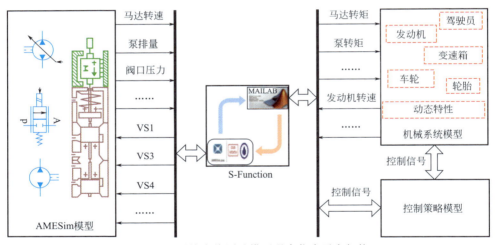

图 3-40 系统离线测试模型联合仿真平台架构

AMESim 软件提供了丰富的液压元件模块，且内嵌了液压设计元件 HCD 库，对于搭建液压传动系统非常方便。AMESim 平台中的液压传动系统模型如图 3-41 所示，包括以下 5 部分区域。

A 区域：液压泵模块，作为液压系统中的动力源，通过取力器从发动机端提取动力，向整个液压系统输出高压油液，并向发动机反馈输出拖曳力矩。该模块包括了主泵、补油泵、液压阀以及主泵排量的调节机构等。

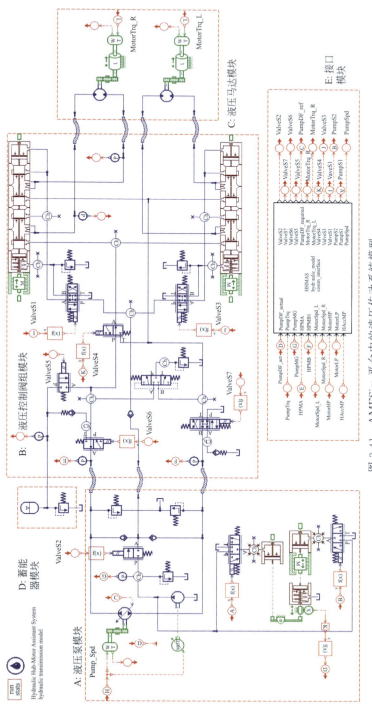

图 3-41 AMESim 平台中的液压传动系统模型

B 区域：液压控制阀组模块，作为系统不同模式切换的执行机构，改变系统的液压传动回路的开闭，以及相关液压元件的工作状态，包括 6 个控制信号和 5 个压力传感器等。

C 区域：液压马达模块，液压马达输入高压油液，输出驱动力矩，克服前轮滚动阻力矩，驱动前轮。

D 区域：蓄能器模块，作为系统中第二动力源，实现储能和放能的功能，其中安全阀是限制蓄能器的最大工作压力。

E 区域：接口模块，该模块为 AMESim 平台与 MATLAB 平台实现数据交互的接口模块，实现两者的数据转换和传输。

MATLAB/Simulink 平台中机械传动系统和控制器模型如图 3-42 所示，包括以下 5 部分。

① 接口模块，实现两个平台的数据转换和传输，与图 3-41 中 E 区域一一对应。

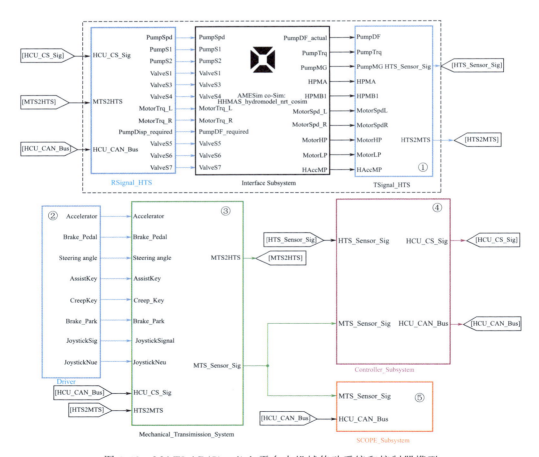

图 3-42　MATLAB/Simulink 平台中机械传动系统和控制器模型

② 驾驶员模块 (driver subsystem)，模拟驾驶员对车辆的操作输入，包括加速踏板、制动踏板以及助力开关、蠕行开关和操纵手柄等。

③ 机械传动模块 (mechanical subsystem)，包括前文所述的发动机、变速器、整车动力学、轮胎及制动器等模型，主要模拟整车的行驶情况。

④ 控制策略模块 (controller subsystem)，根据驾驶员的输入和整车反馈信息，进行相关判断，发送相应控制命令。

⑤ 数据显示模块 （SCOPE subsystem），显示系统仿真过程中的相关重要参数。

3.3.2.2 MATLAB/Simulink 环境下的轮毂液压系统集成模型

目前，针对液压系统动态特性的建模方法主要包括：功率键合图法、节点容腔法以及灰箱建模法等。本小节基于采用液压容腔模型对液压管道的简化，在 MATLAB/Simulink 环境下采用节点容腔法实现轮毂液压系统动态模型集成。

液压系统中，通过管路相连的多个液压元件之间构成液压容腔，节点容腔即定义为液压管路的汇交点。根据液压容腔的流量-压力特性，可以对系统中的每一节点的压力与流量变化关系建立流量平衡方程，进而得到系统模型的微分方程组描述，即为液压系统的集中参数模型。那么，液压系统就可以由一阶微分方程组描述各节点容腔压力的动态特性，上述方法即为节点容腔建模方法。

(1) 基于节点容腔法的轮毂液压系统集成模型

根据上述节点容腔法建模思想，建立轮毂液压系统集成模型，如图 3-43 所示，系统中包括 h1～h10 共 10 个节点容腔。针对每一容腔建立其流量-压力方程，得到轮毂液压系统的动态模型，如式(3-129) 所示。

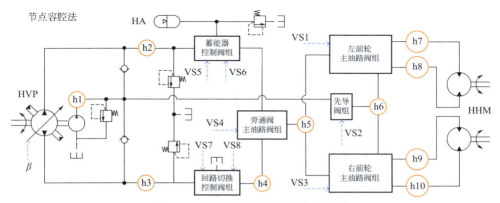

图 3-43 轮毂液压系统节点容腔模型

$$\begin{cases} \dot{p}_1 = \dfrac{B(p_1)}{vol_1}(Q_{cp}+Q_{plt,in}+Q_{chk1,in}+Q_{chk2,in}+Q_{rlf1}) \\ \dot{p}_2 = \dfrac{B(p_2)}{vol_2}(Q_{hvp,out}+Q_{chk1,out}+Q_{rlf2}+Q_{accu,vl,in}) \\ \dot{p}_3 = \dfrac{B(p_3)}{vol_3}(Q_{hvp,in}+Q_{chk2,out}+Q_{rlf3}+Q_{sw,vl,in}) \\ \dot{p}_4 = \dfrac{B(p_4)}{vol_4}(Q_{sw,vl,out}+Q_{bp,in,t}) \\ \dot{p}_5 = \dfrac{B(p_5)}{vol_5}(Q_{bp,out}+Q_{l,fwm,in,p}+Q_{r,fwm,in,p}) \\ \dot{p}_6 = \dfrac{B(p_6)}{vol_6}(Q_{plt,out}+Q_{lcv,fwm,in}+Q_{rcv,fwm,in}) \\ \dot{p}_7 = \dfrac{B(p_7)}{vol_7}(Q_{l,fwm,out,a}+Q_{l,hhm,in}) \\ \dot{p}_8 = \dfrac{B(p_8)}{vol_8}(Q_{l,fwm,out,b}+Q_{l,hhm,out}) \\ \dot{p}_9 = \dfrac{B(p_9)}{vol_9}(Q_{r,fwm,out,a}+Q_{r,hhm,in}) \\ \dot{p}_{10} = \dfrac{B(p_{10})}{vol_{10}}(Q_{r,fwm,out,b}+Q_{r,hhm,out}) \end{cases} \quad (3\text{-}129)$$

式中，$\dot{p}_1 \sim \dot{p}_{10}$ 分别为各节点容腔压力的微分；$vol_1 \sim vol_{10}$ 分别为各节点容腔的等效容积；Q_{cp} 为补油泵输出流量；$Q_{plt,in}$、$Q_{plt,out}$ 分别为先导阀的进、出油口流量；$Q_{chk1,in}$、$Q_{chk1,out}$、$Q_{chk2,in}$、$Q_{chk2,out}$ 分别为补油回路单向阀的进、出油口流量；Q_{rlf1} 为补油泵溢流阀流量；Q_{rlf2}、Q_{rlf3} 分别为主油路溢流阀的流量；$Q_{hvp,in}$、$Q_{hvp,out}$ 分别为变量泵的进、出油口流量；$Q_{accu,vl,in}$ 为蓄能器控制阀组的进油口流量；$Q_{bp,out}$、$Q_{bp,in,t}$ 分别为旁通阀 A 口、T 口的流量；$Q_{sw,vl,in}$、$Q_{sw,vl,out}$ 分别为回路切换阀组的进、出油口流量；$Q_{l,fwm,in,p}$、$Q_{l,fwm,out,a}$、$Q_{l,fwm,out,b}$、$Q_{r,fwm,in,p}$、$Q_{r,fwm,out,a}$、$Q_{r,fwm,out,b}$ 分别为主油路阀组中左、右自由轮阀中液动阀 P 口、A 口、B 口流量；$Q_{lcv,fwm,in}$、$Q_{rcv,fwm,in}$ 分别为左、右自由轮阀中电磁控制阀的进油口流量；$Q_{l,hhm,in}$、$Q_{l,hhm,out}$、$Q_{r,hhm,in}$、$Q_{r,hhm,out}$ 分别为左、右轮毂液压马达的进、出油口流量。

（2）轮毂液压系统模型降阶简化

液压系统动态模型的仿真过程中往往受到刚性问题（病态问题）的影响，导致计算溢出或者需求设定非常小的仿真步长而严重影响了仿真的实时性。根据式(3-129) 所描述的轮毂液压系统的微分方程组,由于轮毂液压系统模型中节点容腔的数量较多,且不同节点容腔的容积大小相差较大,某一节点处微小的流量变化就可能引起节点容腔的压力巨变,从而导致上述系统数学模型的特征根极度分散,即存在较严重的刚性问题。上述刚性方程求解过程中,需要设定极小的仿真步长进行仿真,对于本书要重复进行多次动态仿真计算的需求来说,上述动态模型无法实际运行。

因此,本小节根据实际液压系统动态仿真的需要,对上述模型进行降阶简化处理,忽略主油路控制阀组中的旁通阀、左右自由轮阀等,并将该控制阀简化为对马达流量的开关控制,得到简化节点容腔模型,如图 3-44 所示。

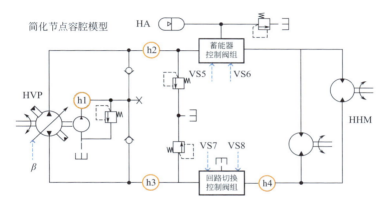

图 3-44 轮毂液压系统简化节点容腔模型

同时考虑蓄能器控制阀组以及回路切换阀组主要实现油路换向功能,可基于开式/闭式液压回路的具体工作原理进一步对模型简化,进而得到降阶简化后的轮毂液压系统动态模型,如式(3-130) 与式(3-131) 所示。其中,式(3-130) 为闭式液压回路动态模型;式(3-131) 为开式液压回路动态模型。

$$\begin{cases} \dot{p}_1 = \dfrac{B(p_1)}{vol_1}(Q_{cp}+Q_{chk1,in}+Q_{chk2,in}+Q_{rlf1}) \\ \dot{p}_2 = \dfrac{B(p_2)}{vol_2}(Q_{hvp,out}+Q_{chk1,out}+Q_{rlf2}+Q_{accu,vl,in}) \\ \dot{p}_3 = \dfrac{B(p_3)}{vol_3}(Q_{hvp,in}+Q_{chk2,out}+Q_{rlf3}+Q_{sw,vl,in}) \\ p_4 = p_3 \end{cases} \quad (3\text{-}130)$$

$$\begin{cases} \dot{p}_1 = \dfrac{B(p_1)}{vol_1}(Q_{cp} + Q_{chk1,in} + Q_{chk2,in} + Q_{rlf1}) \\ p_2 = p_{acc} \\ p_3 = p_1 \\ p_4 = 0 \end{cases} \quad (3\text{-}131)$$

(3) 轮毂液压混合动力系统集成模型

结合前文机械系统动力学模型以及本小节建立的液压系统简化节点容腔模型，进一步在 MATLAB/Simulink 仿真平台集成轮毂液压混合动力系统模型，模型总体架构如图 3-45 所示。根据驾驶员模型输出的加速踏板信号、制动踏板信号、离合器控制信号以及变速器挡位信号，整车控制策略仲裁系统目标工作模式，控制整车模型加速或者跟随工况运行。

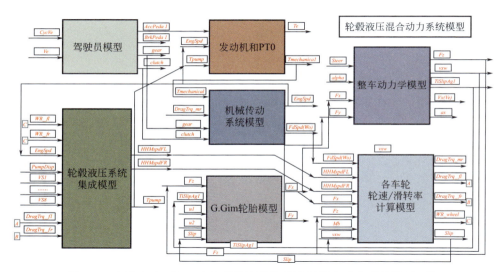

图 3-45　MATLAB/Simulink 环境下的轮毂液压混合动力系统模型架构

3.3.2.3　两种建模平台下的模型仿真测试对比验证

目前，AMESim 软件在液压系统建模与仿真测试中得到了广泛的应用与验证。考虑到 AMESim 软件中液压系统的建模设计方法与上文 Simulink 环境下的建模思路基本一致，因此本小节通过将 Simulink 环境下搭建的液压系统模型和 AMESim 中液压系统模型进行仿真对比，验证上文建立的轮毂液压混合动力系统模型的准确性。

（1）蠕行模式仿真结果

图 3-46 与图 3-47 为蠕行模式下，AMESim 液压系统模型与 Simulink 模型的仿真结果对比。其中，两仿真平台设定相同的仿真输入条件，如图 3-46 所

示：仿真中为便于研究，设置离合器保持断开状态以实现蠕行模式下发动机与路载解耦；而变速器挡位变化则用于变量泵目标排量的调节与控制（具体泵排量控制方法见本书第 6 章），变量泵排量动态响应特性基于本书建立的准稳态模型得到。

根据图 3-47 可见，蠕行模式下，两平台中搭建的轮毂液压混合动力系统各节点容腔的压力变化、轮毂液压马达的转矩输出基本一致，由于两仿真平台求解器存在一定的差别，在 AMESim 模型中补油泵建立压力的时间略有滞后；在车辆起步时间段内（第 1s～第 3s 时刻），车辆由前轮驱动，前轮轮速在马达转矩与轮胎纵向阻力矩作用下经过一段时间的震荡后趋于稳定，此时 Simulink 模型中低压油路压力相比 AMESim 模型存在一定波动；当轮速稳定后，两平台仿真结果基本保持一致，为轮毂液压系统多模式能量管理控制策略的理论验证提供了良好的模型基础。

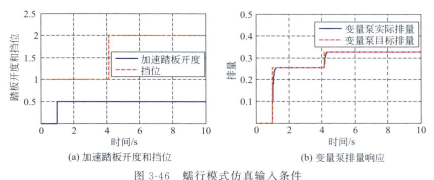

图 3-46 蠕行模式仿真输入条件

（2）闭式液压回路泵助力模式仿真验证

进一步，在闭式液压回路泵助力模式下进行仿真对比，如图 3-48 和图 3-49 所示，根据仿真结果可见，此模式下两仿真平台模型同样具有较好的一致性。相比蠕行模式，此时离合器保持结合，车辆由前轮以及中、后轮共同驱动；根据图 3-48，在车辆加速过程中，根据挡位的变化调整变量泵目标排量以满足液压系统的流量一致性需求，当轮速趋于稳定后，前轮轮毂液压马达转速与中、后轮的轮速变化具有较好的一致性，能够满足轮毂液压混合动力系统驱动力协调控制的仿真要求。

（3）开式液压回路仿真结果

此外，针对开式液压回路工作模式的仿真结果对比，分别如图 3-50 和图 3-51 所示。可见，无论在蓄能器助力模式还是主动充能模式下，两仿真平台中蓄能器的压力以及前轮轮毂液压马达的转速等均保持一致，也验证了 Simulink 模型针对液压系统关键部件建模的正确性。

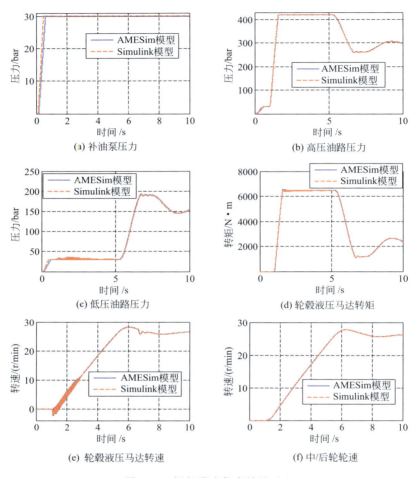

图 3-47 蠕行模式仿真结果对比

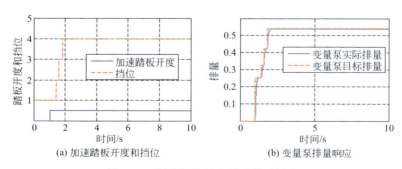

图 3-48 闭式回路助力模式仿真输入

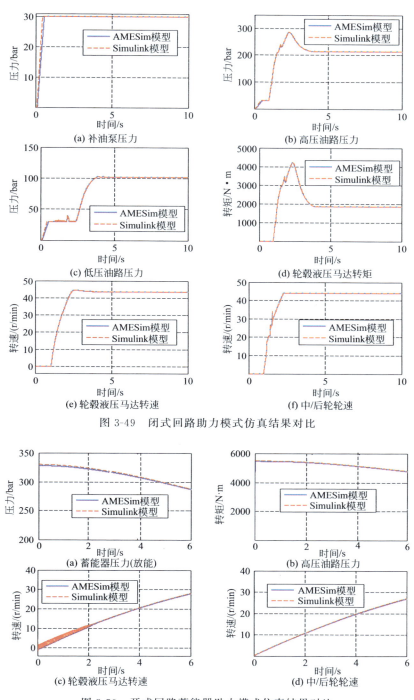

图 3-49 闭式回路助力模式仿真结果对比

图 3-50 开式回路蓄能器助力模式仿真结果对比

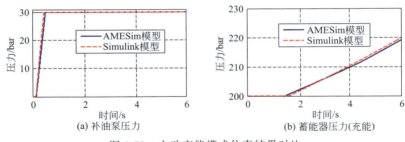

图 3-51　主动充能模式仿真结果对比

3.3.3　液压热力学模型集成仿真验证

3.3.3.1　MATLAB/Simulink+AMESim 联合仿真集成模型

由于 AMESim 为用户提供了丰富的模型元件库，热液压元件库较为成熟，本小节在 AMESim 软件平台上搭建轮毂液驱系统闭式回路液压热力学模型，如图 3-52 所示。跟上文类似，在 MATLAB/Simulink 软件中搭建机械传动系统模型和整车控制器模型。

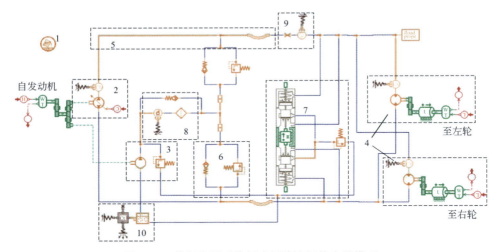

图 3-52　轮毂液驱系统闭式回路液压热力学模型

1—油液属性；2—变量泵；3—补油泵及其安全阀；4—液压马达及负载；5—液压管道；6—补油单向阀及安全阀；7—冲洗阀及溢流阀；8—过滤器；9—液压阀组、流量计等阻性元件；10—油箱

在 MATLAB/Simulink 软件中搭建的整车及机械传动系统物理模型如图 3-53 所示。将图 3-52 所示的轮毂液驱系统液压热力学模型与图 3-53 所示的整车及机械传动系统物理模型整合，通过联合仿真接口模块（AME2SL）实现两软件平台的数据交互，搭建联合仿真平台，如图 3-54 所示。

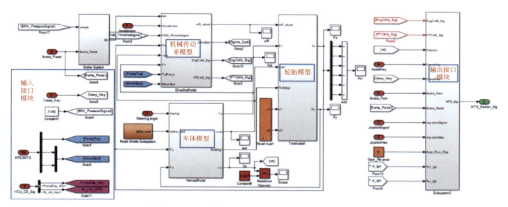

图 3-53　整车及机械传动系统物理模型

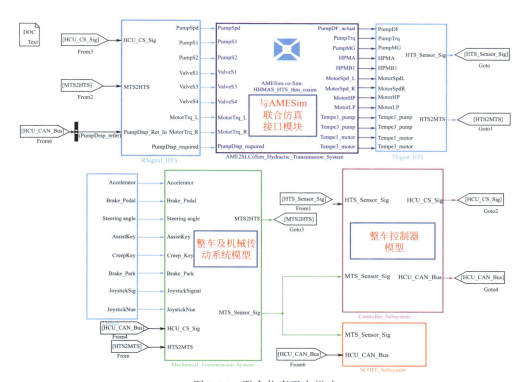

图 3-54　联合仿真平台搭建

3.3.3.2　液压热力学模型仿真分析

采用控制变量法分析负载压力、环境温度及系统流量等参数对系统油液温度的影响，体现考虑温度变化之后的液压热力学模型与常规液压系统模型的差别。在研究某一变量与系统油温的关系时，其他参数均设为常量。

(1) 负载变化对油液温度的影响

车辆在 10s 时以蠕行模式启动，在 100s 时分别增加坡度 1%、2%、3%、4%、5% 来模拟负载变化，仿真结果如图 3-55 所示。从结果看出，随着负载的增加，系统工作压力增加明显，同时车速降低。油液温度随着负载的增加而上升，并且在系统压力达到最高压力 450bar 左右时，温度上升显著，最高达 52.2℃ 左右。

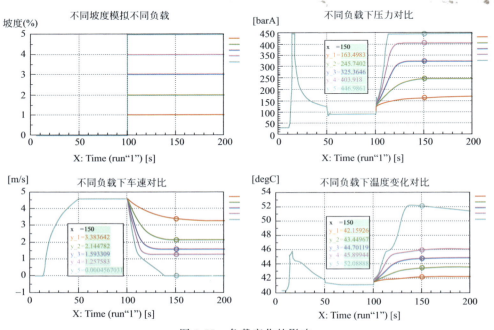

图 3-55 负载变化的影响

(2) 环境温度变化对油液温度的影响

如图 3-56 所示为不同环境温度下液压油温度变化情况。从图中可以看出：在不同初始温度下，随着工作时间的延长，系统内油温基本达到稳定；环境温度

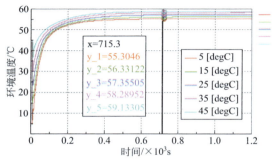

图 3-56 不同环境温度下液压油温度变化情况

越高,系统油温稳定值越大;虽然不同曲线的初始油温差距较大,但环境温度的变化对稳态油温的影响并不十分明显。

(3) 系统流量的变化对油液温度的影响

如图 3-57 所示为不同流量下系统内油液温度的变化曲线。随着系统流量的增加,系统温度上升速度与稳态温度均逐渐增加。由于系统散热面积不变,补油泵排量为定值,单位时间内从系统内带走的热量为定值;同时,系统内的油液体积相同,当系统流量增加时,系统沿程损失、局部损失和变量泵变量马达机械损失等耗散功率增大。耗散功率最终以热量的形式传递给系统内液压油。因此,系统流量越大,油液温度升高越快且最终的稳态温度越高,但稳态温度差别不是很大。

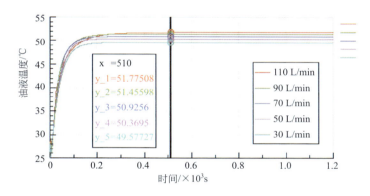

图 3-57　不同流量下系统内油液温度的变化曲线

以上对轮毂液压系统热力学模型进行仿真分析,了解不同负载压力、不同环境温度和不同系统流量下的温度变化情况,可见考虑温度变化之后的热力学模型的影响因素更多,模型变得更加复杂。实车上有时候温度的变化会对系统控制策略产生影响和干扰,因此对液压系统热力学的研究也是很有必要的,掌握系统油液温度的变化规律为后续控制策略的开发提供了参考依据。

本章小结

本章将轮毂液压混合动力系统分为机械传动系统和液压传动系统两个部分,分别描述了系统的建模过程。机械传动系统部分介绍了包括整车动力学模型、发动机模型、离合器和变速器模型、轮胎模型以及制动器模型的建模机理。液压系统建模考虑到实际的需求,分别建立了常规液压系统模型和液压热力学模型，对各液压元件从多角度进行了机理建模分析，包括液压油液模型、液压泵模型、液压控制阀组模型、轮毂液压马达模型、液压管道模型和液压蓄能器模型等。通过在 MATLAB/Simulink 和 AMESim 系统仿真平台上搭建联合仿真模型，验证了所建轮毂液压混合动力系统车辆模型的准确性，为控制策略的测试提供了保障。

第4章

轮毂液压混合动力系统能耗分析方法

　　整车经济性能是轮毂液压混合动力系统重要的评价指标之一，仅通过仿真或者实验测试结果往往只能从宏观角度说明系统的燃油经济性表现，而缺乏对混合动力系统油耗的关键影响因素进行细节定量的分析和探讨。针对轮毂液压混合动力系统开展更加细化的油耗分析，无论对早期系统多模式能量管理策略开发还是后期实车控制优化都具有重要意义。首先，在多模式能量管理策略的设计开发阶段，实现不同影响因素节油效果的解耦与细节定量分析，既可从宏观能量角度验证整车燃油消耗结果的合理性，也能揭示复杂混合动力系统的节能机理，帮助读者深入了解轮毂液压混合动力系统的节能潜力；其次，在多模式能量管理策略的调试与标定优化阶段，定量、细化的节油影响因素分析也有助于为标定工程师指明系统优化方向。

　　轮毂液压混合动力系统中存在多动力源，包括发动机、液压变量泵、轮毂液压马达以及液压蓄能器。轮毂液压混合动力系统工作过程中，多动力源之间的能量转换与损失无法避免。一方面，系统中存在机械能与液压能之间的相互转换过程，比如再生制动能量回收、发动机带动液压变量泵为蓄能器充能、液压系统调整发动机工作于高效区间等；另一方面，系统工作过程中始终存在效率损失，包括各动力源的效率特性、机械传动部件与液压系统部件的效率等。轮毂液压混合动力系统多动力源之间的能量转换损失耦合特性使系统理论油耗定量分析变得更加复杂。

　　基于此，为实现轮毂液压混合动力系统理论油耗定量分析，本章提出一种基于能量计算的混合动力系统理论油耗计算模型，通过分析轮毂液压混合动力系统内部能量流、部件效率因素与理论油耗之间的内在机理，进而可以实现混合动力系统理论油耗定量计算；同时建立系统油耗关键影响因素与理论油耗之间的变化关系映射，实现各影响因素与理论油耗之间的解耦分析，进而可以实现理论节油率定量计算，分析轮毂液压混合动力系统节能潜力。

4.1 基于能量的系统理论油耗计算模型

考虑轮毂液压混合动力系统中存在的多动力源能量转换损失耦合特性，本节将根据轮毂液压混合动力系统内部能量流节点分析系统内部能量流，并基于能量守恒定律定义轮毂液压混合动力系统的平均综合传动效率，建立基于能量计算的轮毂液压混合动力系统理论油耗模型。

4.1.1 轮毂液压混合动力系统内部能量流分析

将轮毂液压混合动力系统划分为动力源模块、传动系统模块以及车体运动学模块，如图 4-1 所示。其中，动力源模块由发动机和液压蓄能器组成；传动系统模块由机械路径变速传动机构以及液压路径传动机构组成，具体包括取力器（PTO）、离合器、变速器、主减速器、液压变量泵、液压控制阀组以及轮毂液压马达；车体运动学模块根据汽车理论简化为整车纵向动力学模型，如式(4-1)所示。

$$F_t = F_f + F_w + F_i + F_j \tag{4-1}$$

式中，F_t 为车轮处整车驱动力，N；F_f 为滚动阻力，N；F_w 为空气阻力，N；F_i 为坡道阻力，N；F_j 为加速阻力，N。

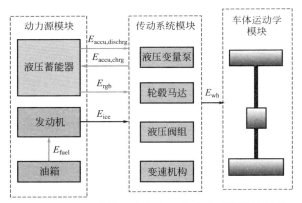

图 4-1 基于系统能量流角度混合动力系统模块划分

根据图 4-1 所示的轮毂液压混合动力系统模块划分，定义混合动力系统内部的能量流节点，包括：车轮处理论循环总驱动能量、整车消耗燃油总能量、动力源处发动机实际输出能量、动力源处蓄能器放能总能量、动力源处蓄能器充能总能量、动力源处再生制动回收总能量。其中，各能量流节点处能量流计算，分别如式(4-2)~式(4-7) 所示。

$$E_{\text{wh}} = \sum_{t=0}^{t_i} \begin{cases} \dfrac{F_t(t)v(t)}{1000} & [F_t(t) > 0] \\ 0 & [F_t(t) < 0] \end{cases} \tag{4-2}$$

$$E_{\text{fuel}} = \dfrac{f_e}{C} \times \dfrac{Calori}{3600} \tag{4-3}$$

$$E_{\text{ice}} = \sum_{t=0}^{t_i} \left[\dfrac{We(t)Te(t)}{9549} \right] \tag{4-4}$$

$$E_{\text{accu,dischrg}} = \max\left\{ 0, \dfrac{\dfrac{p_{\text{accuini}}V_{\text{accuini}}}{1-n}\left[\left(\dfrac{p_{\text{accuini}}}{p_{\text{accuend}}}\right)^{\frac{1-n}{n}} - 1\right]}{10} \right\} \tag{4-5}$$

$$E_{\text{accu,chrg}} = \min\left\{ 0, \dfrac{\dfrac{p_{\text{accuini}}V_{\text{accuini}}}{1-n}\left[\left(\dfrac{p_{\text{accuini}}}{p_{\text{accuend}}}\right)^{\frac{1-n}{n}} - 1\right]}{10} \right\} \tag{4-6}$$

$$E_{\text{rgb}} = \sum_{t=0}^{t_i} \begin{cases} \max\left[0, \dfrac{Q_{\text{hhp}}(t)p_{\text{hhp}}(t)}{9549\eta_{\text{pv}}(t)}\right] & [BrkPedal(t) > 0] \\ 0 & [BrkPedal(t) = 0] \end{cases} \tag{4-7}$$

式中，E_{wh} 为车轮处循环工况理论总驱动能量，kJ；E_{fuel} 为发动机消耗燃油总能量，kJ；E_{ice} 为发动机实际提供的能量，kJ；E_{rgb} 为蓄能器端再生制动总回收能量，kJ；$E_{\text{accu,dischrg}}$ 为蓄能器放能总能量，kJ（放能能量为正值）；$E_{\text{accu,chrg}}$ 为蓄能器充能总能量，kJ（充能能量为负值）；$F_t(t)$ 为循环工况各点需求驱动力，N；$v(t)$ 为循环工况各点车速，m/s；t_i 为循环工况总时间，s（计算步长为1s）；n 为热力学参数；p_{accuini} 为蓄能器初始压力，bar；p_{accuend} 为蓄能器终值压力，bar；f_e 为整车百公里燃油消耗，L/100km；$Calori$ 为燃油热值，kJ/g；$Q_{\text{hhp}}(t)$ 为循环工况各点液压变量泵流量，L/min；$p_{\text{hhp}}(t)$ 为循环工况各点液压变量泵压力，bar；$\eta_{\text{pv}}(t)$ 为循环工况各点液压变量泵容积效率；$BrkPedal(t)$ 为循环工况各点制动踏板开度。发动机平均燃油消耗率 $b_{\text{e,avg}}$ [单位：g/(kW·h)] 与油耗单位转换系数 C 计算如式(4-8)与式(4-9)所示。

$$b_{\text{e,avg}} = \dfrac{\sum\limits_{t=0}^{n} Me(t)}{\sum\limits_{t=0}^{n}\left[\dfrac{We(t)Te(t)}{9549}\right]} \tag{4-8}$$

$$C = 1/1000/\rho_{\text{fuel}}/3600 \times 100/x_{\text{tot}} \tag{4-9}$$

式中，ρ_{fuel} 为燃油密度，kg/L；x_{tot} 为循环工况总行驶里程，km；$Me(t)$ 为循环工况各点发动机喷油量，g/h；$We(t)$ 为发动机转速，r/min；$Te(t)$ 为发动机转矩，N·m。

此外，消耗燃油总能量与动力源处发动机实际输出能量满足式(4-10)。

$$E_{\text{fuel}} = \frac{E_{\text{ice}} b_{\text{e,avg}} Calori}{3600} \quad (4-10)$$

其中，本书介绍的轮毂液压混合动力系统使用的柴油发动机，其燃油热值按照 $Calori = 42.65 \text{kJ/g}$ 计算。

4.1.2 平均综合传动效率定义

基于上述轮毂液压混合动力系统模块划分与能量流节点的定义，根据能量守恒定律，混合动力系统的平均综合传动效率可以看作传动系统模块输出能量与输入能量的比值。根据轮毂液压混合动力系统在一次循环工况仿真终止点蓄能器的压力状态，分为以下三种情况，如表4-1所示。

表 4-1 不同情况下轮毂液压混合动力系统平均综合传动效率定义

项目	压力状态		
	$p_{\text{accuend}} < p_{\text{accuini}}$	$p_{\text{accuend}} = p_{\text{accuini}}$	$p_{\text{accuend}} > p_{\text{accuini}}$
传动系统模块输入能量	E_{ice} $E_{\text{rgb}} \eta_{\text{accu,chrg}} \eta_{\text{accu,dischrg}}$ $E_{\text{accu,dischrg}} \eta_{\text{accu,dischrg}}$	E_{ice} $E_{\text{rgb}} \eta_{\text{accu,chrg}} \eta_{\text{accu,dischrg}}$	E_{ice} $E_{\text{rgb}} \eta_{\text{accu,chrg}} \eta_{\text{accu,dischrg}}$
传动系统模块输出能量	E_{wh}	E_{wh}	E_{wh} $E_{\text{accu,chrg}} / (\eta_{\text{accu,chrg}} \eta_{\text{tr}})$
平均综合传动效率定义	$E_{\text{wh}} / (E_{\text{ice}} + E_{\text{rgb}} \eta_{\text{accu,chrg}} \eta_{\text{accu,dischrg}} + E_{\text{accu,dischrg}} \eta_{\text{accu,dischrg}})$	$E_{\text{wh}} / (E_{\text{ice}} + E_{\text{rgb}} \eta_{\text{accu,chrg}} \eta_{\text{accu,dischrg}})$	$[E_{\text{wh}} - E_{\text{accu,chrg}} / (\eta_{\text{accu,chrg}} \eta_{\text{tr}})] / (E_{\text{ice}} + E_{\text{rgb}} \eta_{\text{accu,chrg}} \eta_{\text{accu,dischrg}})$

① 循环工况仿真结束，蓄能器馈能（终值压力小于初始压力）：传动系统模块得到动力源模块的输入能量包括发动机实际提供能量 E_{ice}、蓄能器端再生制动总回收能量 $E_{\text{rgb}} \eta_{\text{accu,chrg}} \eta_{\text{accu,dischrg}}$ 以及蓄能器放能总能量 $E_{\text{accu,dischrg}} \eta_{\text{accu,dischrg}}$；传动系统模块的输出总能量为车轮处循环工况理论总驱动能量 E_{wh}。

② 循环工况仿真结束，蓄能器充放能完全平衡（终值压力等于初始压力）：传动系统模块得到动力源的输入能量包括发动机实际提供能量 E_{ice}、蓄能器端再生制动总回收能量 $E_{\text{rgb}} \eta_{\text{accu,chrg}} \eta_{\text{accu,dischrg}}$；传动系统模块的输出总能量为车轮处循环工况理论总驱动能量 E_{wh}。

③ 循环工况仿真结束，蓄能器充能（终值压力大于初始压力）的情况则稍微复杂一些：传动模块得到动力源的输入能量包括发动机实际提供能量 E_{ice} 与蓄能器端再生制动总回收能量 $E_{\text{rgb}} \eta_{\text{accu,chrg}} \eta_{\text{accu,dischrg}}$；传动模块输出能量为车轮处循环工况理论总驱动能量 E_{wh} 以及蓄能器充能总能量 $E_{\text{accu,chrg}} / \eta_{\text{accu,chrg}}$。但是两者并不是同一节点处的能量，一个处于车轮端，一个处于动力源端，将两者统

一至车轮处则需考虑所定义的平均综合传动效率：$E_{\text{accu,chrg}}/(\eta_{\text{accu,chrg}}\eta_{\text{tr}})$。

综上，定义轮毂液压混合动力系统的平均综合传动效率 η_{tr}，如式（4-11）所示。

$$\eta_{\text{tr}}=\begin{cases}\dfrac{E_{\text{wh}}}{E_{\text{ice}}+E_{\text{rgb}}\eta_{\text{accu,chrg}}\eta_{\text{accu,dischrg}}+E_{\text{accu,dischrg}}\eta_{\text{accu,dischrg}}} & (p_{\text{accuend}}<p_{\text{accuini}})\\[2mm] \dfrac{E_{\text{wh}}}{E_{\text{ice}}+E_{\text{rgb}}\eta_{\text{accu,chrg}}\eta_{\text{accu,dischrg}}} & (p_{\text{accuend}}=p_{\text{accuini}})\\[2mm] \dfrac{E_{\text{wh}}-E_{\text{accu,chrg}}/(\eta_{\text{accu,chrg}}\eta_{\text{tr}})}{E_{\text{ice}}+E_{\text{rgb}}\eta_{\text{accu,chrg}}\eta_{\text{accu,dischrg}}} & (p_{\text{accuend}}>p_{\text{accuini}})\end{cases}$$

(4-11)

式中，$\eta_{\text{accu,chrg}}$ 为蓄能器充能平均效率；$\eta_{\text{accu,dischrg}}$ 为蓄能器放能平均效率。

4.1.3 理论油耗计算模型

基于上述系统平均综合传动效率的定义，提出轮毂液压混合动力系统理论油耗计算模型，如式（4-12）所示。

$$f_{\text{e}}=\left(E_{\text{wh}}-\dfrac{E_{\text{accu,chrg}}}{\eta_{\text{tr}}\eta_{\text{accu,chrg}}}-E_{\text{rgb}}\eta_{\text{tr}}\eta_{\text{accu,chrg}}\eta_{\text{accu,dischrg}}-E_{\text{accu,dischrg}}\eta_{\text{tr}}\eta_{\text{accu,dischrg}}\right)\dfrac{b_{\text{e,avg}}C}{\eta_{\text{tr}}}$$

(4-12)

根据式（4-12）所示的理论油耗计算模型，影响轮毂液压混合动力系统油耗的主要因素包括：车轮处循环工况理论总驱动能量 E_{wh}、再生制动回收能量 E_{rgb}、蓄能器充能能量 $E_{\text{accu,chrg}}$、蓄能器放能能量 $E_{\text{accu,dischrg}}$、平均综合传动效率 η_{tr}、发动机平均燃油消耗率 $b_{\text{e,avg}}$、蓄能器充能效率 $\eta_{\text{accu,chrg}}$、蓄能器放能效率 $\eta_{\text{accu,dischrg}}$。

其中，车轮处循环工况理论总驱动能量 E_{wh} 取决于循环工况需求，在循环工况选定的情况下，该能量为常数；蓄能器充、放能能量 $E_{\text{accu,chrg}}$、$E_{\text{accu,dischrg}}$ 则取决于循环工况仿真结束后蓄能器压力终值：若工况运行结束蓄能器压力可以保持完全平衡，则蓄能器充、放能总能量均为 0，但实际控制过程中很难实现压力的完全平衡。因此，在上述理论油耗模型［式（4-12）］的基础上加入蓄能器能量修正，根据理论计算模型将蓄能器充、放能能量等效计算为百公里油耗，如式（4-13）所示。

$$f_{\text{e,unify}}=\begin{cases}f_{\text{e}}+E_{\text{accu,dischrg}}\eta_{\text{accu,dischrg}}b_{\text{e,avg}}C & (p_{\text{accuend}}\leqslant p_{\text{accuini}})\\[2mm] f_{\text{e}}+\dfrac{E_{\text{accu,chrg}}}{\eta_{\text{tr}}\eta_{\text{tr}}\eta_{\text{accu,chrg}}}b_{\text{e,avg}}C & (p_{\text{accuend}}>p_{\text{accuini}})\end{cases}$$

(4-13)

此外，由于蓄能器充、放能效率损失主要受到测试环境温度影响，故本章暂不涉及热力学因素对液压系统的影响，假设在恒温条件下，蓄能器的充、放能效率均处于较高水平。因此书中将忽略蓄能器充、放能的效率变化，采用平均值进行计算，令 $\eta_{\text{accu}} = \eta_{\text{accu,chrg}} \eta_{\text{accu,dischrg}}$。进一步推导，得到蓄能器能量修正后的轮毂液压混合动力系统统一理论综合油耗计算模型，如式（4-14）所示。

$$f_{\text{e,unify}} = E_{\text{wh}} \left(1 - \frac{E_{\text{rgb}}}{E_{\text{wh}}} \eta_{\text{accu}} \eta_{\text{tr}}\right) \frac{b_{\text{e,avg}} C}{\eta_{\text{tr}}} \tag{4-14}$$

式中，$f_{\text{e,unify}}$ 为理论综合百公里油耗，L/100km。

4.2 基于理论油耗模型的节油贡献率分析

目前针对轮毂液压混合动力系统的基本节能途径已经被广泛确认，包括减小发动机功率；消除发动机怠速；再生制动；优化发动机工作区间。而针对轮毂液压混合动力系统，在系统构型以及各部件参数已经确定的前提下，其节能途径主要包括再生制动以及发动机工作区间优化。

由于多动力源能量转换损失耦合特性，轮毂液压混合动力系统在调节发动机工作点的同时也会因为机械能和液压能的转换带来额外损失，导致发动机工作区间优化产生的节油效果和能量转换带来的损失始终存在耦合，给轮毂液压混合动力系统节油分析带来很大困难。因此，本书利用所提出的平均综合传动效率的概念定义，对发动机工作区间优化的节油效果分析进行解耦。实际上，通过控制策略调整发动机工作点分布，对轮毂液压混合动力系统油耗的影响主要包括两个方面：一是发动机工作区间变化之后，发动机平均燃油消耗率发生变化；二是由于发动机工作点调整过程需求液压系统主动调节，此时机械能与液压能的转换带来的额外损失实际引起了轮毂液压混合动力系统平均综合传动效率的变化。因此，发动机工作区间优化带来的节油效果可从两个方面分析：发动机平均燃油消耗率以及平均综合传动效率。

综上所述，轮毂液压混合动力系统的主要节油因素包括再生制动能量回收、发动机平均燃油消耗率优化以及平均综合传动效率，此结论也与式（4-14）所表达的理论综合油耗计算模型相对应：当轮毂液压混合动力系统的再生制动能量 E_{rgb}、发动机平均燃油消耗率 $b_{\text{e,avg}}$、轮毂液压混合动力系统平均综合传动效率 η_{tr} 发生变化时，系统综合油耗也将随之发生改变。

基于此，本节利用前述所建立的轮毂液压混合动力系统理论油耗计算模型，进一步实现系统油耗影响因素的解耦分析，通过建立理论油耗增量计算模型，定量计算再生制动能量回收变化、发动机平均燃油消耗率优化以及平均综合传动效率提升对轮毂液压混合动力系统的节油贡献率。

4.2.1 理论综合油耗增量计算模型

首先,定义系统平均综合传动效率的变化梯度 τ,发动机平均燃油消耗率的变化梯度 γ,以及再生制动回收能量变化量 ΔE_{rgb},如式(4-15)~式(4-17)所示。

$$\begin{cases} \tau = \dfrac{\Delta \eta}{\eta_{\text{tr}}} \\ \eta_{\text{tr,inc}} = \eta_{\text{tr}} + \Delta \eta = \eta_{\text{tr}}(1+\tau) \end{cases} \quad (4\text{-}15)$$

$$\begin{cases} \gamma = \dfrac{\Delta b_{\text{e}}}{b_{\text{e,avg}}} \\ b_{\text{e,avg,inc}} = b_{\text{e,avg}} + \Delta b_{\text{e}} = b_{\text{e,avg}}(1+\gamma) \end{cases} \quad (4\text{-}16)$$

$$\Delta E_{\text{rgb}} = E_{\text{rgb,inc}} - E_{\text{rgb}} \quad (4\text{-}17)$$

式中,$\Delta \eta$ 为平均综合传动效率变化量;$\eta_{\text{tr,inc}}$ 为相对 η_{tr} 变化后的平均综合传动效率;Δb_{e} 为发动机平均燃油消耗率变化量,g/(kW·h);$b_{\text{e,avg,inc}}$ 为相对 $b_{\text{e,avg}}$ 变化后的发动机平均燃油消耗率,g/(kW·h);$E_{\text{rgb,inc}}$ 为变化后的再生制动回收能量,kJ。

进一步,可以推导轮毂液压混合动力系统理论综合油耗增量计算模型,如式(4-18)所示。

$$f_{\text{e,unify,inc}} = E_{\text{wh}} \left(1 - \left\{ \dfrac{(1+\gamma)\left[\tau + \dfrac{E_{\text{rgb,inc}}}{E_{\text{wh}}} \eta_{\text{accu}} \eta_{\text{tr}}(1+\tau)\right]}{1+\tau} - \gamma \right\} \right) \dfrac{b_{\text{e,avg}} C}{\eta_{\text{tr}}} \quad (4\text{-}18)$$

式中,$f_{\text{e,unify,inc}}$ 为各因素变化后混合动力系统综合百公里油耗,L/100km。

4.2.2 节油量与节油贡献率定义

根据上述轮毂液压混合动力系统理论油耗计算模型以及综合油耗增量模型,进一步计算系统节油量以及节油贡献率,分别如式(4-19)与式(4-20)所示。

$$\begin{aligned} \Delta fe &= f_{\text{e,unify}} - f_{\text{e,unify,inc}} \\ &= E_{\text{wh}} \left[\dfrac{(1+\gamma)\tau}{1+\tau} + \dfrac{\Delta E_{\text{rgb}} + \gamma E_{\text{rgb,inc}}}{E_{\text{wh}}} \eta_{\text{accu}} \eta_{\text{tr}} - \gamma \right] \dfrac{b_{\text{e,avg}} C}{\eta_{\text{tr}}} \end{aligned} \quad (4\text{-}19)$$

$$\sigma_{fe} = \dfrac{(1+\gamma)\tau}{1+\tau} + \dfrac{\Delta E_{\text{rgb}} + \gamma E_{\text{rgb,inc}}}{E_{\text{wh}}} \eta_{\text{accu}} \eta_{\text{tr}} - \gamma \quad (4\text{-}20)$$

式中,Δfe 为节油量,L/100km;σ_{fe} 为节油贡献率。

其中,节油量与节油贡献率之间满足式(4-21)所示关系。可见,前述所提出的节油贡献率的物理意义是指系统节油能量占车轮处理论总驱动能量的比例。

$$\Delta fe = \frac{E_{\mathrm{wh}} b_{\mathrm{e,avg}} C \sigma_{\mathrm{fe}}}{\eta_{\mathrm{tr}}} \tag{4-21}$$

结合前述分析，式(4-20)所示的混合动力系统节油贡献率可以进一步表达为式(4-22)所示，包含五个分项：$\sigma_{\mathrm{fe,rgb}}$ 表示再生制动节油贡献率分项；$\sigma_{\mathrm{fe,be}}$ 表示发动机平均燃油消耗率节油贡献率分项；$\sigma_{\mathrm{fe},\eta}$ 表示混合动力系统平均综合传动效率节油贡献率分项；$\sigma_{\mathrm{fe,co},\tau}$ 表示平均综合传动效率与发动机平均燃油消耗率节油贡献率的耦合项；$\sigma_{\mathrm{fe,co},\gamma}$ 表示再生制动与发动机平均燃油消耗率节油贡献率的耦合项。实际上，$\sigma_{\mathrm{fe,co},\tau}$ 与 $\sigma_{\mathrm{fe,co},\gamma}$ 表示当轮毂液压混合动力系统调整发动机工作点向优化区间移动时，发动机工作区间调整对系统节油贡献率的影响。

$$\begin{aligned}\sigma_{\mathrm{fe}} &= \sigma_{\mathrm{fe},\eta} + \sigma_{\mathrm{fe,co},\tau} + \sigma_{\mathrm{fe,rgb}} + \sigma_{\mathrm{fe,co},\gamma} + \sigma_{\mathrm{fe,be}} \\ &= \frac{\tau}{1+\tau} + \frac{\tau\gamma}{1+\tau} + \frac{\Delta E_{\mathrm{rgb}}}{E_{\mathrm{wh}}}\eta_{\mathrm{accu}}\eta_{\mathrm{tr}} + \gamma\frac{E_{\mathrm{rgb,inc}}}{E_{\mathrm{wh}}}\eta_{\mathrm{accu}}\eta_{\mathrm{tr}} - \gamma\end{aligned} \tag{4-22}$$

其中，各节油贡献率分项分别对应的计算公式，如下所示。

$\sigma_{\mathrm{fe},\eta} = \frac{\tau}{1+\tau}$，$\sigma_{\mathrm{fe,rgb}} = \frac{\Delta E_{\mathrm{rgb}}}{E_{\mathrm{wh}}}\eta_{\mathrm{accu}}\eta_{\mathrm{tr}}$，$\sigma_{\mathrm{fe,be}} = -\gamma$，$\sigma_{\mathrm{fe,co},\tau} = \frac{\tau\gamma}{1+\tau}$，$\sigma_{\mathrm{fe,co},\gamma} = \gamma\frac{E_{\mathrm{rgb,inc}}}{E_{\mathrm{wh}}}\eta_{\mathrm{accu}}\eta_{\mathrm{tr}}$。

为了便于后续油耗分析，此处定义 $\xi = E_{\mathrm{rgb}}/E_{\mathrm{wh}}$ 为再生制动能量占车轮处理论驱动能量回收率，以下简称"能量回收率"。

4.3 理论油耗计算模型仿真验证

本节利用前述建立的轮毂液压混合动力系统仿真模型以及理论油耗计算模型，分别针对轮毂液压混合动力系统进行油耗仿真计算与理论计算，通过将仿真结果与理论计算结果对比，以验证所提出的油耗分析方法的合理性。

4.3.1 基本控制策略

根据本书第 2 章所述的轮毂液压混合动力系统基本工作模式划分，该系统基本模式切换逻辑如图 4-2 所示。

根据轮毂液压混合动力系统的基本工作模式特点，同时为了方便后续针对各节油影响因素进行分析与探讨，本小节选取控制规则简单、物理意义明确的发动机最优控制算法作为轮毂液压混合动力系统的基本控制策略。该控制方法以发动机最优工作区域为控制目标，综合当前车辆行驶车速、蓄能器充能状态以及驾驶员需求，对上述系统各工作模式进行仲裁，进而选择最佳工作模式使发动机工作点尽可能分布于燃油消耗最小区间，以获取最佳整车燃油经济性能。其基本控制

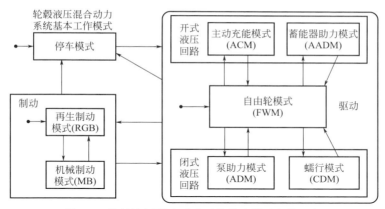

图 4-2 轮毂液压混合动力系统基本模式切换逻辑

策略示意如图 4-3 所示，具体叙述如下。

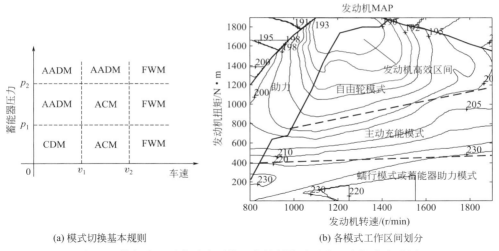

(a) 模式切换基本规则 (b) 各模式工作区间划分

图 4-3 轮毂液压混合动力系统基本控制策略示意（参阅书末彩图）

① 在蓄能器压力充足（$p_{accu} > p_2$）且车速不高（$v < v_2$）或者蓄能器压力较高（$p_{accu} > p_1$）且车速较低（$v < v_1$）的情况下，轮毂液压混合动力系统均进入开式液压回路蓄能器助力模式（AADM）工作。

② 在蓄能器压力较低（$p_{accu} < p_1$）且车速较低（$v < v_1$）的情况下，轮毂液压混合动力系统进入闭式液压回路蠕行模式（CDM）工作。

③ 在蓄能器压力不高（$p_{accu} < p_2$）且车速适中（$v_1 < v < v_2$）的情况下，轮毂液压混合动力系统进入主动充能模式（ACM）工作。

④ 当车速超过轮毂液压混合动力系统的工作阈值时，系统进入自由轮模式

(FWM) 工作。

⑤ 制动时，若蓄能器压力不高（$p_{accu} < p_2$）则系统进入再生制动模式（RGB）工作，否则进入机械制动模式（MB）工作。

⑥ 此外，闭式液压回路泵助力模式（ADM）主要用于中低附着力路面下的助力行驶，需要驾驶员或者整车控制器根据路面附着情况判断是否开启此模式工作，本小节重点探讨轮毂液压混合动力系统在良好路面附着条件下的整车经济性能，因此本小节描述的基本控制策略暂不涉及 ADM 的切换。

4.3.2 仿真工况选择

目前针对中重型商用车燃油消耗的测试循环工况，主要包括 C-WTVC 循环与 CBDTRUCK 循环，如图 4-4 所示。

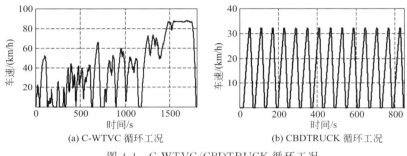

(a) C-WTVC 循环工况　　(b) CBDTRUCK 循环工况

图 4-4　C-WTVC/CBDTRUCK 循环工况

其中，本书介绍的轮毂液压混合动力重型商用车实际最高车速为 65km/h，而 C-WTVC 循环工况高速段的最高车速需求为 87km/h，目标车辆无法实现该工况的车速跟随测试；与 C-WTVC 循环工况相比，CBDTRUCK 循环工况的最高车速较低，同时可满足车辆启停以及多挡位切换的循环测试，更符合本书对象的低速高负荷运行特点，因此采用 CBDTRUCK 工况作为轮毂液压混合动力系统整车经济性能测试的目标工况之一。

同时，由于重型商用车常行驶于山区、坡道等不平路面，而标准循环工况的车速与加速度变化等信息难以反映商用车真实路况。因此，为了更真实地验证轮毂液压混合动力系统的经济性能，也通过一段实车试验采集的车辆真实运行工况信息作为仿真输入，如图 4-5 所示，所提取的实车运行工况为实车满载状态下、带坡度路面路试的实际工况，包含 1500s 的车速历程和坡度值，总行驶里程 9172.4m。

综上，选用 CBDTRUCK 循环工况以及实车试验工况作为此轮毂液压混合动力系统的油耗测试工况。

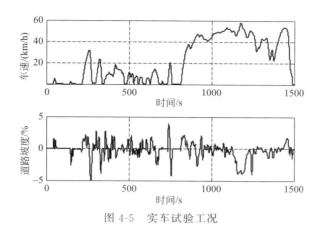

图 4-5 实车试验工况

4.3.3 理论油耗仿真计算结果

通过 MATLAB 模型仿真以及基于上述理论油耗模型的理论计算进行对比，验证前述所提出的理论油耗计算模型的合理性。

第一，CBDTRUCK 工况下传统重型商用车和轮毂液压混合动力商用车的仿真油耗与理论模型计算油耗对比，分别如表 4-2 与表 4-3 所示。可见，该工况下传统重型商用车油耗的仿真结果为 92.263L/100km，轮毂液压混合动力系统仿真结果为 84.336L/100km，可以实现 8.5% 的节油效果。同时，针对该商用车进行模型仿真与前述提出的理论油耗计算结果基本保持一致，计算误差小于 0.1%。

第二，实车试验工况下仿真结果对比如表 4-4 和表 4-5 所示。其中，传统车油耗结果为 51.588L/100km，轮毂液压混合动力系统的仿真结果为 48.160L/100km，可以实现 6.6% 的节油效果。同时该工况下模型仿真结果与理论油耗计算结果也表现出良好的一致性，说明前述所提出的基于能量计算的理论油耗模型合理。

表 4-2 CBDTRUCK 工况下传统车仿真油耗与理论油耗对比

项目	压力初值/终值/bar	车轮处理论总驱动能量/kJ	蓄能器端再生制动能量/kJ	平均综合传动效率
参数	—	37563	—	0.814
项目	发动机平均燃油消耗率/[g/(kW·h)]	仿真油耗/(L/100km)	理论油耗/(L/100km)	误差/%
参数	211	92.263	92.261	0.002

表 4-3　CBDTRUCK 工况下轮毂液压混合动力车仿真油耗与理论油耗对比

项目	压力初值/终值 /bar	车轮处理论总驱动能量 /kJ	蓄能器端再生制动能量 /kJ	平均综合传动效率
参数	330/291	37563	2354	0.837
项目	发动机平均燃油消耗率 /[g/(kW·h)]	仿真油耗/(L/100km)	理论油耗/(L/100km)	误差/%
参数	209	84.336	84.334	0.002

表 4-4　实车试验工况下传统车仿真油耗与理论油耗对比

项目	压力初值/终值 /bar	车轮处理论总驱动能量 /kJ	蓄能器端再生制动能量 /kJ	平均综合传动效率
参数	—	52996		0.774
项目	发动机平均燃油消耗率 /[g/(kW·h)]	仿真油耗/(L/100km)	理论油耗/(L/100km)	误差/%
参数	207	51.588	51.588	0

表 4-5　实车试验工况下轮毂液压混合动力车仿真油耗与理论油耗对比

项目	压力初值/终值 /bar	车轮处理论总驱动能量 /kJ	蓄能器端再生制动能量 /kJ	平均综合传动效率
参数	330/317.6	52996	1769	0.818
项目	发动机平均燃油消耗率 /[g/(kW·h)]	仿真油耗/(L/100km)	理论油耗/(L/100km)	误差/%
参数	210	48.160	48.290	0.270

4.4　轮毂液压混合动力系统油耗影响因素讨论

在轮毂液压混合动力系统理论油耗模型验证的基础上，进一步通过仿真与理论计算验证上述各油耗影响因素理论分析的合理性，并根据上述理论分析结果定量计算不同油耗影响因素可实现的节油贡献率，主要包括再生制动能量回收、发动机平均燃油消耗率以及平均综合传动效率三个关键因素。

4.4.1　再生制动能量回收节油贡献率

针对轮毂液压混合动力系统再生制动能量回收因素的理论节油贡献率分析结果，如表 4-6 和图 4-6 所示。可见，在不同能量回收工况下（Case 0～Case 4），仿真计算节油贡献率与理论计算节油贡献率结果基本吻合，计算误差均小于

2%,证明前述所提出的油耗理论分析模型合理。同时根据计算结果,轮毂液压混合动力系统能量回收率每增加 1%,其节油贡献率提升 1.2%。

表 4-6 再生制动能量回收节油分析

项目	Case 0	Case 1	Case 2	Case 3	Case 4
再生制动回收能量/kJ	585	996	1427	1880	2354
蓄能器压力初值/终值/bar	330/241	330/252	330/264	330/277	330/291
油耗/(L/100km)	88.88	87.77	86.61	85.42	84.15
综合理论油耗/(L/100km)	89.34	88.17	86.94	85.68	84.34
发动机平均燃油消耗率/[g/(kW·h)]	210.19	209.92	209.61	209.36	209.02
平均综合传动效率	0.828	0.830	0.832	0.835	0.837
能量回收率/%	1.53	2.60	3.72	4.90	6.14
仿真节油率/%	—	1.29	2.65	4.04	5.53
理论节油率/%	—	1.28	2.62	3.99	5.46
计算误差/%	—	−1.28	−1.27	−1.27	−1.26

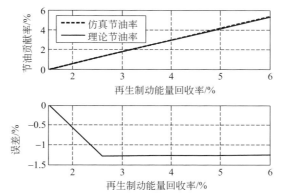

图 4-6 再生制动因素节油贡献率计算结果对比

进一步,针对上述再生制动变化带来的节油贡献率计算结果进行归一化分析,分别计算轮毂液压混合动力系统在能量回收率为 1%的情况下,不同因素对应的节油贡献率分量所占比例,即包括 $\sigma_{fe,rgb}$、$\sigma_{fe,be}$、$\sigma_{fe,\eta}$、$\sigma_{fe,co,\tau}$、$\sigma_{fe,co,\gamma}$。再生制动因素各分项节油贡献率如图 4-7 所示,其中,图例中的"rgb"表示 $\sigma_{fe,rgb}$,"nr"表示 $\sigma_{fe,\eta}$,"be"表示 $\sigma_{fe,be}$,"corgb"表示 $\sigma_{fe,co,\tau}$,"coice"表示 $\sigma_{fe,co,\gamma}$,后文同。

根据图 4-7 可以看出,对应 1%再生制动能量回收率的增长变化,系统总节油贡献率变化的主要组成成分为 $\sigma_{fe,rgb}+\sigma_{fe,\eta}+\sigma_{fe,be}$,这三部分的节油贡献率占总节油贡献率的比例和超过 99%;而剩余的两个节油贡献率耦合项,平均综合传动效率与发动机平均燃油消耗率节油贡献率的耦合项 $\sigma_{fe,co,\tau}$、再生制动与发动

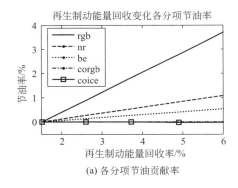

图 4-7 再生制动因素各分项节油贡献率

机平均燃油消耗率节油贡献率的耦合项 $\sigma_{fe,co,\gamma}$ 所占比例均为负值（绝对值 <1%），也就是说，这两个耦合项实际在再生制动能量回收过程中对系统总节油贡献率带来了一定的削弱作用。

基于混合动力系统宏观能量角度，再生制动能量回收使系统获取了"免费"的液压能，从而可以提升系统液压助力工作的时间比例，减少发动机在低效区的工作时间，使发动机平均工作效率得到一定提升；而在系统基本控制策略不变的情况下，再生制动本身不会对发动机工作点分布区间产生较大的影响（见表 4-6 中发动机平均燃油消耗率的变化），因此在再生制动能量回收节油因素变化的情况下，发动机平均燃油消耗率分项节油率 $\sigma_{fe,be}$ 在总节油贡献率中所占比例不大，约为 10%；同时，再生制动能量回收不会影响轮毂液压混合动力系统的传动效率特性，此时系统的平均综合传动效率主要受到开式液压回路蓄能器助力工作模式效率与自由轮模式效率的影响，其变化也比较有限（见表 4-6），平均综合传动效率变化分项节油率 $\sigma_{fe,\eta}$ 在总节油贡献率中所占比例约为 20%。

此外，发动机平均工作效率的提升实际也需要液压系统额外消耗能量以实现发动机工作点的移动，即存在机械能与液压能的能量转换损失，该损失会削弱混合动力系统再生制动以及平均综合传动效率提升所实现的节油效果。而节油贡献率分项中的两个耦合项 $\sigma_{fe,co,\tau}$ 与 $\sigma_{fe,co,\gamma}$ 实际体现的就是液压系统调整发动机工作点时对其他因素节油的耦合影响。根据计算结果，在再生制动能量回收因素变化条件下，液压系统调整发动机工作点需要额外消耗的能量很少，在总节油贡献率中所占比例少于 1%。

为了尽可能清晰地表达再生制动对混合动力系统节油的影响，可以忽略两部分耦合项对应的节油贡献率，令 $\sigma_{fe,co,\gamma} \approx 0$，$\sigma_{fe,co,\tau} \approx 0$，进而推导出再生制动能量回收可实现的液压轮毂混合动力系统节油贡献率 $\sigma_{fe,RGB}$，如式(4-23) 所示。

$$\sigma_{\text{fe,RGB}} = \sigma_{\text{fe},\eta} + \sigma_{\text{fe,rgb}} + \sigma_{\text{fe,be}} = \frac{\tau}{1+\tau} + \frac{\Delta E_{\text{rgb}}}{E_{\text{wh}}} \eta_{\text{accu}} \eta_{\text{tr}} - \gamma \qquad (4\text{-}23)$$

根据式(4-23)，经过简化后的再生制动能量回收节油贡献率主要分为三部分：第一，由于再生制动能量回收导致混合动力系统工作模式时间比例分布发生变化，进而导致平均综合传动效率发生变化，即 $\frac{\tau}{1+\tau}$；第二，再生制动回收能量变化带来节油，即 $\frac{\Delta E_{\text{rgb}}}{E_{\text{wh}}} \eta_{\text{accu}} \eta_{\text{tr}}$，与系统平均综合传动效率以及制动能量回收变化量成正比；第三，再生制动能量回收导致发动机工作区间发生变化，发动机平均燃油消耗率降低（效率提升），实现节油，即 $-\gamma$。

4.4.2 发动机平均燃油消耗率节油贡献率

针对轮毂液压混合动力系统发动机平均燃油消耗率因素变化对节油贡献率的分析结果，如表 4-7、图 4-8 以及图 4-9 所示。在不同发动机平均燃油消耗率的变化情况下，理论计算节油率与仿真节油率吻合，计算误差均小于 1%，证明节油理论分析模型正确。同时根据计算结果，轮毂液压混合动力系统发动机平均燃油消耗率每降低 5g/(kW·h)，其节油贡献率提升 2.11%。

表 4-7 发动机平均燃油消耗率节油分析

项目	Case 0	Case 1	Case 2	Case 3	Case 4
发动机平均燃油消耗率/[g/(kW·h)]	223.80	218.83	213.86	208.89	203.93
油耗/(L/100km)	90.30	88.29	86.29	84.28	82.28
再生制动回收能量/kJ	2354	2354	2354	2354	2354
平均综合传动效率	0.837	0.837	0.837	0.837	0.837
仿真节油率/%	—	2.10	4.21	6.31	8.41
理论节油率/%	—	2.11	4.21	6.32	8.42
计算误差/%	—	0.098	0.098	0.098	0.098

进一步，针对发动机平均燃油消耗率变化带来的节油贡献率计算结果进行归一化分析，分别计算轮毂液压混合动力系统在发动机平均燃油消耗率下降 5g/(kW·h) 的情况下，不同因素节油贡献率分量所占比例，如图 4-10 所示。

根据图 4-10，当发动机平均燃油消耗率下降时，系统总节油贡献率的主要组成成分为 $\sigma_{\text{fe,be}} + \sigma_{\text{fe,co},\gamma}$，这两部分的节油贡献率占总节油贡献率的比例之和超过 99%，而剩余三部分的节油贡献率比例之和少于 1%。

实际上，针对轮毂液压混合动力系统，当发动机参数确定之后，发动机平均燃油消耗率优化主要通过控制策略优化发动机工作区间实现。控制策略对发动机

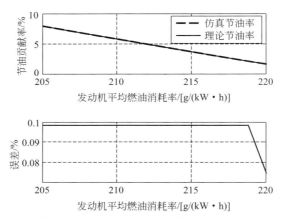

图 4-8　发动机平均燃油消耗率变化可实现的节油贡献率仿真与理论结果对比

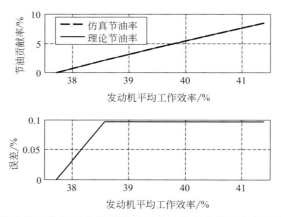

图 4-9　发动机工作效率变化可实现的节油贡献率仿真与理论结果对比

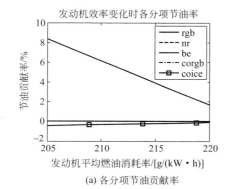

(a) 各分项节油贡献率

项目	数值/%	占比/%
总节油贡献率	2.12	100
$\sigma_{fe,rgb}$	0	0
$\sigma_{fe,\eta}$	约0	约0
$\sigma_{fe,be}$	2.23	105.19
$\sigma_{fe,co,\gamma}$	−0.11	−5.19
$\sigma_{fe,co,\tau}$	约0	约0

(b) 各分项节油贡献率所占比例

图 4-10　发动机平均燃油消耗率变化各分项节油贡献率

平均燃油消耗率（平均工作效率）的调整机理，此处不作重点探讨，而是重点分析发动机平均燃油消耗率变化对系统节油贡献率的影响。当发动机工作点向优化区间移动后，发动机平均燃油消耗率下降，其平均工作效率增高，同时满足以下条件。

① 发动机平均燃油消耗率变化不会对再生制动产生影响，$\Delta E_{rgb}=0$，$\sigma_{fe,rgb}=0$。
② 发动机自身平均燃油消耗率变化不会影响混合动力系统构型的传动特性，即发动机效率变化并不影响平均综合传动效率，$\tau \approx 0$。

此外，根据图4-10，在发动机平均燃油消耗率下降的过程中，发动机平均燃油消耗率与再生制动的节油贡献率耦合项 $\sigma_{fe,co,\gamma}$ 呈现为负向的变化趋势。这是因为，在循环工况确定的情况下，混合动力系统车轮处的能量需求是一定的，而当车辆通过再生制动时回收了免费的能量，进而可以减少发动机的能量需求，在不考虑其他影响因素的情况下，发动机的效率越高，该制动回收能量折算得到的油耗越少，那么混合动力系统可以获得的节油贡献率越少，因此再生制动耦合分项节油贡献率随发动机平均工作效率的升高而减小。

综上，在其他影响因素保持不变的情况下，发动机平均燃油消耗率降低实现的节油贡献率可进一步简化为式(4-24)所示的形式。可见，发动机平均燃油消耗率变化可实现的节油量和节油贡献率与发动机平均燃油消耗率变化梯度成正比。

$$\sigma_{fe,ICE}=\sigma_{fe,be}+\sigma_{fe,co,\gamma}=-\gamma+\gamma\left(\frac{E_{rgb,inc}}{E_{wh}}\eta_{accu}\eta_{tr}\right) \tag{4-24}$$

4.4.3 平均综合传动效率节油贡献率

为了实现轮毂液压混合动力系统理论油耗定量分析，本书提出了平均综合传动效率的概念。实际上，前述所提出的平均综合传动效率是表征混合动力系统构型综合性能的变量，系统机械传动部件效率、液压变量泵容积效率/机械效率、轮毂液压马达容积效率/机械效率变化等均将对系统平均综合传动效率产生影响。

根据式(4-22)，系统平均综合传动效率变化时对油耗的影响主要包括两个方面：一是系统效率变化引起再生制动能量回收变化，进而对系统油耗产生影响，即 $\dfrac{\Delta E_{rgb}+\gamma E_{rgb,inc}}{E_{wh}}\eta_{tr}$；二是系统平均综合传动效率变化与发动机工作效率变化耦合，共同对油耗产生影响，即 $\dfrac{(1+\gamma)\tau}{1+\tau}-\gamma$。

考虑到前述4.4.1小节针对再生制动能量回收的节油贡献率已经进行了定量的分析，此处重点考虑平均综合传动效率变化对系统节油贡献率的影响，为了简化分析，去除再生制动功能的耦合影响（仿真与理论计算过程中均关闭轮毂液压混合动力系统的再生制动功能），在不考虑再生制动的情况下，利用平均综合传动效率实现对发动机工作点优化时各部分因素节能的解耦分析。此时，混合动力系统节油贡献率可进一步表示为式(4-25)。

$$\sigma_{\text{feNRGB}} = \sigma_{\text{fe,be}} + \sigma_{\text{fe},\eta} + \sigma_{\text{fe,co},\tau} = -\gamma + \frac{\tau}{1+\tau} + \frac{\tau\gamma}{1+\tau} = \frac{\tau}{1+\tau} - \frac{\gamma}{1+\tau} \quad (4\text{-}25)$$

根据式(4-25)所示，在轮毂液压混合动力系统不进行再生制动的情况下节油贡献率可分为两部分：一部分是系统平均综合传动效率变化实现节油，即 $\frac{\tau}{1+\tau}$；另一部分则是发动机工作区间优化实现节油，即 $-\frac{\gamma}{1+\tau}$。可见，此时发动机效率变化与系统平均综合传动效率变化的影响耦合在一起，进一步说明了轮毂液压混合动力系统在优化调整发动机工作区间时将会产生额外的影响。

为了说明平均综合传动效率对混合动力系统节油贡献率的影响，本小节以机械部件效率变化为例，对轮毂液压混合动力系统平均综合传动效率变化产生的节油贡献率进行定量分析，仿真与理论计算分析结果如表 4-8 和图 4-11 所示。根据理论计算结果，轮毂液压混合动力系统平均综合传动效率每提升 1%，其节油贡献率提升 1.05%。

表 4-8 平均综合传动效率变化节油分析

项目	Case 0	Case 1	Case 2	Case 3	Case 4
机械部件效率	0.86	0.88	0.90	0.92	0.94
平均综合传动效率	0.771	0.789	0.807	0.825	0.842
油耗/(L/100km)	96.44	94.53	92.71	90.98	89.30
发动机平均燃油消耗率/[g/(kW·h)]	208.78	209.35	209.92	210.53	211.07
仿真节油率/%	—	1.979	3.864	5.656	7.396
理论节油率/%	—	1.978	3.863	5.655	7.396
计算误差/%	—	0.001	0.001	0.001	0.001

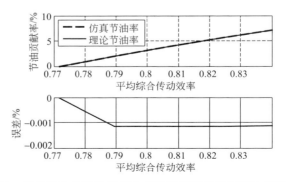

图 4-11 平均综合传动效率变化节油贡献率仿真与理论模型对比

进一步,针对平均综合传动效率变化带来的节油贡献率计算结果进行归一化分析,分别计算轮毂液压混合动力系统在平均综合传动效率每升高 1% 的情况下,不同因素节油贡献率分量所占比例,如图 4-12 所示。系统总节油贡献率的主要组成成分为 $\sigma_{fe,be} + \sigma_{fe,\eta}$,根据图 4-12,系统平均综合传动效率每升高 1%,这两部分的节油贡献率占总节油贡献率的比例和超过 98%;而平均综合传动效率与发动机平均燃油消耗率节油贡献率的耦合项 $\sigma_{fe,co,\tau}$ 所占的节油贡献率比例之和约为 1%,可以忽略不计。

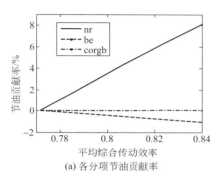

项目	数值/%	占比/%
总节油贡献率	1.0453	100
$\sigma_{fe,rgb}$	0	0
$\sigma_{fe,\eta}$	1.187	113.56
$\sigma_{fe,be}$	−0.1547	−14.8
$\sigma_{fe,co,\gamma}$	0	0
$\sigma_{fe,co,\tau}$	0.013	1.24

(a) 各分项节油贡献率　　(b) 各分项节油贡献率所占比例

图 4-12　平均综合传动效率变化时各分项节油贡献率

此外,根据表 4-8 和图 4-12 可见,随着系统平均综合传动效率的增高,发动机平均燃油消耗率增大,导致发动机平均燃油消耗率的节油贡献率呈现负向的变化趋势,进而导致混合动力系统的总节油贡献率下降。这是因为,在轮毂液压混合动力系统车轮处能量需求保持不变的情况下,系统平均综合传动效率越高,发动机处能量需求越低,发动机需求转矩越小;减小发动机转矩会导致发动机工作区间下移,根据本书对象采用的发动机万有特性曲线(参见图 3-3),发动机工作区间向下移动会导致其平均燃油消耗率增大,进而使得发动机平均燃油消耗率分项节油贡献率随系统平均综合传动效率的升高而呈现减弱的趋势。

4.4.4　理论油耗影响因素分析小结

综上,本书针对轮毂液压混合动力系统油耗影响因素分析得出以下结论。

① 再生制动因素对轮毂液压混合动力系统油耗的影响主要包括三部分:平均综合传动效率变化、发动机平均燃油消耗率变化以及回收制动能量,且回收制动能量产生的节油贡献率最高,并与系统能量回收率成正比。

② 发动机平均燃油消耗率降低可实现的节油量和节油贡献率与发动机平均燃油消耗率变化梯度成正比,此时发动机效率变化的节油影响与系统再生制动存在耦合,在发动机平均燃油消耗率降低的情况下,系统再生制动能量回收带来的节油效果将会被减弱。此外,发动机平均燃油消耗率变化不会影响系统的传动特

性，即此时平均综合传动效率变化较为有限。

③ 轮毂液压混合动力系统的平均综合传动效率依赖于各传动部件的效率特性与各工作模式的时间比例分布，在系统再生制动功能关闭的情况下，平均综合传动效率带来的节油贡献率主要与发动机平均燃油消耗率变化梯度及平均综合传动效率的变化梯度有关，并且两者存在耦合效果，轮毂液压混合动力系统平均综合传动效率的提升会使得发动机平均燃油消耗率增加，导致系统总节油贡献率减小。

本章小结

本章基于轮毂液压混合动力系统内部能量流角度，提出轮毂液压混合动力系统平均综合传动效率概念，并建立了基于能量计算的轮毂液压混合动力系统理论油耗计算模型；结合轮毂液压混合动力系统的基本节能途径，考虑再生制动、发动机平均燃油消耗率以及平均综合传动效率变化因素，最终形成轮毂液压混合动力系统理论综合油耗增量计算模型。该模型不仅能够从宏观能量角度计算轮毂液压混合动力汽车的燃油消耗，也可以从细节定量表征不同因素变化对系统油耗的影响，为轮毂液压混合动力系统多模式能量管理策略优化与深入分析提供了理论依据。

第5章

轮毂液压混合动力系统全局优化算法

不同于油电式混合动力系统,轮毂液压混合动力系统各工作模式之间界限明显,且不同工作模式之间的控制方式差异较大,若直接通过离散控制变量网格应用全局优化算法,必将带来庞大的计算量,进而使得优化计算成本增高,不利于轮毂液压混合动力系统多模式优化规则的提取。基于此,本章结合轮毂液压混合动力系统各工作模式之间的各向异性,提出一种基于系统多模式控制特性的全局优化改进算法,利用各工作模式下系统工作点控制相对固定的特点,实现控制变量数据网格降维,既能有效降低优化成本,也为多模式能量管理策略开发创造有利的条件。

5.1 全局优化算法基本原理

为了实现轮毂液压混合动力系统在全工况下的总体油耗最小,利用全局优化算法能够确定目标循环工况下任一时刻的动力源最佳工作点。本节首先简要介绍全局优化算法的基本原理。

首先,定义轮毂液压混合动力系统蓄能器的充能状态,即蓄能器的 SOC,如式(5-1)所示。

$$SOC = \frac{p_{acc} - p_{min}}{p_{max} - p_{min}} \tag{5-1}$$

式中,p_{acc} 为蓄能器当前压力;p_{max} 为蓄能器允许的最高充能压力;p_{min} 为蓄能器允许的最低充能压力。

根据轮毂液压混合动力系统的蓄能器 SOC 维持平衡的需求,在全局优化算法计算过程中选择蓄能器的 SOC 作为状态变量。同时,根据轮毂液压混合动力系统的控制需求,在换挡策略确定的情况下,整车控制器通过控制发动机的转矩以及液压变量泵的排量(斜盘开度)实现工况跟随。由于重型商用车仍然采用手动变速箱,因此在循环工况中选用确定的换挡策略进行计算,不对换挡策略进行优化。此外,蠕行模式需要维持变速箱挡位为空挡或者保持离合器在断开状态,而其他驱动模式均需要控制离合器保持结合,离合器的状态可以作为优化过程中区分蠕行模式与其他工作模式的关键参数。因此,针对轮毂液压混合动力系统的全局优化算法,其系统控制变量选择为:发动机转矩、离合器状态以及液压变量泵排量。尽管重型商用车离合器不能进行自动控制,但本书在进行全局寻优过程中仍然将离合器的状态作为控制变量,以便设定闭式液压回路蠕行模式的最佳开启与退出条件,为驾驶员行车提供参考依据。

考虑在整个行驶循环工况内,发动机、变量泵以及轮毂液压马达等部件均存在转速、压力等约束条件,因此在进行全局寻优过程中需要保持各部件的工作状态处于约束范围内。基于此,针对轮毂液压混合动力系统的全局优化问题,即可以表述为在一定约束条件下求解系统全局油耗最小问题,如式(5-2)所示。

$$\begin{cases} \min_{u(t)} J[u(t)] \\ s.t. \\ \dot{x}(t) = F[x(t), u(t), t] \\ x(0) = x_0 \\ x(t_f) \in [x_{f,\min}, x_{f,\max}] \\ x(t) \in [x_{\min}, x_{\max}] \\ u(t) \in [u_{\min}, u_{\max}] \end{cases} \quad (5-2)$$

式中,$J[u(t)]$ 为系统的成本函数;t 为车辆行驶循环工况的任一时刻;$x(t)$ 为任一工况时刻对应的系统状态变量;$x(0)$ 与 $x(t_f)$ 分别为工况初始时刻与终止时刻对应的状态变量;$u(t)$ 为任一工况时刻对应的系统控制变量;$x_{f,\min}$ 与 $x_{f,\max}$ 分别为工况终止时刻系统状态变量的下限阈值与上限阈值;$x_{\min}$ 与 $x_{\max}$ 分别为工况除终止点之外的任一时刻系统状态变量的下限阈值与上限阈值;$u_{\min}$ 与 $u_{\max}$ 分别为工况任一时刻系统控制变量的下限阈值与上限阈值;$F[x(t), u(t), t]$ 为系统在全工况下的数学模型。

其中,针对轮毂液压混合动力系统,系统成本函数 $J[u(t)]$ 可以表示为全工况下每一时刻工况点对应的瞬时成本 $L[x(t), u(t), t]$ 的积分和,如式(5-3)所示。针对轮毂液压混合动力系统,系统任一时刻的瞬时成本即为发动机燃油能量消耗与液压系统能量消耗的等效油耗之和。

$$J[u(t)] = \int_0^{t_f} L[x(t), u(t), t] dt \quad (5-3)$$

针对式(5-2)所示的全局最优问题的求解,目前较多使用的方法是动态规划方法(dynamic programming,DP)。该方法基于贝尔曼最优化原理,首先利用逆向迭代计算对全局优化的多阶段决策问题进行简化，进而结合正向寻优计算得到全局优化问题的最优解，目前在混合动力系统的能量管理优化问题中得到良好的应用。本书针对轮毂液压混合动力系统的全局最优问题，同样基于动态规划方法进行求解，其基本原理如下所述。

首先，根据式(5-2) 及式(5-3)，将轮毂液压混合动力系统的能量管理全局最优问题转化为多阶段离散问题，如式(5-4) 所示。

$$x_{k+1}=F_k(x_k,u_k), \quad k=0,1\cdots N-1 \tag{5-4}$$

式中，k 对应工况点离散后的任一时刻，即离散采样时间；N 为工况终止时刻；x_k 为离散状态变量，$x_k \in [x_{\min},x_{\max}]$；$u_k$ 为离散控制变量，$u_k \in [u_{\min},u_{\max}]$；$F_k(x_k,u_k)$ 为在当前时刻对状态变量 x_k 施加控制变量 u_k 后得到的下一时刻的状态转移 x_{k+1}。

根据式(5-4)，对应任意的系统控制律 $\phi=\{\mu_0,\mu_1\cdots\mu_{N-1}\}$，离散系统在初始状态为 x_0 时的总成本可以计算，如式(5-5) 所示。

$$J_\phi(x_0)=l_N(x_N,u_N)+\sum_{k=0}^{N-1}[l_k(x_k,u_k)] \tag{5-5}$$

式中，$J_\phi(x_0)$ 为离散系统施加控制律 ϕ 后的总成本；$l_N(x_N,u_N)$ 为系统在工况终止时刻的瞬时成本；$l_k(x_k,u_k)$ 为系统在工况任意时刻 k，状态变量为 x_k 时，施加控制变量 u_k 的瞬时成本。

根据式(5-5) 所示的离散系统的成本函数，可以进一步得到离散系统的全局最优化问题，如式(5-6) 所示。

$$J^{\text{opt}}(x_0)=\min_{\phi\in\Phi}J_\phi(x_0) \tag{5-6}$$

式中，Φ 为在目标循环工况下，所有可行控制律 ϕ 的集合。

根据 DP 算法原理，式(5-6) 所示的轮毂液压混合动力系统的全局优化问题可以转化为后向优化计算序列进行求解，具体如下。

① 系统在工况终止时刻 $k=N$ 的成本计算，如式(5-7) 所示。

$$J_N(x^i)=l_N(x^i) \tag{5-7}$$

式中，x^i 对应于离散的状态变量网格中第 i 个状态变量；$J_N(x^i)$ 即对应于系统在工况终止时刻状态为 x^i 时的成本。

② 根据 DP 的后向优化原理，从 $k=N-1$ 到 $k=0$ 的系统总成本的迭代计算可表示为如式(5-8) 所示。

$$J_k(x^i)=\min_{u_k\in[u_{\min},u_{\max}]}\{l_k(x^i,u_k)+J_{k+1}[F_k(x^i,u_k)]\} \tag{5-8}$$

式中，$l_k(x^i,u_k)$ 为当前 k 时刻针对状态 x^i 施加控制变量 u_k 产生的瞬时成本；$J_{k+1}[F_k(x^i,u_k)]$ 为 $k+1$ 时刻系统的累计成本；$F_k(x^i,u_k)$ 为 k 时刻对状态 x^i 施加控制变量 u_k 后产生的第 $k+1$ 时刻的状态转移。

根据式(5-8)，以 $k=N-1$ 为例，首先根据系统瞬时成本函数定义可以计算得到 $k=N-1$ 时刻的瞬时成本 $l_{N-1}(x^i,u_{N-1})$；然后，根据系统的工作原理可以计算下一时刻，即 $k=N$ 时刻的系统状态 $F_{N-1}(x^i,u_{N-1})$；由于 DP 算法采用后向计算，系统在 $k=N$ 时刻状态为 $F_{N-1}(x^i,u_{N-1})$ 时的成本已经通过式(5-7)计算得到，即 $J_N[F_{N-1}(x^i,u_{N-1})]$，那么也就得到了系统在 $k=N-1$ 时刻状态为 x^i，控制变量为 u_k 的累计成本；针对控制变量约束范围内 $[u_{\min},u_{\max}]$ 所有的变量进行计算，并求解系统在 $k=N-1$ 时刻累计成本的最小值，即可得到 $J_{N-1}(x^i)$。

进一步，从 $k=N-1$ 到 $k=0$ 逐步完成逆向迭代计算，得到系统初始状态为 x^i 时在确定工况下可实现的最小累计成本，同时得到该工况下任一时刻点对应的最优控制变量。对约束范围 $[x_{\min},x_{\max}]$ 内的所有状态变量遍历上述迭代计算过程，即可得到确定工况下从任一初始状态出发所对应的最优控制路径。进而，基于上述逆向迭代计算结果开展前向寻优计算，即从系统初始状态 x_0 出发，根据逆向计算得到的最优控制路径中状态变量与控制变量的对应关系确定当前最优控制变量，然后根据系统数学模型正向计算得到该状态变量施加最优控制变量后产生的状态转移，基于转移后的状态变量重复上述过程并不断迭代完成前向寻优计算，确定任一时刻点的最优控制变量，即可得到全局优化问题 $\min\limits_{\pi\in\Pi}J_\pi(x_0)$ 的最优解。

5.2 轮毂液压混合动力系统全局优化算法

利用上节介绍的全局优化算法原理，本节具体介绍轮毂液压混合动力系统的全局优化算法。考虑到传统基于 DP 的全局优化算法计算往往需要较大的运算量，同时受控制变量以及状态变量离散网格维度影响较大，本节进一步结合轮毂液压混合动力系统的多模式工作特点，提出一种基于系统多模式控制特性的全局优化改进算法，降低系统控制变量维度，提高计算效率。

5.2.1 基于车速-蓄能器 SOC 自适应的等效燃油消耗因子计算

轮毂液压混合动力系统在全局寻优的计算过程中，需要不断根据当前时刻的系统瞬时成本以及前一时刻的累计成本，寻找当前时刻以及当前状态下最小成本对应的最优控制变量，因此，系统的成本函数选择对于全局优化算法的结果具有较大的影响。目前针对能量管理优化问题，系统成本函数往往选择系统总能量消耗，包括发动机燃油能量消耗以及液压能量消耗。考虑车辆实际行驶过程中蓄能器 SOC 维持平衡的需求，液压系统所消耗的蓄能器能量不能根据燃油的能量直接换算，否则可能导致系统出现过充能或者过放能趋势。为避免此类情况的发生，本书采用使用较多的等效燃油消耗因子的计算方法，计算发动机燃油消耗与液压能量消耗的当量和，即等效燃油消耗 $L(t)$，如式 (5-9) 所示。

$$L(t)=L_{\text{ice}}(t)+s(t)L_{\text{hydr}}(t) \tag{5-9}$$

式中，$L_{\text{ice}}(t)$ 为工况任一时刻发动机的燃油消耗量；$L_{\text{hydr}}(t)$ 为蓄能器的能量变化量；$s(t)$ 为等效燃油消耗因子，即为蓄能器能耗向发动机燃油消耗转换的当量系数。

在当前针对油电混合动力系统的研究中，有研究学者将上述等效燃油消耗因子按照发动机燃油价格与电池电量价格进行等效计算，得到系统的成本函数；也有较多的学者采用基于 SOC 的自适应方法，根据电池 SOC 调整自适应函数中的参量，得到等效燃油消耗因子，使电池 SOC 维持在目标范围内。而针对液压混合动力系统中关于蓄能器能量与发动机燃油能量之间的等效计算研究仍然较少。

与油电混合动力系统中的超级电容部件类似，液压蓄能器功率密度高，充放能速度快（本书所述的系统采用的蓄能器理论最快充能时间只需要 22s），属于功率型能量存储部件，与其他能量型存储部件的等效计算存在较大区别。而本书所述的轮毂液压混合动力系统与其他混合动力系统也存在很大区别：由于蓄能器放液阀流量的限制，在高车速或者高挡位状态下开式回路蓄能器助力功能关闭，导致此时蓄能器中的能量无法继续向外释放，即系统具有高速行驶时蓄能器放能限制的工作特性。如果车辆在低速情况下对蓄能器能量等效计算不当导致蓄能器充能过高，那么蓄能器高速放能限制特性势必将会影响其回收制动能量。此外，考虑蓄能器充能速度快的特点，为了尽可能利用蓄能器回收车辆的制动能量，车辆制动前一时刻蓄能器 SOC 也应维持在一定的阈值以下。因此，为了尽可能保证制动能量回收，在一定车速下当蓄能器 SOC 超过一定的限制阈值后，整车控制器应关闭主动充能模式，避免高速放能限制的问题导致蓄能器充能过高而削弱再生制动回收的能力。也就是说，对应任一车速，可以找到一个蓄能器 SOC 充能上限阈值，超过该阈值后，系统应尽可能控制蓄能器放能。基于此，本书综合考虑车速以及蓄能器 SOC 状态，实现液压能等效燃油消耗因子的自适应调节。

首先，对应不同的蓄能器 SOC 状态，蓄能器允许回收的能量 $E_{\text{acc,rgb}}$ 可以计算，如式 (5-10) 所示。进而通过离散 SOC 数据进行计算，得到不同 SOC 状态下对应的蓄能器理论允许充能能量变化曲线，如图 5-1 所示。

$$E_{\text{acc,rgb}} = \frac{\dfrac{p_0 V_0}{1-n}\left[\left(\dfrac{p_0}{p_{\text{acc}}}\right)^{\frac{1-N}{N}}-1\right]}{10} \tag{5-10}$$

式中，p_0 为对应蓄能器 SOC 等于 1 时的初始最高压力；V_0 为蓄能器气囊初始体积；n 为热力学因子。

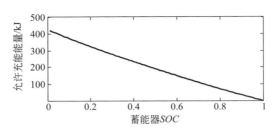

图 5-1　不同 SOC 状态下蓄能器理论允许充能能量

其次，针对轮毂液压混合动力系统循环行驶工况，可提取典型的制动工况片段，如图 5-2 所示。那么在不同的蓄能器 SOC 状态下，对应该典型制动工况片段中不同的初始制动车速，实际通过再生制动能量回收充入至蓄能器的回收能量 $E_{\mathrm{ve,rgb}}$ 可以利用第 3 章中建立的轮毂液压混合动力系统模型迭代计算得到，如图 5-3 所示。

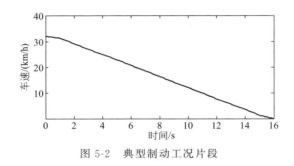

图 5-2　典型制动工况片段

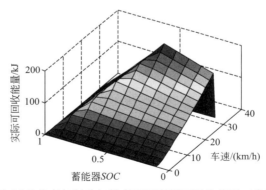

图 5-3　不同 SOC 状态与制动初始车速下实际可回收能量（参阅书末彩图）

进而，通过对比上述不同蓄能器 SOC 对应的允许充能能量 $E_{\mathrm{acc,rgb}}$，以及不同车速下的实际可回收能量 $E_{\mathrm{ve,rgb}}$，即可得到蓄能器充放能因子 $\lambda(SOC,ve)$，如式(5-11) 所示。其中，当 $\lambda(SOC,ve)=1$ 时，则表示允许系统主动充能；否则，为了保证蓄能器存在足够的充能空间进行再生制动能量回收，禁止系统进行主动充能。

$$\lambda(SOC,ve)=\begin{cases} 1 & (E_{\mathrm{ve,rgb}} \leqslant E_{\mathrm{acc,rgb}}) \\ 0 & (E_{\mathrm{ve,rgb}} > E_{\mathrm{acc,rgb}}) \end{cases} \tag{5-11}$$

根据式(5-11)，即可得到不同车速与蓄能器 SOC 状态对应的主动充能允许区域，如图5-4所示；进而提取图中主动充能允许区域与主动充能禁止区域的分界线，得到不同车速对应的主动充能 SOC 上限阈值变化曲线，如图5-5所示。

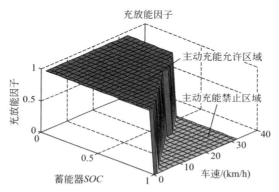

图5-4 主动充能允许区域（参阅书末彩图）

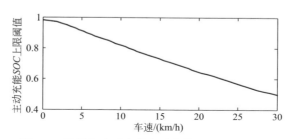

图5-5 不同车速对应的主动充能 SOC 上限阈值

根据图5-4与图5-5，在车辆行驶过程中，对应不同的车速状态，蓄能器 SOC 的最佳状态应保持在充能上限阈值以下，以保证该车速对应的制动动能可以尽可能多地被蓄能器回收。因此，对应主动充能允许区域之外的部分，应禁止系统进入主动充能模式，此时超出 SOC 阈值的能量可以看作"免费"的蓄能器能量，等效燃油消耗因子即为0；而对应主动充能允许区域内部，则需要进一步根据 SOC 在约束范围内的变化，自适应调整等效燃油消耗因子，此时本书选取 SOC 自补偿均衡调整系数进行自适应调节，如式(5-12)所示。

$$s(t)=s_0+K_{\mathrm{p}}[SOC_{\mathrm{obj}}-SOC(t)] \tag{5-12}$$

式中，s_0 与 K_p 为调整参数；SOC_{obj} 为电池 SOC 维持目标；$SOC(t)$ 为主动充能允许区域约束范围内电池 SOC，满足 $SOC(t) \in [0, SOC_{lim}(ve)]$。其中，$SOC_{lim}(ve)$ 为当前车速对应的主动充能 SOC 上限阈值。

综上，计算得到本书针对轮毂液压混合动力系统全局优化算法采用的等效燃油消耗因子，如图 5-6 所示。

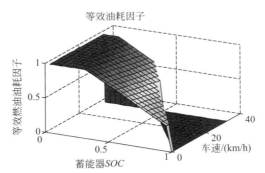

图 5-6　基于车速-蓄能器 SOC 自适应等效燃油消耗因子（参阅书末彩图）

根据图 5-6，在主动充能允许区域内，当蓄能器 SOC 越小时，等效燃油消耗因子越大，单位时间内液压能量等效的油耗也就越多，意味着当前液压能量消耗更昂贵，此时车辆需要更多的发动机驱动；当 SOC 较大时，意味着液压能量消耗更便宜，此时需要更多的液压系统助力驱动。进而通过上述基于蓄能器 SOC 自适应调节等效燃油消耗因子控制即可实现 SOC 的均衡。

5.2.2　基于系统多模式特性的全局优化改进算法

根据全局优化算法基本原理，在系统成本函数确定之后，即可根据轮毂液压混合动力系统数学模型，在选定的状态变量、控制变量的约束范围内进行后向迭代计算以及前向寻优计算，最终得到任一初始状态出发条件下系统控制变量的最优解。

在利用 DP 算法进行后向迭代计算的过程中，传统方法往往选择对系统状态变量以及控制变量在其约束范围内进行离散并划分网格，进而根据离散后的数据网格进行逐点计算。而 DP 寻优计算的结果也将受到网格划分精度的影响，通常网格划分越精细，DP 计算结果越接近最优值，但此时数据网格维度的增加将会导致整个优化算法的运算量呈几何倍数上升，甚至陷入"维度灾难"。因此本书结合轮毂液压多模式工作特性对上述数据网格进行降维优化十分必要。

针对轮毂液压混合动力系统经济性的全局优化计算，假设车辆行驶于高附着力路面条件下，不考虑轮胎滑转的影响，即全局寻优过程不涉及闭式液压回路泵助力模式。那么根据系统工作模式划分，全局优化计算过程中轮毂液压混合动力系统驱动过程即包括闭式回路蠕行模式、自由轮模式、主动充能模式以及开式回路蓄能器助力模式。根据轮毂液压混合动力系统的工作原理，在上述四种驱动模式中，除主动充能模式外，其他三种模式的系统控制变量，即发动机转矩，均可以根据当前工况需求唯一确定。

第一，蠕行模式。此模式下发动机与车轮路载完全解耦，发动机工作点可根据当前工况需求，通过泵排量调节至目标工作区间。为了减少控制变量维度以及减少离散数据网格维度，此模式下可预先采用基于瞬时最优算法或发动机最优算法，确定发动机的最优控制目标以及泵排量最优控制目标（具体算法见本书第 6 章）。那么，蠕行模式下即可根据工况需求唯一确定发动机转速、转矩工作点，以及对应的离合器工作状态与变量泵目标排量，记为 $\omega_{e,creep}$、$T_{e,creep}$、CL_{creep}、$D_{p,creep}$。

第二，自由轮模式。此模式即为传统车辆工作模式，此时离合器结合，变量泵排量为 0，发动机转速、转矩在挡位确定的情况下，可直接根据工况需求进行计算，记为 $\omega_{e,fwm}$、$T_{e,fwm}$、CL_{fwm}、$D_{p,fwm}$，如式(5-13) 所示。

$$\begin{cases} \omega_{e,fwm} = \omega_w i_g i_0 \\ T_{e,fwm} = \dfrac{T_{req}}{i_g i_0 \eta_{mech}} \\ CL_{fwm} = 1 \\ D_{p,fwm} = 0 \end{cases} \quad (5\text{-}13)$$

第三，开式回路蓄能器助力模式。离合器保持结合，变量泵排量为 0，此时对应系统状态变量网格中任一数据点 x^i，即可根据式(5-1) 确定当前蓄能器压力状态，并计算得到此时轮毂液压马达可以输出的助力转矩 $T_m(x^i)$，进而根据工况需求得到发动机的转矩工作点，记为 $\omega_{e,aadm}$、$T_{e,aadm}$、CL_{aadm}、$D_{p,aadm}$，如式(5-14) 所示。

$$\begin{cases} \omega_{e,aadm} = \omega_{e,fwm} \\ T_{e,aadm} = \dfrac{T_{req} - T_m(x^i)}{i_g i_0 \eta_{mech}} \\ CL_{aadm} = 1 \\ D_{p,aadm} = 0 \end{cases} \quad (5\text{-}14)$$

此外，主动充能模式下，发动机的转矩需求等于在工况需求转矩的基础上附加了额外的充能转矩，充能转矩的大小则取决于变量泵的充能排量以及当前蓄能器压力。由于变量泵在进行主动充能时，其排量可以在补油泵排量范围内任意变化，因此主动充能模式的发动机转矩点无法唯一确定，需要根据不同的泵充能排量取值进行离散化，记为 $\omega_{e,cdm}$、$T_{e,cdm}$、CL_{cdm}、$D_{p,cdm}$，如式(5-15) 所示。实际上，$\omega_{e,cdm}$、$T_{e,cdm}$、CL_{cdm}、$D_{p,cdm}$ 均是维度为 $1 \times n$ 的矩阵，矩阵维度 n

取决于泵充能排量的离散数量。

$$\begin{cases} \omega_{e,cdm} = [\omega_{e,fwm}, \omega_{e,fwm}, \omega_{e,fwm} \cdots \omega_{e,fwm}]_{1 \times n} \\ T_{e,cdm} = \dfrac{T_{req}}{i_g i_0 \eta_{mech}} + \dfrac{T_{chrg}(x^i, D_{p,cdm})}{i_p} \\ CL_{cdm} = [1, 1 \cdots 1]_{1 \times n} \\ D_{p,cdm} = [D_{p,\min}, D_{p,2} \cdots D_{p,\max}]_{1 \times n} \end{cases} \quad (5\text{-}15)$$

综上，对应任一工况点与状态变量，即可基于系统的驱动工作模式确定发动机转速、转矩、离合器状态以及变量泵排量的数据网格（$\omega_{e,grid}$、$T_{e,grid}$、CL_{grid}、$D_{p,grid}$），如式（5-16）所示。

$$\begin{cases} \omega_{e,grid} = [\omega_{e,creep}, \omega_{e,fwm}, \omega_{e,aadm}, \omega_{e,cdm}]_{1 \times (n+3)} \\ T_{e,grid} = [T_{e,creep}, T_{e,fwm}, T_{e,aadm}, T_{e,cdm}]_{1 \times (n+3)} \\ CL_{grid} = [CL_{creep}, CL_{fwm}, CL_{aadm}, CL_{cdm}]_{1 \times (n+3)} \\ D_{p,grid} = [D_{p,creep}, D_{p,fwm}, D_{p,aadm}, D_{p,cdm}]_{1 \times (n+3)} \end{cases} \quad (5\text{-}16)$$

可见，此时各数据网格中的数据点与轮毂液压混合动力系统的工作模式相对应，且各网格的数据点是一一对应的。其中，$\omega_{e,grid}$ 与工况车速直接相关，CL_{grid} 与确定的工作模式直接相关，$T_{e,grid}$ 与 $D_{p,grid}$ 存在对应关系，两者确定其一即可计算得到相对应的数据。因此，对应任一工况点与状态变量，可以进一步简化轮毂液压混合动力系统的控制变量，只选择发动机转矩一个变量即可实现车辆其他相关状态的求解。最终经过降维简化后的系统控制变量，如式（5-17）所示。

$$u_k = [T_{e,creep}, T_{e,fwm}, T_{e,aadm}, T_{e,cdm}]_{1 \times (n+3)} \quad (5\text{-}17)$$

与传统 DP 计算方法选取控制相关变量后，直接在其取值范围内进行数据离散求解相比，上述方法不仅将控制变量的数量减少至单一的发动机转矩变量，而且利用轮毂液压混合动力系统多模式的动力源工作点相对固定的特性，利用系统模式规划系统控制变量的离散数据网格，有效地实现了控制变量降维，在保证优化计算结果精度的前提下，提高全局优化求解运算速度。因此，本书将这种方法称为基于系统多模式控制特性的全局优化改进算法。

下面结合图 5-7 以及全局优化算法原理对本书提出的基于系统多模式控制特性全局优化算法求解过程做进一步说明。第一步，在工况终止时刻，$k=N$，针对系统状态变量网格的任意数据点 x^i，利用式（5-7）计算得到工况终止时刻成本 $J_N(x^i)$；第二步，当 $k=N-1$ 时，首先根据轮毂液压混合动力系统的多模式工作特性，结合式（5-14）～式（5-16）规划任意状态变量 x^i 所对应的控制变量数据网格 $u_i = [u^i_{creep}, u^i_{fwm}, u^i_{aadm}, u^i_{cdm}]$，此时 u_i 中的数据点即与系统的多种工作模式是一一对应的；进而根据 DP 计算原理以及式（5-8），可以针对 u_i 中的任意数据点计算当前时刻的瞬时成本与状态转移,并根据状态转移之后上一步长的系统成本值 $J_N(x^i)$,得到系统在 $k=N-1$ 时刻状态为 x^i,控制变量为 u_i 的累计成本 $J_{N-1}(x^i,u^i)=[J_{N-1}(x^i,u^i_{creep}),J_{N-1}(x^i,u^i_{fwm}),J_{N-1}(x^i,u^i_{aadm}),J_{N-1}(x^i,u^i_{cdm})]$;进一步找到不同控制变量作用下累计成本 $J_{N-1}(x^i,u^i)$ 的最小值,即可得到当前时刻与当前状态下的最优控制变量以及最小累计成本 $J_{N-1}(x^i)$。最后,针对 $k=N-1$ 到 $k=0$ 逐步完成迭代计算,得到全工况下,不同状态变量对应的最小累计成本 $J_0(x^i)$;进而结合 DP 前向寻优计算原理,求解任意初始状态下对应的最优控制路径,得到全局最优解。

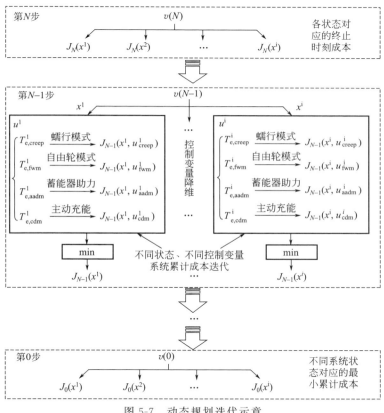

图 5-7 动态规划迭代示意

5.3 全局优化算法计算结果

本节基于 5.2.1 小节建立的基于车速-蓄能器 SOC 自适应等效燃油消耗因子计算方法以及基于系统多模式控制特性的全局优化改进算法,在重型商用车 CBDTRUCK 行驶循环工况下完成系统最优能耗计算。

5.3.1 全局优化算法计算结果

首先，得到基于本书提出的基于车速-蓄能器 SOC 自适应等效燃油消耗因子方法优化计算结果，并与传统仅根据蓄能器 SOC 进行等效油耗因子调节方法对比，对比结果如表 5-1、图 5-8 和图 5-9 所示。其中，考虑蓄能器的充、放能特点，本书限制蓄能器的 SOC 的变化范围为 0.2～1。

表 5-1 不同等效因子计算方法全局优化结果对比

项目	传统基于 SOC 自适应方法	基于车速-SOC 自适应方法
仿真油耗/(L/100km)	83.33	80.62
蓄能器初始/终止 SOC	1/0.84	1/0.86
发动机平均燃油消耗率/[g/(kW·h)]	202.0	202.6
再生制动回收能量/kJ	235	1617
车轮处驱动能量/kJ	37563	37563
发动机输出能量/kJ	43426	41941
发动机工作时间/s	480.6	477.4

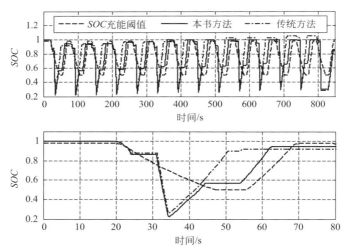

图 5-8 不同等效因子计算方法 SOC 变化曲线

根据表 5-1 所示的计算结果，与传统等效计算方法相比，本书提出的基于车速-蓄能器 SOC 的自适应调节方法在目标循环工况下可实现更多的再生制动能量回收，得到该工况下的最小综合油耗为 80.62L/100km。根据图 5-8 和图 5-9 可见，仅考虑 SOC 一个因素对液压系统能耗进行等效计算的情况下，在每个制动工况开始之前，系统将始终倾向于通过主动充能方式调节发动机工作点以实现更低的综合油耗，并维持蓄能器 SOC 平衡，而由于高车速状态下

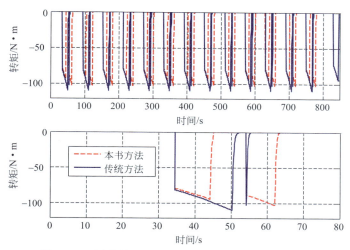

图 5-9 不同等效因子计算方法泵充能转矩对比曲线

液压系统工作流量约束使得蓄能器能量不能及时放出,导致轮毂液压混合动力系统在制动时蓄能器内部没有足够的压力裕量进行再生制动能量回收,进而限制了系统再生制动能量回收的能力;相比之下,本书提出的方法进一步考虑车速这一因素对主动充能模式的限制,当某一车速对应的系统实际可回收能量超过当前蓄能器 SOC 状态对应的理论可充能能量时,即主动禁止系统主动充能,并维持蓄能器 SOC 在当前车速对应的主动充能 SOC 上限阈值附近,进而保证蓄能器具备一定的能量应对下一次复杂驱动工况的同时,也能保证车辆制动时蓄能器存在足够的空间进行能量回收,如图 5-8 和图 5-9 中第 45~55s 曲线变化所示。

其次,本书所提出的基于系统多模式控制特性的全局优化改进算法与传统 DP 全局优化算法的结果对比,如表 5-2、图 5-10~图 5-12 所示。可见,与传统 DP 计算方法相比,本书提出的改进算法在对控制变量的数据网格进行降维简化之后,寻优计算的结果仍然与传统细分网格寻优的结果基本保持一致;而且,本书提出的改进算法通过对寻优计算过程中的控制变量降维,可以有效简化优化计算过程,提高系统最优能耗问题的计算效率。根据表 5-2,本书提出的改进算法计算时间相比传统方法缩短 318s,计算时间节省比例达到 35%。

表 5-2 不同全局优化方法计算结果对比

项目	传统 DP 计算方法	全局优化改进方法
仿真计算条件	处理器:Intel(R)Core(TM)i5-6200U CPU:2.30GHz,2.40GHz 内存:8GB	

续表

项目	传统 DP 计算方法	全局优化改进方法
仿真时间/s	902	584
仿真油耗/(L/100km)	80.59	80.62
蓄能器初始/终止 SOC	1/0.82	1/0.86
再生制动回收能量/kJ	1616	1617
发动机平均燃油消耗率/[g/(kW·h)]	202.6	202.6
车轮处驱动能量/kJ	37563	37563
发动机输出能量/kJ	41934	41941
发动机工作时间/s	477.4	477.4

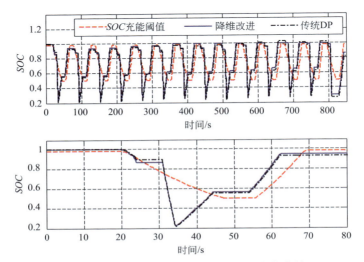

图 5-10 不同全局优化计算方法 SOC 变化曲线

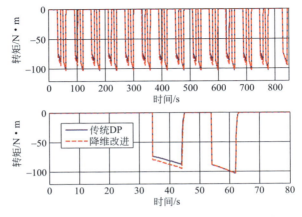

图 5-11 不同全局优化计算方法泵充能转矩曲线

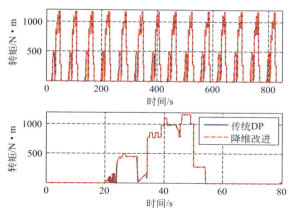

图 5-12　不同全局优化计算方法发动机转矩曲线

5.3.2　基于能量计算模型的全局优化算法结果

根据上述轮毂液压混合动力系统的全局优化算法计算结果，进一步与发动机最优控制策略的仿真计算结果进行对比，并结合第 4 章提出的基于能量计算模型的理论油耗分析方法，对全局优化结果进行分析，得到轮毂液压混合动力系统节能潜力与优化控制的映射关系，为多模式切换规则的制定提供参考依据。

首先，基于全局优化方法在 CBDTRUCK 循环工况下，计算得到的轮毂液压混合动力商用车仿真油耗与理论模型计算油耗对比，如表 5-3 所示。可见，针对该商用车的全局优化仿真计算结果与本书提出的理论油耗计算结果基本保持一致，计算误差小于 0.2%，也进一步验证了第 4 章提出的理论油耗计算模型的正确性。

表 5-3　CBDTRUCK 工况下轮毂液压混合动力车 DP 计算油耗与理论油耗对比

项目	SOC 初值/终值	车轮处理论总驱动能量/kJ	蓄能器端再生制动能量/kJ	平均综合传动效率
参数	1/0.86	37563	1617	0.863
项目	发动机平均燃油消耗率/[g/(kW·h)]	仿真油耗/(L/100km)	理论油耗/(L/100km)	误差/%
参数	202.6	80.62	80.49	0.16

根据仿真结果，将全局最优控制策略的仿真计算结果与发动机最优控制策略的仿真结果进行对比，轮毂液压混合动力系统全局优化仿真结果为 80.62 L/100km，相比发动机最优控制算法的 84.34L/100km，进一步实现 4.4% 的节油效果。

进一步，基于本书第 4 章提出的理论油耗影响因素分析计算方法，计算得到上述两种控制算法相比传统重型商用车在各方面的节油贡献率对比，如表 5-4 所示。相对传统重型商用车，原发动机最优控制策略可实现的节油贡献率为 8.5%，全局最优控制策略可实现的节油贡献率为 12.6%。

表 5-4　不同控制策略节油贡献率对比

节油贡献率	发动机最优控制策略	全局最优控制策略
总贡献率/%	8.50	12.60
平均综合传动效率节油贡献率分项/%	2.73	5.62
再生制动节油贡献率分项/%	5.00	3.43
发动机平均燃油消耗率节油贡献率分项/%	0.84	3.89
平均综合传动效率与发动机平均燃油消耗率节油贡献率的耦合项/%	−0.02	−0.22
再生制动与发动机平均燃油消耗率节油贡献率的耦合项/%	−0.04	−0.13

根据表 5-4 所示的各分项节油贡献率来看，相比发动机最优控制策略，全局最优控制策略在发动机工作点控制方面更加高效。结合第 4 章的结果以及表 5-4，全局最优控制策略相比发动机最优控制策略的发动机平均燃油消耗率下降 6.4 g/(kW·h)，发动机平均工作效率提高 1.3%，发动机平均燃油消耗率节油贡献率分项提升 3.05%。通过对比两种不同算法的发动机工作点分布（图 5-13）以及时间比例分布（图 5-14），可以看出，轮毂液压混合动力系统在全局最优算法的作用下，发动机工作点更多地向中高转速、中低负荷区间移动，以实现更高的发动机效率。可见，由于轮毂液压混合动力系统自身工作特性的限制，即系统各

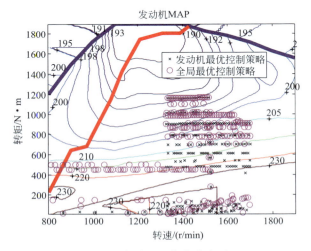

图 5-13　发动机工作点分布对比

工作模式下液压系统控制相对固定，导致轮毂液压混合动力系统对发动机工作区间的调整能力相对较弱，进而使得发动机在最优控制策略下其工作点无法严格分布于最优工作曲线附近；同时可见，发动机最优控制策略与全局最优策略的工作点分布存在较多的重叠，进一步验证了本书所描述的轮毂液压混合动力系统自身工作特性问题，这也是本书对全局最优算法进行降维改进的基础。

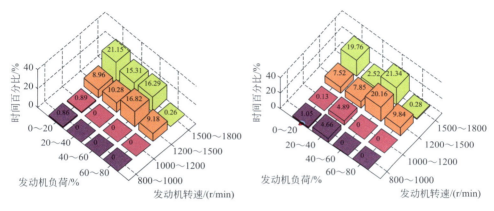

(a) 发动机最优控制策略工作点分布　　(b) 全局最优控制策略工作点分布

图 5-14　发动机工作点时间比例分布对比

然而根据表 5-4 所示，在制动能量回收方面，全局最优控制策略算法相比发动机最优控制策略算法通过再生制动实现的节油贡献率分项下降 1.57%。这是因为，全局最优控制策略算法在进行优化计算的过程中，根据系统总成本最小确定了蓄能器能量的最佳使用路径；尽管此时全局最优控制策略算法相比发动机最优控制策略算法在能量回收方面有所减少，但是全局最优控制策略通过合理规划蓄能器 SOC 的使用路径，如图 5-15 所示，进一步优化了系统的平均综合传动效

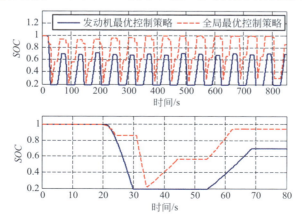

图 5-15　不同控制策略 SOC 变化曲线

率与发动机平均工作效率，进而得到更低的综合百公里燃油消耗。根据仿真结果，优化后的系统平均综合传动效率提高 3%，其节油贡献率分项提升 2.89%。

此外，各节油因素之间的耦合项均为负值，说明控制算法在对某一因素进行优化提升的同时，势必会影响到另一因素的节油效果；但两耦合项的节油贡献率均处于较小的范围内，绝对值小于 0.3%，带来的影响可以忽略不计。

本章小结

本章介绍了轮毂液压混合动力系统全局优化算法，结合轮毂液压混合动力系统的多模式工作特点，提出一种基于系统多模式控制特性的全局优化改进算法，降低系统控制变量维度，提高计算效率，并在重型商用车 CBDTRUCK 行驶循环工况下完成系统最优能耗计算，实现了轮毂液压混合动力系统在全工况下的总体油耗最小，在全局最优控制策略的条件下分析了系统的节能因素，为下一章介绍的多模式能量管理控制策略奠定理论基础。

第6章 多模式能量管理控制策略

本书所述的轮毂液压混合动力系统可以实现包括传统发动机驱动模式（自由轮模式）、蠕行模式、主动充能模式、闭式液压回路泵助力驱动模式、开式液压回路蓄能器助力模式、旁通模式、再生制动模式、机械制动模式共八种主要工作模式，实现了系统方案功能多样化。而上述系统多模式、多功能的充分发挥，正是依赖于合理有效的整车多模式能量管理策略。

因此，本章重点讲述轮毂液压混合动力系统多模式能量管理策略的制定，从多模式能量管理控制架构引入，介绍辅助驱动控制和再生制动控制，提出轮毂液压系统特有的模式切换机制和协调控制策略，并针对不同模式对泵排量控制方法展开介绍，旨在探究不同工作模式下液压变量泵的排量调节规律，最后考虑液压热特性对系统控制品质的影响，增加轮毂液压混合动力系统的温度补偿控制策略相关内容，完成轮毂液压混合动力系统多模式能量管理策略的开发。

6.1 辅助驱动和再生制动控制策略

本节重点探究轮毂液压混合动力系统辅助驱动过程中，闭式液压回路泵助力模式、蠕行模式、自由轮模式、开式液压回路蓄能器助力模式以及主动充能模式之间的切换规则，以实现各工作模式与运行工况之间的优化匹配，以及对再生制动过程中不同阶段下的制动过程进行分析，并制定相应的再生制动控制策略，以保证整车可靠的安全性和良好的经济性。

6.1.1 辅助驱动控制

本小节所述的辅助驱动控制主要包括两部分：一是基于液压系统自身工作特性限制的确定性模式切换规则；二是基于分层控制的不确定性模式切换规则，包括基于工况模糊识别的工况适应层模式切换规则，建立系统工作模式与行驶工况匹配机制和基于蓄能器 SOC 目标轨迹跟踪的最优控制层模式切换规则，并根据轮毂液压混合动力系统全局最优算法，提取并建立系统满足经济性最优的模式切换机制。

6.1.1.1 确定性模式切换规则

整车控制器在车辆行驶过程中，需要对车辆及轮毂液压系统的工作状态进行识别与估计，只有在保证行驶安全和轮毂液压驱动系统安全的基础之上才能真正使用液压驱动系统进行辅助驱动或者辅助制动。当其中的条件不满足时，则不允许进入相关模式或者开启轮毂液压系统。根据轮毂液压混合动力系统自身工作特性，其确定性模式切换条件如下。

① 变速器在空挡状态下，驾驶员操纵蠕行手柄时，系统强制性进入蠕行模式工作。

② 变速器在行驶挡状态下，禁止系统进入蠕行模式。

③ 当车速超过轮毂液压马达的最高转速限制时，禁止进入助力模式，包括闭式液压回路泵助力以及开式液压回路蓄能器助力。

④ 当车速超过蓄能器放液阀最高流量对应的车速限制时，禁止进入开式液压回路蓄能器助力模式。

⑤ 当蓄能器压力低至最小允许压力时，禁止进入开式液压回路蓄能器助力模式。

⑥ 当蓄能器压力达到最高允许压力时，禁止进入主动充能或再生制动模式。

⑦ 行车挡位超过6挡，此时对应的换挡车速已经超过②、③中的车速限制时，禁止系统使用助力模式。

⑧ 驾驶员按下泵助力开关时，若上述条件允许，则系统进入闭式回路泵助力模式。

⑨ 为保护液压系统，当油液温度过高时，关闭液压系统。

⑩ 在液压系统开启工作的情况下，驾驶员进行换挡等操作时，系统进入旁通模式。

⑪ 紧急制动条件下，为保证安全性，关闭液压系统。

6.1.1.2 不确定性模式切换规则

当轮毂液压混合动力系统状态在上述强制性切换条件包络的逻辑范围内时，需要整车控制器根据接收到的车辆状态、液压系统状态等进行综合判断，自主确定当前工况下的最佳工作模式，提高轮毂液压混合动力车辆对不同路面工况适应性以及整车经济性。尽管此时可以由车辆驾驶员通过车载硬线开关根据实际路面条件实现系统工作模式的强制性切换，但由于操作不方便及过分依赖驾驶者经验等缺点仍然具有较强的局限性。因此，针对轮毂液压混合动力系统不确定性模式切换规则的制定尤为重要。

本小节提出一种基于分层控制的不确定性模式切换规则分层控制架构，如图 6-1 所示，包括工况适应层模式切换规则以及最优控制层模式切换规则。首先，整车控制器在工况适应层解决系统的工况适应性问题，提高轮毂液压系统面临复杂工况的适应能力。本书采用行驶工况模糊识别方法，根据路面附着条件、道路坡度以及整车质量状态，结合不同模式的工况适应特点，在工况适应层建立工作模式与不同工况的模糊映射关系，划分闭式液压回路泵助力模式工况区间、开式液压回路蓄能器助力模式工况区间以及允许进行最优控制模式切换区间；然后，对应上述最优控制模式切换区间，也就是最优控制层，整车控制器主要以整车经济性行驶为目标，在满足上述工况动力性需求的基础上进一步降低轮毂液压系统综合油耗。本书在最优控制层结合全局最优算法结果，通过最优规则提取与蓄能器 SOC 最优使用路径规划算法，得到近似最优控制规则。

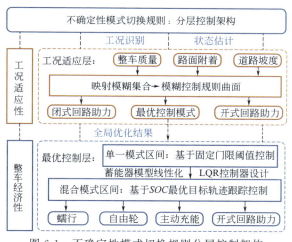

图 6-1 不确定性模式切换规则分层控制架构

轮毂液压混合动力系统在不同载重状态、不同路面附着系数条件下各工作模式的理论爬坡性能对比，如表 6-1 所示。根据上述轮毂液压混合动力系统各工作模式在不同工况条件以及整车质量状态下的动力性特点，本书利用模糊逻辑建立目标模式与行驶工况、车辆状态之间的匹配关系。

表 6-1 不同工作模式、不同附着系数路面条件下车辆最大爬坡度

项目		附着系数							
		0.1	0.2	0.3	0.4	0.5	0.6	0.7	0.8
重载	FWM/%	2.7	6.2	9.9	13.7	17.6	21.7	25.9	30.4
	ADM/%	3.8	7.5	11.1	15.1	19	23.1	27.4	32.0
	AADM/%	3.8	8.4	13.0	17.7	22.5	26.8	31.3	36.0

续表

项目		附着系数							
		0.1	0.2	0.3	0.4	0.5	0.6	0.7	0.8
半载	FWM/%	3.0	7.0	11.2	15.5	20.2	25.0	30.3	35.8
	ADM/%	4.7	9.2	13.5	17.9	22.6	27.7	33.0	38.8
	AADM/%	4.7	10.1	15.6	21.2	26.8	32.6	38.5	44.5
轻载	FWM/%	3.5	8.0	12.9	18.1	23.8	29.9	36.7	44.1
	ADM/%	5.8	11.5	16.0	22.0	27.8	34.3	41.4	49.3
	AADM/%	5.8	12.3	19.0	25.7	32.4	39.3	46.4	53.5

以整车质量、路面附着、道路坡度为输入条件，以目标工作模式为输出条件，依据表 6-1 确定隶属度函数完成输入、输出模糊化，分别如图 6-2～图 6-5 所示。图中各字母代表含义如下：满载 MB，半载 MM，轻载 MS，高附着 CH，中高附着 CB，中附着 CM，中低附着 CS，低附着 CL，小坡度 GS，中小坡度 GL，中坡度 GM，中大坡度 GH，大坡度 GB，闭式回路泵助力模式 ADM，开式回路蓄能器助力模式 AADM，最优控制模式 OPT。其中，最优控制模式 OPT 表示的是，当进入此模式，即允许液压系统进入最优控制层，寻找使得当前整车经济性最优的目标工作模式。

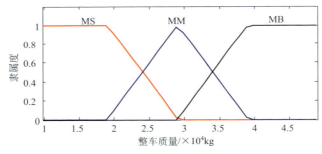

图 6-2 模糊输入隶属度函数——整车质量

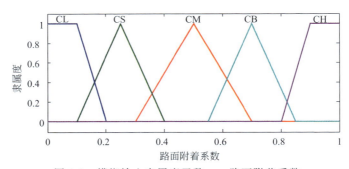

图 6-3 模糊输入隶属度函数——路面附着系数

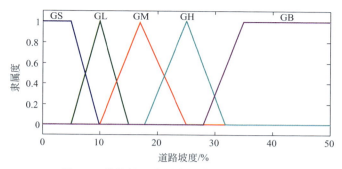

图 6-4　模糊输入隶属度函数——道路坡度

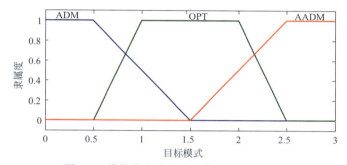

图 6-5　模糊输出隶属度函数——目标模式

进而，结合表 6-1 所示的理论分析结果可建立工作模式与工况之间映射的模糊规则表，如表 6-2 所示。表 6-2 所示的模糊规则的一般描述如下：在中高附着、较大坡度路面，系统更多地进入 AADM 模式工作，提高动力性；在中低附着路面，系统则倾向于开启 ADM 模式助力，提高车辆通过性；随着车辆载荷降低，系统更多地选择 OPT 模式，即进入最优控制层控制，提高车辆经济性。

表 6-2　模糊规则表

项目		GS	GL	GM	GH	GB
MB	CH	OPT	OPT	OPT	AADM	AADM
	CB	OPT	OPT	AADM	AADM	AADM
	CM	OPT	OPT	AADM	AADM	AADM
	CS	OPT	ADM	ADM	ADM	ADM
	CL	ADM	ADM	ADM	ADM	ADM
MM	CH	OPT	OPT	OPT	OPT	AADM
	CB	OPT	OPT	OPT	AADM	AADM
	CM	OPT	OPT	AADM	AADM	AADM
	CS	OPT	ADM	ADM	ADM	ADM
	CL	ADM	ADM	ADM	ADM	ADM

续表

项目		GS	GL	GM	GH	GB
MS	CH	OPT	OPT	OPT	OPT	AADM
	CB	OPT	OPT	OPT	OPT	AADM
	CM	OPT	OPT	OPT	OPT	AADM
	CS	OPT	OPT	ADM	ADM	ADM
	CL	ADM	ADM	ADM	ADM	ADM

基于表 6-2 所示的模糊规则进行模糊推理，可得到目标工作模式的输出模糊量，然后通过对该模糊量进行逆模糊化即可得到目标输出量的隶属度。为了实现上述模糊控制规则的实时在线应用，本书进一步结合系统训练方法提取模糊控制规则曲面。考虑到三维插值计算会严重影响控制算法的实时性，同时车辆载荷状态变量在一定程度上具备时不变特性，本书针对不同的车辆载荷状态分别提取控制规则曲面，如图 6-6 所示。

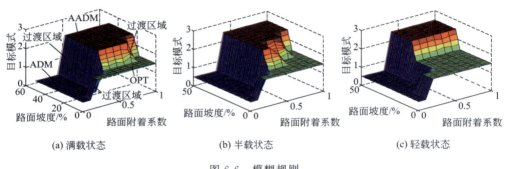

图 6-6　模糊规则

根据工况适应层模式匹配结果，当系统进入 OPT 控制模式时，整车控制器即控制轮毂液压系统进入最优控制层对系统工作模式进行管理，此时整车控制器将基于整车经济性能最优选择相应的工作模式。因此，针对最优控制层的模式切换规则，本书利用全局最优算法结果提取最优控制规则。

在确定的行驶工况下，系统的车速-需求功率分布也将确定，并且反映了系统在选定工况下的能耗分布特性。基于全局优化算法结果，本小节首先在车速-需求功率坐标下观察系统工作模式分布，如图 6-7 所示。在车速-需求功率坐标系下，蠕行模式与开式液压回路泵助力模式较多地分布在低速、小需求功率区间；主动充能模式与自由轮模式则分布在相对较高的车速和较大的需求功率区间；当越过一定的车速门限阈值后，由于上述轮毂液压系统自身工作特性的限制，液压系统功能关闭，全部采用自由轮模式行驶。可见，轮毂液压混合动力系统各工作模式之间存在较明显的界限，同时也存在多种模式相互交叠的混合工作模式区域。

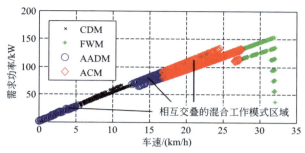

图 6-7 系统工作模式分布

首先,根据图 6-7 所示的模式分布特点,利用车速-需求功率进行工作模式区间划分,即可提取各模式之间的切换门限阈值,如表 6-3 所示;进而根据所提取的车速-需求功率门限阈值,可将轮毂液压混合动力系统在最优控制层划分为单一模式工作区间与混合模式工作区间。针对单一模式工作区间,通过表 6-3 所示的门限阈值即可实现相关的模式切换;而针对混合模式工作区间,则无法利用固定的门限阈值判断系统的目标工作模式。进一步结合 5.3 节的全局优化算法计算结果对混合模式区间的模式分布展开讨论。全局优化算法实际上是通过在全工况范围内合理规划蓄能器 SOC 的使用路径,使系统达到更高的平均综合传动效率。也就是说,对应不同的车辆工作状态存在一个最优的蓄能器 SOC 目标维持区域,当控制轮毂液压系统 SOC 按照该区域进行变化时,即可实现最佳综合油耗。

表 6-3 系统工作模式区间划分

车速区间/(km/h)	功率区间/kW	模式区间
0～5.8	0～30	混合模式区间(AADM/CDM)
5.8～12.6	30～68	单一模式区间(CDM)
12.6～16.9	68～90	混合模式区间(AADM/CDM)
16.9～27.7	90～132	混合模式区间(ACM/FWM)
＞27.7	—	单一模式区间(FWM)

在上述混合模式区间的工作范围内,全局最优算法实际通过迭代计算找到了该范围内的最优 SOC 维持目标,进而通过控制液压系统在该范围内进行充能、放能或者进行能量维持的工作模式时间比例,实现蓄能器的 SOC 变化与该最优路径保持一致。因此,针对最优控制层混合模式区间的模式切换规则,本书提出一种基于蓄能器 SOC 最优轨迹跟踪的模式切换控制算法,根据全局最优算法结果统计不同车速-需求功率区间对应的最优 SOC 控制目标,并利用线性二次型调节器(linear quadratic regulator,LQR)判断系统在混合模式区域的目标工作模

式，实现最优 SOC 目标的跟随控制。

将轮毂液压混合动力系统的典型车速-需求功率范围细分为 $n \times m$ 个工况区间片段，对应任意工况区间片段统计全局最优算法结果中蓄能器 SOC 状态并计算 SOC 均值，即为此区间片段内的最优 SOC 维持目标。经过测试，本书选择划分 9×9 个区间片段对 SOC 目标进行统计计算，此条件下的蓄能器 SOC 最优控制目标统计结果，如图 6-8 所示。

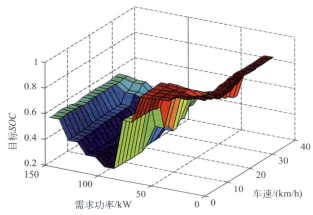

图 6-8 不同区间片段全局最优目标 SOC 统计结果

针对图 6-8 所示的蓄能器 SOC 控制目标，整车控制器即可结合当前 SOC 状态以及驾驶员需求等确定系统的目标工作模式或者发动机转矩控制目标，进而达到目标 SOC 跟随控制的目的。从控制的角度看，上述目标 SOC 跟随过程即可看作基于系统状态反馈的控制量修正过程。其中，LQR 控制器方案简单，响应快速，且易于实时在线应用，目前在状态反馈控制过程中得到了较多的应用。因此，本书选择 LQR 控制器实现混合模式工作区间的蓄能器 SOC 跟随控制，具体设计过程如下所述。

从整个系统的角度看，蓄能器 SOC 的变化主要与发动机的输出功率 P_e 以及实际驾驶员的需求功率 P_{req} 相关，并存在式(6-1)所示的关系。

$$\dot{SOC} = f(P_e, P_{req}, t) \\
= \eta_{pe2acc} k(SOC, t) P_e - \eta_{pre2acc} k(SOC, t) P_{req} \qquad (6\text{-}1)$$

式中，$k(SOC, t)$ 为发动机功率或者驾驶员需求功率向蓄能器 SOC 的折算系数；η_{pe2acc} 为发动机功率向蓄能器功率转化时的效率，$0 < \eta_{pe2acc} < 1$；$\eta_{pre2acc}$ 为驾驶员需求功率向蓄能器功率转化时的效率，$\eta_{pre2acc} > 1$，实际是 $\eta_{pre2acc}$ 的倒数。

由于蓄能器充、放能过程的时间较短，可以看作绝热的过程，即忽略

$k(SOC,t)$ 中的时变因素,存在 $k(SOC,t) \approx K(SOC)$,则式(6-1)可进一步简化为式(6-2)所示。

$$\dot{SOC} \approx K(SOC)(\eta_{\text{pe2acc}} P_e - \eta_{\text{pre2acc}} P_{\text{req}}) \\ = K(SOC) P_{\text{w,acc}} \quad (6\text{-}2)$$

式中,$P_{\text{w,acc}} = \eta_{\text{pe2acc}} P_e - \eta_{\text{pre2acc}} P_{\text{req}}$,为蓄能器的实际充放能功率。

可见,式(6-2)即表示蓄能器的近似线性化模型,通过折算因子 $K(SOC)$ 与蓄能器功率变化即可计算得到蓄能器 SOC 的实际变化量。为了求解 $K(SOC)$,本书引入蓄能器剩余能量状态(SOE)的概念,如式(6-3)所示。

$$SOE = \frac{E_{\text{acc}} - E_{\min}}{E_{\max} - E_{\min}} \quad (6\text{-}3)$$

结合式(6-2)与式(6-3),可以得到

$$\begin{cases} \mathrm{d}SOC = K(SOC) \mathrm{d}E_{\text{acc}} \\ \mathrm{d}E_{\text{acc}} = \mathrm{d}SOE(E_{\max} - E_{\min}) \end{cases} \quad (6\text{-}4)$$

进而,得到折算因子 $K(SOC)$ 的最终表达形式,如式(6-5)所示。

$$K(SOC) = \frac{\mathrm{d}SOC}{\mathrm{d}SOE} \times \frac{1}{E_{\max} - E_{\min}} \quad (6\text{-}5)$$

根据式(6-5)所示结果,可以通过离散一组蓄能器的 SOC,分别计算 SOC 的变化率以及对应的 SOE 变化率,即可计算得到不同 SOC 状态下的 $K(SOC)$;同时也可以根据蓄能器仿真模型的实际仿真数据进行最小二乘拟合得到。不同方法得到的 $K(SOC)$ 折算因子的变化曲线对比结果,如图 6-9 所示,可见直接计算结果与仿真拟合结果基本一致,证明书中建立的蓄能器线性化模型有效。

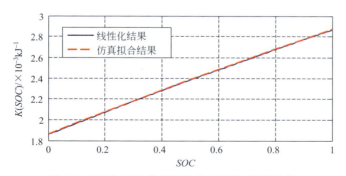

图 6-9 不同 SOC 状态下的 $K(SOC)$ 计算结果

进一步,以上述蓄能器 SOC 为状态变量、蓄能器充放能功率为控制变量,根据式(6-2)可得到轮毂液压混合动力系统的状态空间方程,如式(6-6)

所示。

$$\begin{cases} \dot{x}(t) = Ax(t) + B(x,t)u(t) \\ y(t) = Cx(t) \end{cases} \quad (6\text{-}6)$$

式中，$A=0$，$C=1$；$B(x,t)=K(SOC)$；系统状态变量 $x(t)=SOC(t)$，系统控制变量 $u(t)=P_{\text{w,acc}}(t)$。由于状态转移矩阵 $A=0$，因此该系统的状态空间属于半正定二次型。

根据式(6-6)所示的系统状态空间方程，本书即采用 LQR 调节器实现蓄能器目标 SOC 跟踪控制。首先根据系统输出期望值 $y_r(t)$ 定义系统跟踪控制误差：$e(t)=y_r(t)-y(t)$；进而结合线性二次型最优控制原理，可建立系统综合控制性能指标，如式(6-7)所示。

$$J(u) = \frac{1}{2}\int_{t_0}^{t_f}[e^T(t)Qe(t) + u^T(t)Ru(t)]dt \quad (6\text{-}7)$$

式中，Q 和 R 分别为状态变量偏差与控制变量偏差的权重系数，$Q \geqslant 0$，$R>0$；调整 Q 和 R 可以实现不同的控制性能。其中，性能指标 $J_1=e^T(t)Qe(t)$ 用于表征系统跟踪目标 SOC 调节能力；性能指标 $J_2=u^T(t)Ru(t)$ 则用于调整系统控制变量的波动范围，防止出现严重的超调和波动。一般来说，在加权系数 Q 不变的情况下，R 越小，系统跟踪能力越强。需要说明的是，在 R 越小的情况下，系统控制量越大，而考虑到液压系统的控制约束，系统的实际跟踪控制性能将会受到一定程度的限制。

进一步，可根据庞特里亚金极小值原理推导出使系统输出误差稳定在零附近位置时的最优控制量，如式(6-8)所示。

$$u^*(t) = -R^{-1}B^T[P(t)x(t) - g(t)] \quad (6\text{-}8)$$

式中，$P(t)$ 和 $g(t)$ 为极小值原理应用过程中产生的矩阵，可以根据黎卡提方程求解，如式(6-9)所示。

$$\begin{cases} \dot{P} = -PA - A^TP + PBR^{-1}B^TP - C^TQC \\ \dot{g} = -(A - BR^{-1}B^TP)^Tg - C^TQy_r \end{cases} \quad (6\text{-}9)$$

且存在如下边界条件。

$$\begin{cases} P(t_f \to \infty) = 0 \\ g(t_f \to \infty) = 0 \end{cases} \quad (6\text{-}10)$$

假设系统达到稳态的情况下，此时系统终止时间 $t_f \to \infty$，上述黎卡提方程的解 $P(t)$ 除去在终端时间的一小段范围外，其余时刻均保持常值，进而使得 $\dot{P}(t)=0$。此时，黎卡提方程将进一步简化为代数方程，如式(6-11)所示。

$$\begin{cases} \dot{p} = \dfrac{b^2}{r} p^2 - q = b^2 p^2 - 1 \\ \dot{g} = \dfrac{b^2}{r} pg - qy_r = b^2 pg - y_r \end{cases} \quad (6\text{-}11)$$

由于系统状态空间方程中系数矩阵 $B(x,t)$ 实际是随系统状态 SOC 变化的变量，因此，针对不同的 SOC 状态以及不同的 SOC 控制维持目标，可以利用式(6-11) 分别求解得到 $P(x,t)$ 和 $g(x,y_r,t)$，如图 6-10 所示。

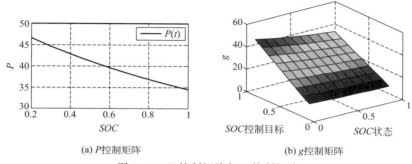

(a) P 控制矩阵　　(b) g 控制矩阵

图 6-10　P 控制矩阵与 g 控制矩阵

令 $U_s(t) = R^{-1} B^T g(x, y_r, t)$，$K(t) = -R^{-1} B^T P(x, t)$，那么系统跟踪目标 SOC 的最优控制即为 $u^*(t) = U_s(t) + K(t)x(t)$，进而得到 LQR 控制器架构，如图 6-11 所示。

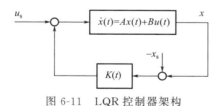

图 6-11　LQR 控制器架构

针对 LQR 跟踪控制的具体实施过程需要两个前提条件：终端稳态值确定以及一定的跟踪控制时间。

基于此，本书针对 LQR 控制器的实际实施过程中，采用基于移动时间窗的控制方法，通过设置窗函数保持蓄能器 SOC 控制目标的稳定，并在确定长度的时间窗内利用 LQR 控制器实现 SOC 跟踪控制。首先，选择时间窗的长度应满足黎卡提方程求解时矩阵 $P(t)$ 与 $g(x,y_r,t)$ 趋于稳定的时间需求，如图 6-12 所示，本书最终选择的时间窗长度为 10s；然后，确定当前时间窗内的蓄能器 SOC 维持目标，即根据图 6-8 所示的蓄能器 SOC 控制目标 MAP，以上一时间窗的历史平均车速与平均需求功率数据进行求解；最后基于 LQR 控制器实现当

前时间窗内的 SOC 跟踪控制。

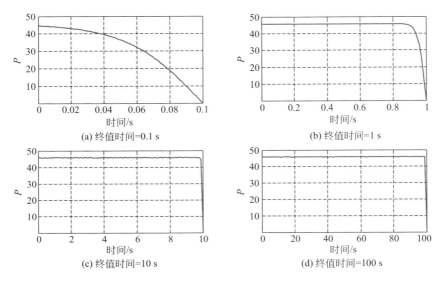

图 6-12　$SOC=0.2$ 时不同终值时间矩阵的计算结果

6.1.2　再生制动控制

在包含发动机、离合器、变速器、传动轴的传统后驱重型车辆上，添加液压泵、轮毂马达、蓄能器、液压控制阀组等元件。液压变量泵与补油泵同轴，制动时发动机第二输出轴带动补油泵从油箱吸油，给变量泵供油，变量泵对蓄能器充液；为避免变量泵吸油口出现真空，其排量设置应不大于补油泵的排量。当车辆频繁启停或下长坡制动时，除了传统摩擦制动外，车辆后轴传动系统带动变量泵对蓄能器充能，实现再生制动。

6.1.2.1　纯再生制动阶段

在制动踏板空行程内增加一段可用于再生制动的踏板行程，在这段行程内只产生再生制动力，无气压制动，设定此阶段为纯再生制动阶段。同时为了防止驾驶员或者踏板微动导致的频繁制动，标定一个很小的行程量作为保护用的空行程。

采用蓄能器回收能量再生制动时液压泵的扭矩为

$$T_{\text{p}} = \frac{\Delta p V_{\text{p}}}{62.8 \eta_{\text{p}}} \tag{6-12}$$

式中，T_{p} 为液压泵的转矩，N·m；η_{p} 为液压泵的机械效率，取 0.95；Δp 为液压泵的输入端和输出端压差，bar；V_{p} 为液压泵的排量，mL/r。

蓄能器在充能过程中,从最低工作压力 200bar 充能到最大工作压力 330bar,此时液压泵的扭矩不断增大,因为蓄能器的安装方案中,泵排量的最大值为 22mL/r,此过程中液压泵的最大扭矩为

$$T_{p\,max}=\frac{\Delta p V_p}{62.8\eta_p}=110.6\text{N}\cdot\text{m} \tag{6-13}$$

重型车辆常用经济车速一般较低,小于 35km/h,且发动机的经济转速范围为 900~1600r/min,如表 6-4 所示。考虑 1~10 挡不同的传动比,制动时作用在后轴上的最大再生制动力扭矩以及纯再生制动区间内整车最大制动减速度参考下式计算,得到的结果见表 6-5 所示。

$$M_{reg\,max}=\frac{i_g i_0 T_p}{\eta_t} \tag{6-14}$$

$$a_{max}=\frac{M_{reg\,max}}{RM} \tag{6-15}$$

式中,i_g 为变速器传动比;i_0 为减速器传动比;η_t 为传动系统效率,取 0.95;M 为整车质量,kg;R 为车轮半径。

表 6-4 各挡位下的经济车速最小值和最大值

项目	挡位									
	1	2	3	4	5	6	7	8	9	10
经济车速最小值/(km/h)	2.01	2.59	3.33	4.27	5.46	7.02	8.99	11.55	14.90	19.08
经济车速最大值/(km/h)	3.58	4.60	5.92	7.59	9.71	12.47	15.98	20.53	26.49	33.92

表 6-5 各挡位下的最大制动力扭矩和减速度

项目	挡位									
	1	2	3	4	5	6	7	8	9	10
$M_{b\,max}$/kN·m	10.705	8.327	6.473	5.053	3.950	3.074	2.399	1.868	1.447	1.130
a_{max}/(m/s²)	0.36	0.28	0.22	0.17	0.13	0.10	0.08	0.06	0.05	0.04

由表 6-5 中数据可知,再生制动力较小,所以当制动踏板行程进入纯再生制动阶段时,分配其需求再生制动力为最大再生制动力值。

6.1.2.2 复合制动阶段

如图 6-13 所示,其中实线为传统车的前后轴制动力关系曲线,对于牵引车前后轴来说,由制动踏板行程与制动储气筒压力的关系可知,牵引车后轴先有制动力,然后随着制动踏板开度的增大,前轴制动力不断增大;由于在制动时再生制动力的作用,在前轴气压制动力起作用前,后轴气压制动力和再生制动力同时起作用,然后随着制动踏板开度的增大,前轴制动力不断增大。

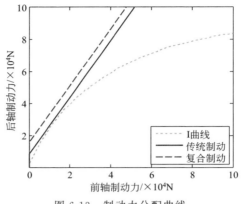

图 6-13 制动力分配曲线

6.1.2.3 再生制动控制策略

结合再生制动的使用，本书将车辆制动主要分为三类。

① 紧急制动：驾驶员短时间内快速踩下制动踏板，此时制动踏板开度和制动踏板开度变化率都很大，认为是紧急制动意图，为保证行车安全，此时无再生制动作用。

② 纯再生制动：此时制动踏板开度和制动踏板开度变化率都较小，制动减速度也小，再生制动起主要作用，回收部分车辆动能。

③ 中等强度制动：此时制动踏板开度和制动踏板开度变化率都介于紧急制动和纯再生制动之间，即复合制动阶段，再生制动起作用，回收部分车辆动能，制动力不足的部分主要由气压制动提供。

一般驾驶员制动时，制动时间为 0.2~0.3s，所以，可以将此时间段内的制动踏板开度值当作制动踏板开度变化率，和制动踏板开度一起，作为制动意图的分类判定标准。制动意图分类如表 6-6 所示。

表 6-6 制动意图分类

项目	纯再生制动	中等强度制动	紧急制动
制动踏板开度/%	15~35	35~75	75~100
制动踏板开度变化率/(%/s)	75~175	175~375	375~500

当制动踏板开度小于达到再生制动的开度行程 X_0 时，此阶段为制动踏板的空行程阶段，是为了防止制动踏板抖动和驾驶员误碰制动踏板而预留的，因而此阶段车辆无再生制动力或气压制动力；当制动踏板开度增大到介于再生制动踏板开度 X_0 与牵引车气压制动开始起作用的开度 $X_{0\max}$ 时，制动踏板开度值和制动踏板开度变化率都较小，此阶段判断为纯再生制动阶段，后轴再生制动力起作用，无气压

制动力；当制动踏板开度增大到介于牵引车气压制动开始起作用的开度 $X_{0\max}$ 与紧急制动踏板开度 X_e 时，制动踏板开度值和制动踏板开度变化率都为中等大小，此阶段判断为中等强度制动阶段，后轴再生制动力与气压制动力共同起作用，为复合制动；当制动踏板开度增大到紧急制动踏板开度 X_e 以上时，制动踏板开度值和制动踏板开度变化率都很大，此阶段判断为紧急制动阶段，无再生制动力，只有气压制动力共同起作用。制动意图判断及制动力分配策略如图 6-14 所示。

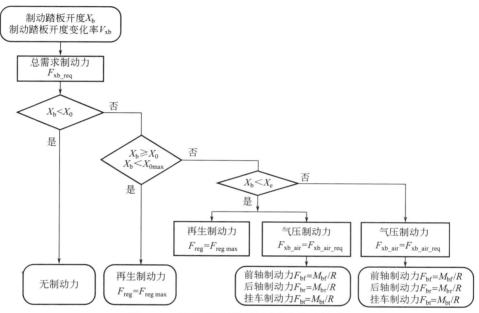

图 6-14　制动意图判断及制动力分配策略

在考虑制动踏板的空行程后，所设计的制动系统启动与退出模式判断逻辑如图 6-15 所示。

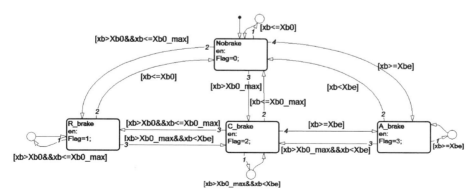

图 6-15　制动系统启动与退出模式判断逻辑

其中，Flag=0：表示系统无制动需求，此段行程为防止驾驶员或者踏板微动导致的频繁制动，作为保护用的空行程。

Flag=1：表示系统处于纯再生制动模式，此阶段仍属于空行程范围，整车需求制动力主要由除发动机和风阻等的阻力作用外的液压再生制动系统提供。

Flag=2：表示系统处于中等强度制动模式，制动踏板行程超过空行程范围，整车需求制动力主要由发动机反拖制动、再生制动和气压制动提供。

Flag=3：表示系统处于紧急制动模式，制动踏板开度和制动踏板开度变化率都很大，整车需求制动力只由发动机反拖制动、气压制动提供。

制动力分配策略下的不同工作模式如图 6-16 所示。

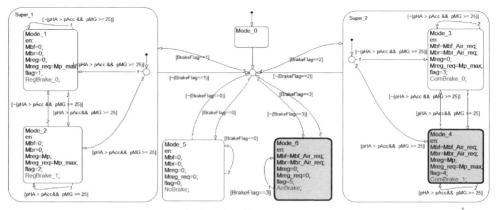

图 6-16　制动力分配策略下的不同工作模式

其中，Mode_1：制动信号 Flag=1，踏板行程进入纯再生制动阶段，但高压油路压力小于蓄能器的压力或者 MG 压力小于 25bar，除去发动机反拖制动力，此时无再生制动力。

Mode_2：制动信号 Flag=1，踏板行程进入纯再生制动阶段，高压油路压力大于蓄能器的压力且 MG 压力大于 25bar，除去发动机反拖制动力，此时再生制动力起作用，进行车辆制动。

Mode_3：制动信号 Flag=2，踏板行程进入复合制动阶段，但高压油路压力小于蓄能器的压力或者 MG 压力小于 25bar，除去发动机反拖制动力，此时无再生制动力，只有传统气压制动力起作用，进行车辆制动。

Mode_4：制动信号 Flag=2，踏板行程进入复合制动阶段，高压油路压力大于蓄能器的压力且 MG 压力大于 25bar，除去发动机反拖制动力，此时再生制动力和传统气压制动力均起作用，进行车辆制动。

Mode_5：踏板行程开度小，制动信号 Flag=0，无再生制动力和传统气压制动力。

Mode_6：制动信号 Flag=3，制动踏板开度和制动踏板开度变化率都很大，除去发动机反拖制动力，整车需求制动力由传统气压制动力提供。

6.2 多模式泵排量控制算法

本节主要针对轮毂液压混合动力系统蠕行模式、闭式液压回路泵助力模式以及开式液压回路主动充能模式，探究不同工作模式下液压变量泵的排量调节规律。

6.2.1 基于综合效率最优的蠕行模式泵排量控制

当重型商用车低速作业或者遇到机械传动系统无法正常工作的极端情况时，整车控制器可以控制车辆进入蠕行模式行驶。蠕行模式下，发动机与车轮之间完全解耦，整车控制器主要通过调整变量泵目标排量以及发动机节气门开度适应整车行驶的负载功率需求。因此，蠕行模式下变量泵目标排量控制律的制定应满足以下需求。

① 满足整车行驶负载功率需求。
② 与发动机控制协调，尽可能使发动机工作于较优区间。
③ 尽可能保证液压传动系统工作于高效区间。

基于此，本书提出基于综合效率最优的蠕行模式泵排量控制方法。

首先，根据流量一致性原理，蠕行模式下两个轮毂液压马达的流量等于变量泵输出流量，如式(6-16)所示。

$$\omega_{\mathrm{p}}\beta V_{\mathrm{pmax}}\eta_{\mathrm{pv}}\eta_{\mathrm{w}}=\frac{2\omega_{\mathrm{m}}V_{\mathrm{m}}}{\eta_{\mathrm{mv}}} \quad (6\text{-}16)$$

式中，ω_{p}、ω_{m} 分别为液压变量泵转速以及轮毂液压马达转速；η_{mv} 为液压控制阀组及管道的效率损失。

稳态情况下，液压控制阀组输入流量-压力损失特性测试结果如表 6-7 所示。进一步结合试验数据，通过最小二乘法拟合得到液压控制阀组的输入流量-压力损失特性曲线，如图 6-17 所示。可以看出，在轮毂液压系统工作的一般范围（小于 96L/min）内，液压控制阀组的压力损失不高于 10bar。该压力损失相对于液压主油路最高 420bar 的工作压力损失较小，因此本书忽略液压控制阀组以及液压管路等流量损失。

表 6-7 液压阀组输入流量-压力损失特性测试结果

输入流量/(L/min)	29.7	37.8	47.4	59.3	73.7	94.8
压力损失/bar	2.5	3.1	4.6	5.6	5.7	8.0

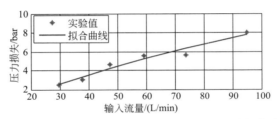

图 6-17　液压控制阀组的输入流量-压力损失特性曲线

此时，轮毂液压马达转速 ω_m 与液压变量泵转速 ω_p 之间满足以下关系。

$$\omega_\mathrm{m} = \omega_\mathrm{p} \frac{\beta V_\mathrm{pmax}}{2 V_\mathrm{m}} \eta_\mathrm{pv} \eta_\mathrm{mv} \tag{6-17}$$

同时，计算两个前轮轮毂液压马达的输出转矩之和，如式（6-18）所示。

$$T_\mathrm{m} = \frac{2 V_\mathrm{m}}{20\pi} \Delta p \eta_\mathrm{mm} \tag{6-18}$$

进一步，得到车轮处轮毂液压马达的输出功率，如式（6-19）所示。

$$\begin{aligned} P_\mathrm{m} &= \frac{\omega_\mathrm{m} T_\mathrm{m}}{9549} \\ &= \frac{\beta V_\mathrm{pmax}}{20\pi} \times \frac{\eta_\mathrm{pv} \eta_\mathrm{mv} \eta_\mathrm{mm}}{9549} \Delta p \omega_\mathrm{p} \end{aligned} \tag{6-19}$$

此外，轮毂液压混合动力系统中发动机与变量泵之间通过 PTO 进行连接，因此发动机转速和变量泵转速之间满足以下关系。

$$\omega_\mathrm{p} = \frac{\omega_\mathrm{e}}{i_\mathrm{p}} \tag{6-20}$$

式中，ω_e 为发动机转速；i_p 为 PTO 速比。

因此，车轮处液压马达的输出功率与油路压力差 Δp 以及当前发动机转速 ω_e 的关系，如式（6-21）所示。

$$P_\mathrm{m} = \frac{\beta V_\mathrm{pmax}}{20\pi i_\mathrm{p}} \times \frac{\eta_\mathrm{pv} \eta_\mathrm{mv} \eta_\mathrm{mm}}{9549} \Delta p \omega_\mathrm{e} \tag{6-21}$$

可见，蠕行模式下轮毂液压马达的功率输出主要取决于变量泵斜盘开度 β、液压油路压力差 Δp 以及发动机转速 ω_e。其中，油路压力主要取决于前轮的负载转矩。当车辆在蠕行模式下的目标行驶车速确定的情况下，此时车辆行驶需求功率以及需求转矩可以相应地确定，进而可以确定当前需求的液压油路压力差 Δp，那么根据式（6-21）所示的关系，通过调整变量泵的排量（即斜盘开度 β）即可调节发动机转速 ω_e 的工作区间。

基于上述蠕行模式下轮毂液压系统的工作特点，对应任意蠕行目标车速 v_creep 的最优变量泵目标排量，提出本书基于系统综合效率最优的控制方法，具体如下所述。

实际发动机功率需求与车轮处的功率需求仍然存在液压系统的效率损失,尽管液压系统的容积效率变化范围有限,但仍然会给发动机的工作点以及泵排量控制带来误差。为了尽可能消除液压系统容积效率带来的计算误差,本书基于系统综合效率最优思想,利用黄金分割算法在泵排量的有效范围内搜索,得到满足条件的最佳泵排量以及最佳发动机工作点,包括以下步骤。

第一,基于任意允许的蠕行车速 v_{creep},在确定了当前车轮处的需求功率 P_{creep}、轮毂液压马达转速 ω_{m} 以及闭式回路液压压力差 Δp 后,可以进一步确定变量泵斜盘开度的搜索区间。根据发动机的最优转速区间 $[\omega_{\text{e,opt,min}}, \omega_{\text{e,opt,max}}]$,结合式(6-17),可以确定蠕行模式下对应当前蠕行车速的变量泵的最小斜盘开度 $\beta_{\text{creep,min}}$ 与最大斜盘开度 $\beta_{\text{creep,max}}$,如式(6-22)所示。

$$\begin{cases} \beta_{\text{creep,min}} = \dfrac{2i_{\text{p}}\omega_{\text{m}}V_{\text{m}}}{\omega_{\text{e,opt,max}}V_{\text{pmax}}} \\ \beta_{\text{creep,max}} = \dfrac{2i_{\text{p}}\omega_{\text{m}}V_{\text{m}}}{\omega_{\text{e,opt,min}}V_{\text{pmax}}\eta_{\text{pv,min}}\eta_{\text{mv,min}}} \end{cases} \quad (6\text{-}22)$$

进而可以确定当前蠕行车速下对应的泵斜盘开度搜索区间 $[\beta_{\text{creep,min}} \cdots \beta_{\text{creep},n} \cdots \beta_{\text{creep,max}}]$。

第二,对应任意的泵斜盘开度 $\beta_{\text{creep},n}$ 以及当前闭式回路液压压力差 Δp,结合变量泵与轮毂液压马达的效率计算公式,计算得到当前泵斜盘开度对应的液压变量泵的容积效率 $\eta_{\text{creep,pv},n}$、机械效率 $\eta_{\text{creep,pm},n}$ 以及轮毂液压马达的容积效率 $\eta_{\text{creep,mv},n}$、机械效率 $\eta_{\text{creep,mm},n}$;进而得到当前泵斜盘开度下对应的发动机需求功率 $P_{\text{e,req},n}$,如式(6-23)所示。

$$P_{\text{e,req},n} = \dfrac{P_{\text{creep}}}{\eta_{\text{creep,pv},n}\eta_{\text{creep,pm},n}\eta_{\text{creep,mv},n}\eta_{\text{creep,mm},n}} \quad (6\text{-}23)$$

第三,确定发动机转速、转矩工作点。首先根据轮毂液压马达转速 ω_{m}、泵斜盘开度 $\beta_{\text{creep},n}$、液压变量泵的容积效率 $\eta_{\text{creep,pv},n}$ 以及轮毂液压马达的容积效率 $\eta_{\text{creep,mv},n}$,求解得到当前泵斜盘开度对应的发动机转速 $\omega_{\text{e},n}$;在此基础上,利用上一步骤求解的发动机需求功率 $P_{\text{e,req},n}$ 进一步计算得到发动机转矩 $T_{\text{e},n}$,得到当前泵斜盘开度下对应的发动机转速、转矩工作点。

第四,设置目标寻优函数。为了在有限的泵排量搜索区间内得到最优泵排量控制目标,本书基于综合效率最优的思想,迭代搜索得到当前蠕行车速下对应的最优泵斜盘开度以及最优发动机工作点。选取当前泵斜盘开度对应的发动机油耗 $B_{\text{e},n}$ 作为目标函数,如式(6-24)所示。显然,目标函数最小的点即为系统综合效率最优的点,即最优泵排量控制目标以及发动机最优转速、转矩控制目标。

$$F_n(\beta_{\text{creep},n}) = B_{\text{e},n} = b_{\text{e},n}P_{\text{e,req},n} \quad (6\text{-}24)$$

式中，$b_{e,n}$ 为当前发动机工作点下对应的燃油消耗率。

第五，迭代寻优求解。为了加快搜索寻优的速度，本书根据式(6-24)所示的目标寻优函数，利用黄金分割算法迭代寻优，在泵斜盘开度搜索区间内快速求解当前蠕行车速对应的最优泵斜盘开度。所采用的黄金分割算法流程如图 6-18 所示，具体如下所述。

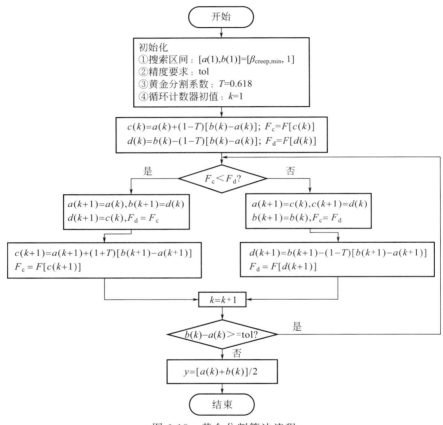

图 6-18 黄金分割算法流程

① 选择已确定好的初始泵斜盘开度搜索区间 $[a(1),b(1)] = [\beta_{creepmin},1]$，设置搜索精度要求 tol，黄金分割系数 $T=0.618$，循环计数器初始值 $k=1$。

② 令 $c(k)=a(k)+(1-T)[b(k)-a(k)]$，$d(k)=b(k)-(1-T)[b(k)-a(k)]$，计算 $F_c=F[c(k)]$，$F_d=F[d(k)]$；其中，F 即表示目标寻优函数。

③ 若 $F_c<F_d$，则转到步骤④，否则转到步骤⑤。

④ 令 $a(k+1)=a(k)$，$b(k+1)=d(k)$，$d(k+1)=c(k)$，$F_d=F_c$；令 $c(k+1)=a(k+1)+(1-T)[b(k+1)-a(k+1)]$，计算 $F_c=F[c(k+1)]$，转到步骤⑥。

⑤ 令 $a(k+1)=c(k)$，$c(k+1)=d(k)$，$b(k+1)=b(k)$，$F_c=F_d$；令 $d(k+1)=b(k+1)-(1-T)[b(k+1)-a(k+1)]$；计算 $F_d=F[d(k+1)]$，转到步骤⑥。

⑥ 令 $k=k+1$，此时若满足 $b(k)-a(k) \geqslant \text{tol}$，则返回步骤③继续迭代计算，直至迭代计算结果收敛；否则停止搜索，得到的结果为 $y=[a(k)+b(k)]/2$。

最后，基于上述系统综合效率最优控制的思想，计算得到蠕行车速范围内的发动机最优转速以及最优泵斜盘开度变化，如图 6-19 所示。

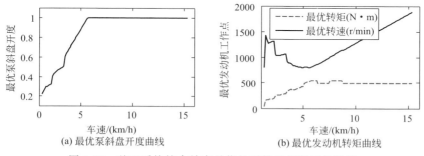

图 6-19 基于系统综合效率最优的泵排量控制寻优结果

6.2.2 基于最优驱动力分配的闭式回路泵助力模式泵排量控制

在闭式液压回路泵助力模式下，为了保证发动机动力在前轮液压系统与中后轮机械系统之间的协调分配，针对液压变量泵的控制律设计存在以下要求。

① 前轮轮速与中后轮轮速必须协调，不能产生干涉，否则系统助力的作用会大大减弱，甚至会起到阻碍作用。

② 在保证液压系统助力的前提下，尽可能提高整车传动系统的牵引效率。

根据式(6-17)所示的液压系统流量一致性需求、轮毂液压马达转速与前轮轮速关系以及发动机转速与中后轮轮速之间的关系，进一步推出闭式液压回路泵助力模式下满足液压系统流量一致性的变量泵目标排量，如式(6-25)所示。可见，闭式液压回路泵助力模式下变量泵的目标排量主要取决于轮速以及变速器速比，同时还受到液压系统容积效率的影响。在一定工况下，车辆中后轮轮速主要取决于发动机转速；在发动机工作点一定的情况下，控制变量泵排量增大，即可控制前轮轮速升高；因此，若能确定此模式下的最优前轮转速，即可确定变量泵的最优排量控制目标。

$$\beta = 2 \frac{\omega_f}{\omega_r} \times \frac{i_p}{i_g i_0} \times \frac{V_m}{V_{pmax}} \times \frac{1}{\eta_{pv} \eta_{mv}} \quad (6\text{-}25)$$

式中，i_g 为变速器当前挡位速比；i_0 为主减速器速比；ω_f 与 ω_r 分别为车辆前轮与中后轮的轮速。

为了确定此模式下前轮轮速的最优控制目标，本书提出基于最优驱动力分配系数的泵排量控制方法。首先，根据全轮驱动车辆行驶过程中由于车轮滑转产生的滑转损失定义系统的牵引效率，如式(6-26)所示。

$$\eta_s = 1 - \frac{s_f v_f F_f + s_r v_r (F_m + F_r)}{v_f F_f + v_r (F_m + F_r)} \tag{6-26}$$

式中，η_s 为系统牵引效率；s_f 和 s_r 分别为车辆前轮和中后轮滑转率；v_f 和 v_r 分别为车辆前轮与中后轮的速度；F_f、F_m 和 F_r 分别为车辆前、中、后轴的驱动力。

进一步，定义整车驱动力分配系数 K_d，如式(6-27)所示；该分配系数的实际意义即为机械传动路径驱动力占总驱动力的比例。

$$K_d = \frac{F_m + F_r}{F_f + F_m + F_r} \tag{6-27}$$

那么，结合车辆各车轮转速的关系，如式(6-28)所示。

$$v = v_f(1-s_f) = v_m(1-s_m) = v_r(1-s_r) \tag{6-28}$$

可以将全轮驱动时车辆的牵引效率进一步表示为式(6-29)所示。

$$\eta_s = 1 - \frac{s_f(1-s_r) - K_d(s_f - s_r)}{(1-s_r) - K_d(s_f - s_r)} \tag{6-29}$$

根据式(6-29)可见，在闭式液压回路泵助力模式下，系统牵引效率主要取决于各车轮的滑转率以及整车驱动力在车辆前轮液压路径以及中后轮机械路径的分配情况。

进一步对式(6-29)进行求导，得到系统牵引效率 η_s 对驱动力分配系数 K_d 的一阶以及二阶偏导数，如式(6-30)所示。

$$\begin{cases} f^1 = \dfrac{\partial \eta_s}{\partial K_d} = \dfrac{(1-s_f)(1-s_r)(s_f-s_r)}{[(1-s_r)-(s_f-s_r)K_d]^2} \\ f^2 = \dfrac{\partial^2 \eta_s}{\partial K_d^2} = \dfrac{2(1-s_f)(1-s_r)(s_f-s_r)^2}{[(1-s_r)-(s_f-s_r)K_d]^3} \end{cases} \tag{6-30}$$

根据式(6-30)，当一阶偏导数 $f^1 = 0$ 时，此时对应的驱动力分配系数可以使系统牵引效率取得极值，此时前轮以及中后轮的滑转率存在三种状态：$s_f = 1$、$s_r = 1$ 或者 $s_f = s_r$。考虑车辆在正常行驶过程中，车轮滑转率并不能达到 100%，所以当且仅当 $s_f = s_r$ 时，一阶偏导数为零，这是获得整车最佳牵引效率的必要条件。但由于其二阶偏导数 f^2 在前轮与中后轮滑转率的变化过程中，不能保证 $f^2 < 0$ 恒成立，也就无法保证 $s_f = s_r$ 的状态下系统牵引效率取得极大值，因此

本书结合驱动力分配系数的变化以及前轮与中后轮轮速的状态，对式(6-29)的极值点进一步展开分析。

首先，分析前后轮滑转率不变的静态情况，如图 6-20 所示。当前轮轮速＜后轮轮速时，$s_f < s_r$，即一阶偏导数 $f^1 < 0$ 恒成立；此时，随着分配系数 K_d 减小，机械路径驱动力减少，液压路径驱动力增加，系统牵引效率逐渐增大，如图 6-20(a) 所示。而当前轮轮速＞后轮轮速时，$s_f > s_r$，即一阶偏导数 $f^1 > 0$ 恒成立；此时，随着分配系数 K_d 减小，机械路径驱动力减少，液压路径驱动力增加，系统牵引效率逐渐减小，如图 6-20(b) 所示。可见，此静态情况下，当 $K_d = 1$ 或者 $K_d = 0$ 时，系统牵引效率达到极大值。

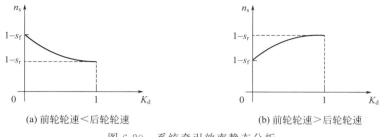

图 6-20　系统牵引效率静态分析

在车辆实际行驶过程中，驱动力分配系数与车轮的滑转率之间并不是孤立的，不同的驱动力分配比例势必影响车轮滑转率变化，且车轮滑转率将随着驱动力的增加而增大，因此车辆并不会在驱动力分配系数取得极值的情况下获得最佳牵引效率。实际上，在驱动力分配比例变化的过程中，系统牵引效率的动态分析如图 6-21 所示。若前轮轮速＜后轮轮速，如图 6-21(a) 所示，此时随着分配系数 K_d 减小（$a_2 < a_1 < 1$），机械路径驱动力减少，液压路径驱动力增加，那么前轮滑转率将逐渐增大，中后轮滑转率也将逐渐减小，系统牵引效率逐渐增加，但对应 $K_d = 0$ 情况下的系统牵引效率会逐渐下降；在分配系数 K_d 减小的过程中，前轮轮速有可能超过后轮轮速，系统牵引效率即呈现图 6-21(b) 所示的状态，此时系统牵引效率将随 K_d 减小而进一步减小。可见，随着前后轮轮速的变化，

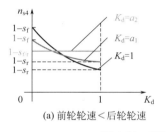 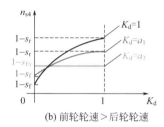

图 6-21　系统牵引效率的动态分析

势必存在一个驱动力分配点使得系统牵引效率达到动态变化过程中的最大值，该点正是对应滑转率满足 $s_f = s_r$ 的点，此时系统可获得的最佳牵引效率为 $\eta_{s_{max}} = 1 - s_f = 1 - s_r$。进而，在忽略前轮与中后轮轮胎差异的情况下，此时前轮轮速等于中后轮轮速。

综上，当系统工作于闭式液压回路泵助力模式下，应尽量调整驱动力在前轮液压路径以及中后轮机械路径的分配情况，实现前轮轮速与中后轮轮速的跟随，当达到该控制目标时，该模式下的最优泵排量目标计算如式（6-31）所示。

$$\beta = 2 \frac{i_p}{i_g i_0} \times \frac{V_m}{V_{pmax}} \times \frac{1}{\eta_{pv} \eta_{mv}} \quad (6-31)$$

根据式（6-31），进一步代入液压变量泵以及轮毂液压马达容积效率的计算公式，得到变量泵目标排量控制律的最终表达形式，如式（6-32）所示。

$$\beta = \frac{2 i_p}{i_g i_0} \times \frac{V_m}{V_{pmax}} + \frac{60 \times 10^5 i_p \Delta p}{\mu \omega_e} \left(C_{ps} + C_{ms} \frac{2 V_m}{V_{pmax}} \right) \quad (6-32)$$

根据式（6-32）可见，在闭式液压回路泵助力模式下，变量泵的目标控制排量由两部分组成：一是与挡位相关的定值部分，$\beta_g = \frac{2 i_p}{i_g i_0} \times \frac{V_m}{V_{pmax}}$；二是由转速、工作压力等相关因素导致的效率补偿部分，$\beta_\eta = \frac{60 \times 10^5 i_p \Delta p}{\mu \omega_e} \left(C_{ps} + C_{ms} \frac{2 V_m}{V_{pmax}} \right)$。

在重型商用车以某一车速行驶的条件下，其挡位固定，此时定值排量部分 β_g 只取决于变速器挡位，可以根据整车参数计算得到，此时不同挡位下对应的 β_g 如表 6-8 所示。根据表 6-8，随着挡位的升高，排量 β_g 逐渐增大，一方面，变量泵排量不能超过其最大排量；另一方面，为了避免车辆高速行驶时液压系统油温过高，闭式回路泵助力模式使用的最高挡位是 6 挡，所以表 6-8 中 β_g 仅包含变速器 6 挡之前的数据，超过 6 挡后泵目标排量即为 0。

表 6-8　基于轮速跟随的变量泵目标排量 β_g

项目	挡位						
	1	2	3	4	5	6	7
速比	15.53	12.08	9.39	7.33	5.73	4.46	3.48
斜盘开度	0.255	0.328	0.422	0.540	0.692	0.889	0

同时，效率补偿部分 β_η 则与系统压力以及发动机转速有关。根据不同的发动机转速以及系统压力，最终计算得到在闭式液压回路泵助力模式下的泵排量控制目标，如图 6-22 所示。

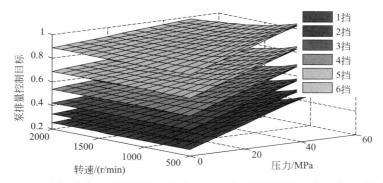

图 6-22　在闭式液压回路泵助力模式下的泵排量控制目标（参阅书末彩图）

6.2.3　基于最优控制规则提取的主动充能模式泵排量控制

车辆行驶过程中，在整车控制器检测到蓄能器压力不足且发动机转矩需求不高的情况下，可以控制系统进入主动充能模式，利用变量泵组件中的补油泵从油箱吸油，进而为蓄能器补充油液。为了避免充能时变量泵排量过大造成吸油出现真空等问题，此模式下变量泵排量不能超过补油泵的最大排量，即 22mL/r。

针对主动充能模式的泵排量控制目标，本小节基于全局优化算法结果进行规则提取，并利用最小二乘法进行数据拟合，得到不同行驶车速下的目标充能排量。全局优化算法中主动充能模式的泵排量拟合结果，如图 6-23 所示，根据行驶车速变化，可以分为两个阶段：一是当车速小于 27km/h 时，为了实现蓄能器快速充能，控制补油泵按照最大排量工作；二是当越过此车速阈值之后，发动机工作转速已经处于较高区间，为了避免变量泵流量过大造成吸油真空，此时应逐渐减小泵排量。此阶段泵排量控制目标与车速呈现近似线性变化的关系，进一步可通过最小二乘法拟合得到高速区间的泵排量目标，拟合结果如图 6-23 中红色曲线所示（参阅书末彩图）。

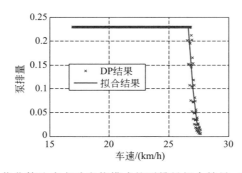

图 6-23　全局优化算法中主动充能模式的泵排量拟合结果（参阅书末彩图）

6.3　温度补偿控制算法

本书所述的轮毂液压驱动系统，工作环境多样，工况复杂多变，系统状态也容易受内外因素影响而产生变化。系统状态变化关系到轮毂液压驱动系统的传动效率，也关系到系统性能的发挥和整车安全性。因此，在制定轮毂液压驱动系统控制策略的时候，不应该忽略温度这一重要的系统状态带来的影响，增加对温度的补偿策略，是提高系统环境适应能力的必要环节。本节将按照整车工作模式划分，根据蠕行模式和助力模式的特点分别制定温度补偿控制策略。对于蠕行模式，根据液压系统闭式回路的调速特性，将轮毂液压驱动系统看成一个液压无级调速器，以发动机最优为目标，设计考虑温度补偿的无级调速控制策略。对于助力模式，则基于前期提出的前轮轮速跟随后轮轮速的控制思想，对因温度、压力等多个状态量变化导致的流量损失进行补偿，制定基于温度补偿的多因素泵目标排量控制规则。最后，还针对系统在极端工作条件下可能达到的高温、高压极限状态，提出极限状态的泵排量限制控制策略，进一步保证系统的可靠性。

6.3.1　蠕行模式温度补偿策略

蠕行模式是为轮毂液压驱动车辆提供的一种应急驱动模式，当车辆出现传统机械传动系统失效时，如传动轴断裂、变速箱失效等，可以开启蠕行模式，仅用轮毂液压驱动系统带动前轮驱动车辆行驶。如图 6-24 所示为蠕行模式示意，变量泵从发动机处获得动力，驱动液压马达，带动前轮运转。

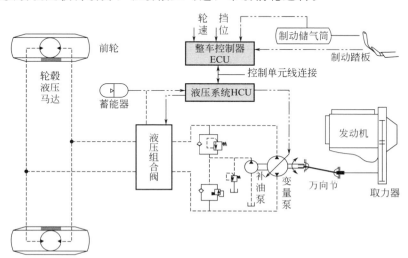

图 6-24　蠕行模式示意
----液压管路连接；----信号线连接；——机械连接

如图 6-24 所示，该液压系统回路为变量泵-定量马达闭式回路，属于容积式调速回路，将它单独分析，如图 6-25 所示。它通过调节变量泵的输出排量，改变流入液压马达的流量大小，从而可以改变马达的转速和转向，实现调速。该回路调速范围较大，效率较高，适用于转速较高、功率较大的系统。

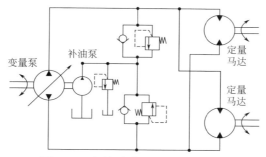

图 6-25 变量泵-定量马达调速回路

下面先分析图 6-25 所示的变量泵-定量马达回路的调速特性。为了便于分析，暂不考虑回路的损失，此时的变量名加上标"′"，以便与考虑损失时的同一对象变量名区分。根据流量连续性原理，即马达输入流量等于泵输出流量，则马达转速为

$$n'_m = \frac{n_p D_p V_{pmax}}{2V_m} \tag{6-33}$$

由于马达排量为定值，通过调节泵开度改变泵输出排量，就可以实现对马达的调速。

同样在不考虑损失的情况下，两个马达的总转矩为

$$T'_{2m} = \frac{2V_m \Delta p}{20\pi} \tag{6-34}$$

那么，两个马达的输出功率为

$$P'_{2m} = 2\Delta p V_m n'_m = \Delta p n_p D_p V_{pmax} \tag{6-35}$$

当负载恒定时，马达转矩和系统工作压力恒定，而马达输出功率与马达转速成正比例关系，因此该回路为恒转矩调速，其调速特性如图 6-26 所示。

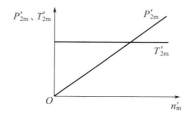

图 6-26 变量泵-定量马达回路调速特性

根据变量泵-定量马达回路的调速特点，可以类比无级变速器，将其看作一个由液压回路调速的液压无级变速器（hydraulic continuously variable transmission，HCVT）。在蠕行模式下，通过液压回路的无级调速，可以调节发动机转速，使其工作在最优工作点上，达到发动机最佳经济性运行的目的。

由温度、压力等状态变化引起的效率变化是不容忽视的，它们对液压回路的动力传递影响很大，因此在进行蠕行模式控制时也应该予以考虑。

对于本书所述的变量泵-定量马达回路，若考虑泵和马达的效率，根据流量连续性原理，得到马达转速为

$$n_m = \frac{n_p D_p V_{pmax} \eta_{pv} \eta_{mv}}{2V_m} \quad (6\text{-}36)$$

可见，考虑回路损失，马达转速比理想时将会降低。

根据式(6-36)，可以得到变量泵-定量马达回路作为液压无级变速器的调速速比为

$$i_{HCVT} = \frac{n_p}{n_m} = \frac{2V_m}{V_{pmax}} \times \frac{1}{D_p \eta_{pv} \eta_{mv}} \quad (6\text{-}37)$$

令 $D_{p\_th} = D_p \eta_{pv} \eta_{mv} = D_p \frac{1}{k_{comps}}$，$D_{p\_th}$ 称为理论泵开度，k_{comps} 称为补偿因子。其中，D_p、η_{pv}、η_{mv} 均为 0～1，则 $D_{p\_th} \in [0,1]$。于是无级调速速比变为

$$i_{HCVT} = \frac{n_p}{n_m} = \frac{2V_m}{V_{pmax}} \times \frac{1}{D_{p\_th}} \quad (6\text{-}38)$$

可见通过调节泵开度值就可以改变速比大小，实现无级调速。根据液压驱动系统实际参数，可计算出液压无级变速器的最小速比为 21.73。考虑发动机取力器的速比为 1.08，因此，发动机输出端至车轮的最小速比则为 23.47，以下讨论的目标速比均为包含取力器速比的整体速比。

在蠕行模式下，通过改变液压无级变速器的速比，调节发动机工作点至最优曲线，则无级调速的目标速比为

$$i_{HCVT\_target} = 0.377 \frac{r n_{e\_opt}}{i_0 u_a} \quad (6\text{-}39)$$

式中，r 为车轮半径，m；n_{e_opt} 为发动机最优转速，r/min；i_0 为主减速比；u_a 为当前车速，km/h。

蠕行模式下考虑温度补偿的无级调速控制流程如图 6-27 所示。无级调速控制的整体思路为：首先根据车辆当前运行状态，获取加速踏板、车速、发动机转速、液压系统状态（油温、压差）等传感器信息，解析整车功率需求，结合当前发动机转速，控制发动机节气门开度以满足功率需求；然后，综合整车功率需求

和发动机最优工作曲线，求解得到发动机目标转速；进一步根据式(6-39)，由发动机目标转速和当前车速得到液压无级调速目标速比，再由调速速比与泵开度的关系[式(6-38)]，得到目标理论泵开度。最后，利用补偿因子 k_{comps}，将目标理论泵开度解析为泵实际目标开度，并作用于变量泵排量调节机构，从而完成调速过程。

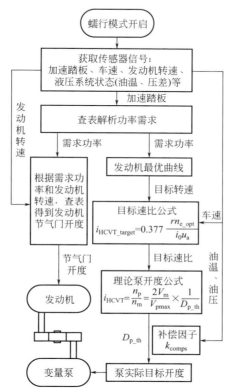

图 6-27　蠕行模式下考虑温度补偿的无级调速控制流程

6.3.2　助力模式温度补偿策略

在助力模式下，实现全轮驱动的动力全部来自发动机，而后分为机械路径和液压路径，最后各自作用在后轮和前轮上，前后车轮间又在路面耦合。因此，该模式下，两条路径动力耦合关系复杂。此时，如何合理高效地分配发动机的动力，实现动力在机械路径和液压路径的协调控制，充分发挥全轮驱动优势，保证整车牵引性能最佳，是轮毂液压驱动系统控制的关键。变量泵通过取力器从发动机获取动力，通过调节变量泵开度值而改变输出排量大小，从而调节两条路径之间的动力分配。因此，该模式下可以通过调节发动机转矩和变量泵开度值实现动力协调控制。

此外，特别需要注意的是，液压路径相比机械路径，其传动效率受系统运行状态影响较大，外界工况变化或系统内部条件变化均会导致如油液温度、压力等的改变，继而导致液压油泄漏量增加等状况，从而使液压系统效率降低或产生波动，这样就会影响液压马达实际分配到的转矩而破坏两条路径之间的动力合理分配关系，最终可能无法达到预期的优化控制效果，甚至还会恶化系统性能，使整车牵引能力降低。因此，在设计控制器过程中考虑液压系统状态变化对系统传递效率的影响，也是必不可少的。

对于四驱车辆，为了使车轮间滑转产生的功率损失更少，即使得整车滑转效率最优的方法是保持前后轮的轮速跟随，也就是保持前后轮的轮速差尽可能小，这就是轮速跟随思想。而在轮毂液压驱动系统助力模式下，想要实现轮速跟随的控制目标，实际上就是要对液压回路的流量进行精确控制，对于本书的变量泵-定量马达系统，控制回路流量也就是控制变量泵的输出排量。本小节将考虑多个因素对泵目标排量的影响，制定基于温度补偿的多因素泵目标排量控制规则。

以前后轮的轮速跟随为目标，在完全不考虑液压系统损失的情况下，变量泵目标开度与挡位之间存在一一对应关系。

$$D_\mathrm{p} = \frac{2i_\mathrm{p}}{i_\mathrm{g} i_0} \times \frac{V_\mathrm{m}}{V_\mathrm{pmax}} \quad (6\text{-}40)$$

式中，i_p 为取力器速比；i_g 和 i_0 分别为变速箱和主减速器速比。

式（6-40）表明，变量泵目标开度在某一挡位下是一个固定不变的值。将液压系统的实际参数值带入该式，可以得到变量泵目标开度与挡位的关系，如表 6-9 所示。

表 6-9 变量泵目标开度与挡位的关系

挡位	1	2	3	4	5	6
目标开度	0.255	0.328	0.422	0.540	0.692	0.889

前期得到的这种变量泵目标开度和挡位的固定关系，一定程度上描述了前后轮的轮速关系。但是，这种固定关系是基于一种比较理想化的假设，即它是基于液压系统没有流量损失前提下的流量连续性原理推导得到的。在实际运用中，由于液压系统必然存在的流量损失，整个回路实际输出流量将可能不足以满足预期马达转速需求，从而达不到理想的控制效果。车辆实际运行过程中，变量泵和马达的效率随液压系统温度、压力等工作状态的变化而变化。对于本书所述的轮毂液驱系统，作为主要元件的泵和马达，它们的流量损失是不容忽视的。因此，有必要考虑效率变化的影响，考虑由于温度、压力等多因素状态变量改变引起的流量损失，对变量泵目标开度进行补偿修正。

根据轮速跟随思想，又有马达轮速与前轮轮速相同，则

$$n_{\mathrm{m}} = n_{\mathrm{f}} = n_{\mathrm{r}} \tag{6-41}$$

式中，n_{f} 为前轮转速；n_{r} 为后轮转速。

根据液压系统容积效率的流量连续性原理，可得

$$D_{\mathrm{p}} n_{\mathrm{p}} V_{\mathrm{pmax}} \eta_{\mathrm{pv}} \eta_{\mathrm{mv}} = 2 n_{\mathrm{m}} V_{\mathrm{m}} \tag{6-42}$$

发动机转速 n_{e} 和泵转速 n_{p} 的关系如下。

$$n_{\mathrm{p}} = \frac{n_{\mathrm{e}}}{i_{\mathrm{p}}} \tag{6-43}$$

结合式(6-41)和式(6-43)，从式(6-42)中反解出泵目标开度值。

$$D_{\mathrm{p}} = \frac{2 n_{\mathrm{m}} V_{\mathrm{m}}}{n_{\mathrm{p}} V_{\mathrm{pmax}} \eta_{\mathrm{pv}} \eta_{\mathrm{mv}}} = \frac{2 n_{\mathrm{r}} V_{\mathrm{m}} i_{\mathrm{p}}}{n_{\mathrm{e}} V_{\mathrm{pmax}} \eta_{\mathrm{pv}} \eta_{\mathrm{mv}}} = \frac{2 i_{\mathrm{p}}}{i_{\mathrm{g}} i_{\mathrm{0}}} \times \frac{V_{\mathrm{m}}}{V_{\mathrm{pmax}}} \times \frac{1}{\eta_{\mathrm{pv}} \eta_{\mathrm{mv}}} \tag{6-44}$$

由式(6-42)可得

$$n_{\mathrm{m}} = n_{\mathrm{p}} \frac{V_{\mathrm{pmax}} D_{\mathrm{p}}}{2 V_{\mathrm{m}}} \eta_{\mathrm{mv}} \eta_{\mathrm{pv}} \tag{6-45}$$

将式(6-45)带入，得

$$\eta_{\mathrm{mv}} = 1 - \frac{2 \times 60 C_{\mathrm{ms}} \Delta p V_{\mathrm{m}}}{\mu n_{\mathrm{p}} V_{\mathrm{pmax}} D_{\mathrm{p}} \eta_{\mathrm{pv}}} \tag{6-46}$$

根据泵的容积效率式，得到系统容积效率为

$$\eta_{\mathrm{mv}} \eta_{\mathrm{pv}} = 1 - \frac{60 \Delta p}{\mu n_{\mathrm{p}} D_{\mathrm{p}}} \left(C_{\mathrm{ps}} + C_{\mathrm{ms}} \frac{2 V_{\mathrm{m}}}{V_{\mathrm{pmax}}} \right) \tag{6-47}$$

结合式(6-44)和式(6-47)，最终得到变量泵目标开度为

$$D_{\mathrm{p}} = \frac{2 i_{\mathrm{p}}}{i_{\mathrm{g}} i_{\mathrm{0}}} \times \frac{V_{\mathrm{m}}}{V_{\mathrm{pmax}}} + \frac{60 \Delta p}{\mu n_{\mathrm{p}}} \left(C_{\mathrm{ps}} + C_{\mathrm{ms}} \frac{2 V_{\mathrm{m}}}{V_{\mathrm{pmax}}} \right) \tag{6-48}$$

其中，油液动力黏度 μ 主要受油液温度影响。

从推导得到的变量泵目标开度表达式［式(6-48)］可以看出，该式包含两项，第一项是未考虑液压系统流量损失的仅与挡位相关的固定值，第二项是考虑液压系统流量损失的随系统状态变化的补偿值。从第二项变化项可见，泵目标开度的补偿量与系统压差、油液黏度和泵转速相关，而黏度的主要影响因素是油温。因此，可以求得变量泵目标开度与油液温度、工作压力及泵转速的关系，如图 6-28 和图 6-29 所示。从图中可以看出，随着温度的升高，泵开度的补偿量增大，在高温区域，泵开度值很大，甚至是全开状态；在低温低压状态下，泵开度值补偿量较小，温度较高时，泵开度值随着压力的升高增大较明显；而在低速状态，泵开度值随着温度的升高，需要更早地进行大量的补偿，反之，在高速状态，泵开度值随着温度的上升，可以更晚地进行补偿。总体来说，温度对泵目标开度值的影响很大，而转速的影响则小得多。从以上泵目标开度与温度、压力及

转速的关系分析来看，它们的规律也与第 3 章中对变量泵和马达的效率分析相符，即当系统处于效率较低的状态下，系统流量损失较大，则泵目标开度值的补偿量需求也更大。

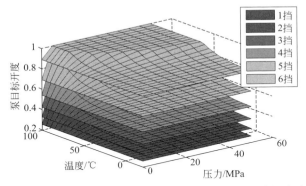

图 6-28　不同挡位下泵目标开度与温度、压力的关系（参阅书末彩图）

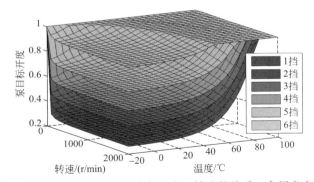

图 6-29　不同挡位下泵目标开度与温度、转速的关系（参阅书末彩图）

6.3.3　极限状态温度补偿控制策略

重型车辆经常工作在崎岖、泥泞、陡坡等恶劣路况下，此时开启轮毂液压驱动系统进行辅助驱动，可以提高整车牵引力，实现脱困、爬坡等短时助力功能。但是，在这样的恶劣工况下工作，液压系统很可能在工作过程中出现压力饱和、油温过高等极限状况。压力达到饱和之后，会造成溢流流量增大，损失增大，不利于能量的高效利用。而系统油温过高，不仅会使系统工作效率下降，更重要的是可能引发系统故障，威胁整车安全。因此，当出现这样的高温、高压的极限状况时，就需要对液压系统的工作施加一定的干预控制来协调系统的动力性、高效性及安全性之间的矛盾。

温度和压力是表征系统工作状态的关键变量，以它们作为系统极限状态的检测量，对系统泵排量进行限制控制。极限状态限制控制流程如图 6-30 所示。首先，泵排量限制控制模块接收上一个控制模块传递过来的目标泵开度值 $D_{\text{p\_target}}$，并且获取从传感器得到的系统状态变量温度和压力值。接着，分别判断油温和压差是否在工作限值范围内，如果在各自工作限值范围内，则不需要进行任何限制操作，直接将原始泵开度值 $D_{\text{p\_target}}$ 作为该模块的输出；如果油温和压差有超出工作限值范围的，则相应地进行温度限制控制或者压力限制控制，最终输出限制后的泵目标开度值 $D_{\text{p\_lim2}}$。

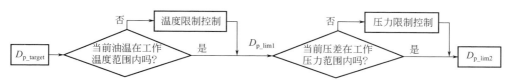

图 6-30　极限状态限制控制流程

由产品手册得知，工作状态下，系统油液温度应维持在 0~80℃，最大或最小温度限值允许短时间超过上述边界±20℃，但持续时间不宜过长。根据该系统工作的油温范围特点，可将温度（℃）范围划分为 [−∞，−20]、[−20，0]、[0，80]、[80，100]、[100，+∞] 五个区间。采用分段控制方式，在上述五个不同温度分段区间分别对泵排量采用不同限制操作，则控制泵开度为

$$D_{\text{p\_lim1}} = \begin{cases} 0 & (T_{\text{cur}} < T_{\min}) \\ D_{\text{p}} + k_1(T_{\text{low}} - T_{\text{cur}}) & (T_{\min} \leqslant T_{\text{cur}} < T_{\text{low}}) \\ D_{\text{p}} & (T_{\text{low}} \leqslant T_{\text{cur}} < T_{\text{hig}}) \\ D_{\text{p}} - k_2(T_{\text{cur}} - T_{\text{hig}}) & (T_{\text{hig}} \leqslant T_{\text{cur}} < T_{\max}) \\ 0 & (T_{\text{cur}} \geqslant T_{\max}) \end{cases} \tag{6-49}$$

式中，$D_{\text{p\_lim1}}$ 为温度限制后的泵目标开度；D_{p} 为限制前的泵目标开度值；T_{cur} 为系统反馈的当前油温；$T_{\min}$ 为温度最低限制阈值；T_{low} 为温度较低阈值；T_{hig} 为温度较高阈值；$T_{\max}$ 为温度最高限制阈值；k_1、k_2 为控制增益值。在本书所述的系统中，$T_{\min} = -20℃$，$T_{\text{low}} = 0℃$，$T_{\text{hig}} = 80℃$，$T_{\max} = 100℃$。泵排量的温度分段限制控制示意如图 6-31 所示，在超出最高、最低工作温度限值时

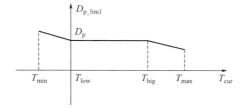

图 6-31　泵排量的温度分段限制控制示意

关闭液压驱动系统，在正常适宜的工作温度范围内泵排量不做限制，而当前工作温度处于偏高或偏低范围，对泵排量施加限制使系统油温尽快回归适宜范围，避免在适宜范围以外长时间工作。

系统达到高压状态，同样需要考虑限制措施。从本书所述的轮毂液压驱动系统特性可知，泵控马达系统闭式回路的最高压差为 420bar。而在达到该最高压差之后，系统便进入压力饱和状态，溢流阀开启溢流，此后若继续增加泵排量，不但达不到增加液压系统输出的目的，反而会使溢流流量增多。鉴于此，制定泵控马达系统闭式回路在高压状态下的泵排量限制控制规则为：当闭式回路的主回油路压差达到最高压差 420bar 后，若控制目标有继续增大泵排量的趋势，则保持当前泵开度值而不再继续增大。高压状态的泵排量限制控制流程如图 6-32 所示，其中 Δp 为闭式回路反馈的主回油路压差信号；D_{p_cur} 为未经过限制的当前目标泵开度值；D_{p_last} 为上一步的实际泵开度值；D_{p_ctrl} 为最终得到的限制控制的泵开度值。

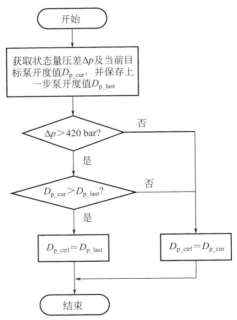

图 6-32　高压状态的泵排量限制控制流程

本章小结

本章重点介绍了轮毂液压混合动力系统多模式能量管理策略控制架构，针对模式切换机制探讨了辅助驱动控制规则，并针对不同的制动阶段探讨了再生制动控制过程，保证了整车的行驶可靠性；在此基础上，基于轮毂液压混合动力系统的多模式控制特性，对不同模式下的泵排量控制方法展开介绍，讲解了不同工作模式下的泵排量调节规律，最后考虑到温度对液压系统的影响，增加对温度的补偿策略，提高了系统环境适应能力。轮毂液压混合动力系统多模式能量管理策略的制定是系统可靠工作与发挥节能潜力的重要保障，同时也为国内轮毂液压混合动力车辆的自主化打下了理论基础。

第 7 章

驱动力协调与非线性集成控制策略

第 6 章介绍的轮毂液压混合动力系统控制策略通过对不同模式下的经济性指标或动力性、通过性指标进行优化研究，得到了多模式切换与能量管理控制规则。然而，轮毂液压混合动力系统具有复杂的机电液耦合特性，在其驱动力协调控制过程中，机械传动系统与液压传动系统响应特性不一致，动力源之间相互影响。因此，开展驱动力协调与非线性优化集成控制研究同样十分重要。

轮毂液压混合动力系统是一类典型的强非线性、参数时变的机电液耦合控制系统，前轮液压传动部件与中后轮机械传动部件的响应特性差异明显，同时受到重型商用车复杂运行工况以及负载大范围变化特点的影响，轮毂液压混合动力系统的动态控制品质难以保证。一方面，液压传动系统与机械传动系统之间的驱动力控制易产生干涉，影响系统助力功能的发挥；另一方面，液压系统本质非线性问题也容易引起液压执行部件控制的滞后或超调，导致液压系统响应较慢或产生较大的压力冲击，影响系统动态控制性能。因此，本章介绍轮毂液压混合动力系统动态协调与非线性集成控制策略，保证在不同工作模式下液压系统与机械系统的动力协调，并保证液压执行部件能够良好响应各模式下的优化控制目标，提高轮毂液压混合动力系统的动态控制品质。

7.1 驱动力动态协调与非线性集成控制架构

结合第 6 章建立的多模式泵排量优化控制算法，本章针对轮毂液压混合动力系统的动态控制问题，基于模型预测控制理论以及 Lyapunov 稳定性理论，设计驱动力动态协调与非线性集成控制器（nonlinear-integrated model predictve control，NMPC），总体架构如图 7-1 所示。在多模式泵排量优化稳态控制目标的基础上，针对闭式液压回路泵助力模式的发动机转矩与泵排量动态协调控制需求，依据系统动态模型设计 MPC 控制器，并通过滚动优化求取动态控制增量，计算泵排量动态控制增量以及发动机转矩控制增量,解决系统内部液压驱动力与机械驱动力协调控制问题。最后针对不同工作模式下的泵排量控制目标,基于Lyapunov稳定性原理设计泵排量执行机构非线性控制器,实现上层变量泵目标排量的跟随控制。

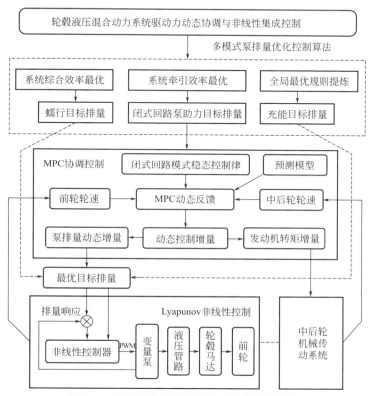

图 7-1 动态协调与非线性集成控制总体架构

7.2 基于模型预测控制的驱动力协调控制器

本书第 6 章基于轮速跟随控制思想,以系统牵引效率最优为目标,计算得到了闭式液压回路泵助力模式下的最优排量控制目标。实际上,该控制目标是在假设前轮轮速与中后轮轮速已经跟随的前提下,计算得到的泵排量稳态控制律;而缺乏车辆实际行驶过程中对路面附着条件的限制以及车轮滑转影响的考虑。只有在良好的路面附着条件下行驶、车轮未发生严重滑转或者滑转率仍然处于线性区变化时,前轮轮速与中后轮轮速才能与车速基本保持一致,进而可以利用上述稳态控制律实现轮速跟随控制。

然而，在车辆的实际行驶过程中，车辆前轮与中后轮的轮速不可能完全一致。一方面，液压系统开启后，前轮轮速跟随中后轮轮速的动态控制需要一定的动态响应过程，此动态响应过程不仅受到车辆发动机动力输出影响，同时也受到目标排量控制以及变量泵非线性响应特性的影响，此过程中前后轮速难以实现完全一致；另一方面，考虑到轮毂液压混合动力系统通常在坏路面条件下进行助力行驶，由于路面附着条件较差，当驾驶员需求动力较高时，车辆中后轮势必会出现打滑的情况，此时通过前轮液压系统对发动机动力的分流减小中后轮驱动力输出，同时可通过全轮驱动更加有效利用车辆自身附着以获取更大的驱动力，提高车辆的通过性；但当中后轮发生严重滑转时，若仍采用基于轮速跟随的泵排量控制目标，那么此时由于发动机转矩能够分流到前轮的比例较为有限，尽管前轮液压系统介入驱动降低了中后轮的驱动转矩，但在较低附着条件下，中后轮仍然可能发生较为严重的滑转，车辆前轮与中后轮的滑转率无法实现精确相等，进而也导致基于轮速跟随的泵排量控制目标难以实现。此外，由于车辆行驶过程中难免受到各种各样的非线性扰动因素，比如车轮滑转、液压系统泄漏、溢流等，仅依靠上述稳态控制律也难以实现最优协调控制效果。

因此，针对闭式液压回路泵助力模式开启的动态变化过程，本节将在上述第 6 章基于轮速跟随控制的泵目标排量基础上，进一步通过滚动优化预测控制，设计基于 MPC 的驱动力协调控制策略，提高轮速跟随控制动态变化过程中的响应特性。所设计的基于 MPC 的驱动力协调控制律如图 7-2 所示，其中，稳态控制律即为前文基于轮速跟随控制思想得到的泵排量控制目标；动态反馈控制律则根据闭式液压回路泵助力模式下液压传动路径与机械传动路径的动力传递特性，同时考虑液压变量泵排量响应特性与发动机转矩控制约束等，利用 MPC 控制求取发动机转矩以及液压变量泵排量的最优动态控制增量，实现发动机与液压变量泵协调工作，进而实现前后轮速协调。

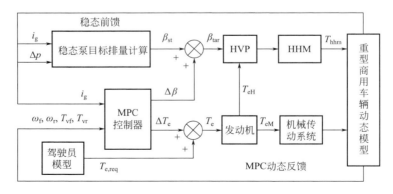

图 7-2 基于 MPC 的驱动力协调控制律

7.2.1 面向控制器设计的轮毂液压混合动力系统模型

为便于控制器设计，基于集中参数法将轮毂液压混合动力系统等效成为弹簧-阻尼-质量系统，建立系统简化模型。考虑轮毂液压混合动力系统在车辆换挡时迅速旁通不工作的特点，建模时可以忽略离合器的影响，当系统工作于某一固定挡位时的数学模型描述，如式(7-1) 所示。

$$\begin{cases} T_{eM} i_g i_0 - T_{vr} = J_{\omega r} \dot{\omega}_r + C_{vr} \omega_r \\ T_{hhm} - T_{vf} = J_{\omega f} \dot{\omega}_f + C_{vf} \omega_f \end{cases} \tag{7-1}$$

式中，T_{eM} 为发动机经过 PTO 分流至机械传动路径的转矩；T_{hhm} 为两个轮毂液压马达输出转矩之和；T_{vr} 为车辆中后轮纵向阻力矩之和；T_{vf} 为车辆前轮纵向阻力矩之和；$J_{\omega r}$ 为车辆中后轮等效转动惯量；C_{vr} 为车辆中后轮等效阻尼系数；$J_{\omega f}$ 为车辆前轮等效转动惯量；C_{vf} 为车辆前轮等效阻尼系数。

其中，分流至机械传动路径的转矩 T_{eM} 计算如式(7-2) 所示。

$$T_{eM} = T_e - \frac{T_{hvp} + T_{pc}}{i_p} \tag{7-2}$$

式中，T_{hvp} 为液压变量泵转矩；T_{pc} 为补油泵转矩，分别计算如下。

$$\begin{cases} T_{hvp} = \frac{1}{20\pi \eta_{pm}} \beta V_{pmax} \Delta p \\ T_{pc} = \frac{1}{20\pi \eta_{pc,m}} V_{pc} \Delta p_{pc} \end{cases} \tag{7-3}$$

式中，V_{pc} 为补油泵排量；Δp_{pc} 为补油泵进出油口的压力差；$\eta_{pc,m}$ 为补油泵的机械效率。

在闭式液压回路泵助力模式下，本书第 6 章根据液压系统流量一致性原理，推导得到了变量泵目标排量计算公式［见式(6-25)］；进而可推导得到该模式下前轮转速与后轮转速之间的关系，如式(7-4) 所示。

$$\omega_f = \frac{\beta V_{pmax} \eta_{pv} \eta_{mv} i_g i_0}{2 V_m i_p} \omega_r \tag{7-4}$$

进而，根据式(7-4) 所示的轮毂液压马达排量与轮速之间的关系，结合式(6-18) 所示的轮毂液压马达转矩计算公式，可计算得到此模式下两个轮毂液压马达的输出转矩之和，如式(7-5) 所示。

$$T_{hhm} = \frac{V_{pmax} \eta_{pv} \eta_{mv} \eta_{mm}}{20\pi i_p} \frac{\omega_e}{\omega_f} \beta \Delta p \tag{7-5}$$

此外，车轮的纵向阻力矩通过轮胎模型以及整车动力学模型进行计算，包含轮胎滑转等非线性因素，如式(7-6) 所示。在系统模型中该力矩作为系统的可测扰动，实际当该力矩不能够直接获得时，可以建立轮胎力观测器进行在线观测。

$$\begin{cases} T_{vf} = T_{ffl} + T_{ffr} \\ T_{vr} = T_{fml} + T_{fmr} + T_{frl} + T_{frr} \end{cases} \quad (7\text{-}6)$$

最后，将式(7-2)、式(7-3)及式(7-5)代入式(7-1)计算，得到前轮转速与后轮转速计算公式，如式(7-7)所示。

$$\begin{cases} \dot{\omega}_f = -\dfrac{C_{vf}}{J_{\omega f}} \omega_f + f_1(\omega_e, \omega_f, \Delta p)\beta - \dfrac{T_{vf}}{J_{\omega f}} \\ \dot{\omega}_r = -\dfrac{C_{vr}}{J_{\omega r}} \omega_r + f_2(\Delta p)\beta + \dfrac{i_g i_0}{J_{\omega r}} T_e - \dfrac{T_{pc}(\Delta P_{pc}) + T_{vr}}{J_{\omega r}} \end{cases} \quad (7\text{-}7)$$

其中

$$\begin{cases} f_1(\omega_e, \omega_f, \Delta p) = \dfrac{V_{pmax}\eta_{pv}\eta_{mv}\eta_{mm}}{20\pi J_{\omega f} i_p} \dfrac{\omega_e}{\omega_f} \Delta p \\ f_2(\Delta p) = -\dfrac{V_{pmax} i_g i_0}{20\pi J_{\omega r} \eta_{pm} i_p} \Delta p \\ T_{pc}(\Delta p_{pc}) = \dfrac{i_g i_0 V_{pc}}{20\pi \eta_{pc,m} i_p} \Delta p_{pc} \end{cases} \quad (7\text{-}8)$$

基于此，建立面向控制器设计的模型，如式(7-9)所示。

$$\begin{cases} \dot{x} = A_c x + B_{cu} u + B_{cd} d \\ y_c = C_c x \end{cases} \quad (7\text{-}9)$$

式中，系统状态以及控制量如式(7-10)所示。其中，对发动机转矩变量进行归一化处理，使控制量 u_1 和 u_2 处于相同的数量级。

$$\begin{cases} x = [x_1 \quad x_2]^T = [\omega_f \quad \omega_r]^T \\ u = [u_1 \quad u_2]^T = \left[\beta \quad \dfrac{T_e}{1000}\right]^T \\ d = [d_1 \quad d_2]^T = [T_{vf} \quad T_{vr} + T_{pc}]^T \\ y_c = \Delta\omega = \omega_f - \omega_r \end{cases} \quad (7\text{-}10)$$

其中，式(7-9)所示模型中的系数矩阵如下。

$$A_c = \begin{bmatrix} -\dfrac{C_{vf}}{J_{\omega f}} & 0 \\ 0 & -\dfrac{C_{vr}}{J_{\omega r}} \end{bmatrix} \quad B_{cd} = \begin{bmatrix} -\dfrac{1}{J_{\omega f}} & 0 \\ 0 & -\dfrac{1}{J_{\omega r}} \end{bmatrix} \quad B_{cu} = \begin{bmatrix} f_1 & 0 \\ f_2 & \dfrac{1000 i_g i_0}{J_{\omega r}} \end{bmatrix} \quad C_c = [1 \quad -1]$$

7.2.2 预测模型

为建立系统预测模型，首先以 T_s 为采样周期将系统模型离散化；同时为求取系统动态控制增量，引入积分环节，进一步将模型改写为增量模型，如式(7-11)所示。

$$\begin{cases} \Delta x(k+1) = A\Delta x(k) + B_u \Delta u(k) + B_d \Delta d(k) \\ y_c(k) = C_c \Delta x(k) + y_c(k-1) \end{cases} \quad (7\text{-}11)$$

其中，$\Delta x(k) = x(k) - x(k-1)$，$\Delta u(k) = u(k) - u(k-1)$，$\Delta d(k) = d(k) - d(k-1)$。

式中，离散系统的系数矩阵如下。

$$A = L^{-1}\left[(sI - A_c)^{-1}\right] = L^{-1}\left[\frac{1}{s - A_c}\right] = e^{A_c T_s}$$

$$B_u = \int_0^{T_s} A \, dt B_{cu} = \int_0^{T_s} e^{A_c t} \, dt B_{cu} = \frac{B_{cu}}{A_c}(e^{A_c T_s} - 1)$$

$$B_d = \int_0^{T_s} A \, dt B_{cd} = \int_0^{T_s} e^{A_c t} \, dt B_{cd} = \frac{B_{cd}}{A_c}(e^{A_c T_s} - 1)$$

根据 MPC 控制原理，定义预测时域 p 以及控制时域 $u(u \leqslant p)$，同时为了推导系统的预测输出方程，做出如下假设。

① 控制时域之外，控制量不变，如式(7-12) 所示。

$$\Delta u(k+i|k) = 0, i = u, u+1 \cdots p-1 \quad (7\text{-}12)$$

② 可测干扰在 k 时刻之后不变，如式(7-13) 所示。

$$\Delta d(k+i|k) = 0, i = 1, 2 \cdots p-1 \quad (7\text{-}13)$$

在上述假设下，定义预测时域内的系统输出，如 (7-14) 所示。

$$Y(k+1|k) \stackrel{\triangle}{=} \begin{bmatrix} y(k+1|k) \\ y(k+2|k) \\ \vdots \\ y(k+u|k) \\ \vdots \\ y(k+p|k) \end{bmatrix} = \begin{bmatrix} \Delta \omega(k+1|k) \\ \Delta \omega(k+2|k) \\ \vdots \\ \Delta \omega(k+u|k) \\ \vdots \\ \Delta \omega(k+p|k) \end{bmatrix} \quad (7\text{-}14)$$

其中，$y(k+p|k)$ 表示 k 时刻对 $k+p$ 时刻系统输出的预测。

定义控制时域内的系统输入序列，如式(7-15) 所示。

$$\Delta U(k) \stackrel{\triangle}{=} \begin{bmatrix} \Delta u(k|k) \\ \Delta u(k|k) \\ \vdots \\ \Delta u(k+u-1|k) \\ \vdots \\ \Delta u(k+p-1|k) \end{bmatrix} \quad (7\text{-}15)$$

其中，$\Delta u(k+i|k) = [\Delta\beta(k+i|k) \quad \Delta T_e(k+i|k)/1000]^T$，$i=0\cdots u-1\cdots p-1$。根据上述假设，越过控制时域之外的控制量均保持不变，即满足：$\Delta u(k+j|k) = \Delta u(k+u-1|k)$，$j=u\cdots p-1$。

进而，根据 k 时刻检测到的系统状态 $x(k)$，计算预测系统的未来动态的起点 $\Delta x(k)$，并根据 $\Delta x(k)$ 以及式(7-11)递推得到模型状态的未来变化，然后根据系统未来状态预测系统的未来输出，如式(7-16)所示。

$$Y(k+1|k) = S_x \Delta x(k) + S_u \Delta U(k) + S_d \Delta d(k) + I_c y(k) \quad (7-16)$$

其中，式(7-16)中的系数矩阵如下：

$$S_x = \begin{bmatrix} C_c A \\ C_c A^2 + C_c A \\ \cdots \\ \sum_{i=1}^{u} C_c A^i \\ \cdots \\ \sum_{i=1}^{p} C_c A^i \end{bmatrix} \quad S_d = \begin{bmatrix} C_c B_d \\ C_c A B_d + C_c B_d \\ \cdots \\ \sum_{i=1}^{u} C_c A^{i-1} B_d \\ \cdots \\ \sum_{i=1}^{p} C_c A^{i-1} B_d \end{bmatrix} \quad I_c = \begin{bmatrix} 1 \\ 1 \\ 1 \\ \cdots \\ \cdots \\ 1 \end{bmatrix}_{p\times 1}$$

$$S_u = \begin{bmatrix} C_c B_u & 0 & \cdots & \cdots & 0 \\ C_c A B_u + C_c B_u & C_c B_u & 0 & \cdots & 0 \\ C_c A^2 B_u + C_c A B_u + C_c B_u & C_c A B_u + C_c B_u & C_c B_u & 0 & \cdots \\ \cdots & \cdots & \cdots & 0 & \cdots \\ \sum_{i=1}^{u} C_c A^{i-1} B_u & \sum_{i=1}^{u-1} C_c A^{i-1} B_u & \cdots & \cdots & C_c B_u & 0 \\ \cdots & & & & 0 \\ \sum_{i=1}^{p} C_c A^{i-1} B_u & \sum_{i=1}^{p-1} C_c A^{i-1} B_u & \cdots & \cdots & \cdots & C_c B_u \end{bmatrix}$$

7.2.3 约束优化

在闭式液压回路泵助力模式下，系统的首要控制目标是实现前轮轮速与中后轮轮速的跟随，进而实现整车最佳牵引效率，即前后轮速差值在控制时域内应逐步趋近于 0，所以可以定义第一个优化目标函数 J_1，如式(7-17)所示。

$$J_1 = \|Q[Y(k+1|k) - R_c]\|^2 \tag{7-17}$$

式中，Q 为权重矩阵，Q 越大，系统响应速度越快；R_c 为定义的参考输出序列，如式(7-18) 所示，其中，α 为自适应系数，并满足 $0 < \alpha < 1$。

$$R_c = [\alpha \Delta \omega(k) \quad \alpha^2 \Delta \omega(k) \quad \cdots \quad \alpha^p \Delta \omega(k)] \tag{7-18}$$

为了避免执行机构控制饱和，控制动作的变化率不能过大，以确保液压变量泵排量平稳变化，因此，定义另外一个优化目标函数 J_2，如式(7-19) 所示。

$$J_2 = \|R \Delta U(k)\|^2 \tag{7-19}$$

式中，R 为权重矩阵，R 越大，系统冲击越小。

综上，上述驱动力协调控制的多目标需求可描述为如下的优化问题，如式(7-20) 所示。

$$\begin{cases} \min\limits_{\Delta u(k)} J \\ J = J_1 + J_2 \\ s.t.\ y_{\min}(k) \leqslant y(k) \leqslant y_{\max}(k) \\ \quad U_{\min}(k) \leqslant U(k) \leqslant U_{\max}(k) \\ \quad -\Delta U_{\min}(k) \leqslant \Delta U(k) \leqslant \Delta U_{\max}(k) \end{cases} \tag{7-20}$$

式中，$y_{\min}(k)$ 和 $y_{\max}(k)$ 分别为输出变量的约束下限、上限阈值；$U_{\min}(k)$ 和 $U_{\max}(k)$ 分别为控制变量的下限、上限阈值；$\Delta U_{\min}(k)$ 和 $\Delta U_{\max}(k)$ 分别为控制变量变化率的下限、上限阈值。

根据前文预测模型输出方程，上述优化问题可以进一步转化为二次规划问题，如式(7-21) 所示。

$$\begin{cases} \min\limits_{\Delta u} \widetilde{J} = \dfrac{1}{2} \Delta U(k)^T H \Delta U(k) + G(k+1|k)^T \Delta U(k) \\ s.t.\ C_u \Delta U(k) \geqslant b(k+1|k) \end{cases} \tag{7-21}$$

式中，H 为 Hessian 矩阵；$G(k+1|k)$ 为梯度向量；$b(k+1|k)$ 为系统约束矩阵，分别计算如下。

$$H = 2(S_u^T Q^T Q S_u + R^T R)$$

$$C_u = [-\Gamma \quad \Gamma \quad -L^T \quad L^T \quad -S_u^T \quad S_u^T]^T$$

$$G(k+1|k) = -2(S_u^T Q^T Q \{R_c - [S_x \Delta x(k) + S_d \Delta d(k) + I_c y(k)]\})$$

$$b(k+1|k) = \begin{bmatrix} -\Delta U_{\max}(k) \\ \vdots \\ -\Delta U_{\max}(k+p-1) \\ -\Delta U_{\min}(k) \\ \vdots \\ -\Delta U_{\min}(k+p-1) \\ U(k-1)-U_{\max}(k) \\ \vdots \\ U(k-1)-U_{\max}(k+p-1) \\ U_{\min}(k)-U(k-1) \\ \vdots \\ U_{\min}(k+p-1)-U(k-1) \\ S_x \Delta x(k) + S_d \Delta d(k) + I_c y(k) - Y_{\max}(k+1) \\ Y_{\min}(k+1) - S_x \Delta x(k) - S_d \Delta d(k) - I_c y(k) \end{bmatrix}$$

其中，Γ 为单位矩阵；L 为各元素都为单位矩阵的下三角矩阵，如式(7-22)所示。$Y_{\max}(k+1)$ 和 $Y_{\min}(k+1)$ 如式(7-23)所示。

$$\Gamma = \begin{bmatrix} I & 0 & \cdots & 0 \\ 0 & I & \cdots & 0 \\ \cdots & \cdots & \cdots & \cdots \\ 0 & 0 & \cdots & I \end{bmatrix} \quad L = \begin{bmatrix} I & 0 & \cdots & 0 \\ I & I & \cdots & 0 \\ \cdots & \cdots & \cdots & \cdots \\ I & I & \cdots & I \end{bmatrix} \tag{7-22}$$

$$Y_{\max}(k+1) = \begin{bmatrix} y_{\max}(k+1) \\ y_{\max}(k+2) \\ \cdots \\ y_{\max}(k+N_p) \end{bmatrix} \quad Y_{\min}(k+1) = \begin{bmatrix} y_{\min}(k+1) \\ y_{\min}(k+2) \\ \cdots \\ y_{\min}(k+N_p) \end{bmatrix} \tag{7-23}$$

进而，利用二次规划方法对上述约束优化问题求解，即可求得轮毂液压混合动力系统驱动力协调控制过程中的最优控制序列 $\Delta U(k)$，该序列的第一个元素即为当前时刻的最优控制输入变量，即当前时刻发动机转矩以及液压变量泵排量的动态控制增量。

7.3 基于 Lyapunov 稳定性的泵排量非线性控制

实际液压系统控制过程中,当各工作模式下的液压变量泵排量控制目标确定之后,还需要进一步通过液压控制执行部件,即泵排量控制执行机构,实现排量控制目标的跟随控制。然而,由于变量泵排量调节机构响应滞后、参数时变以及系统控制过程中外部干扰等问题的影响,导致在不施加任何控制调节作用的情况下,泵实际排量变化将需要较长的响应时间,影响系统动态控制性能。因此,设计具有强鲁棒性的非线性控制器以克服上述问题,对提升泵排量跟踪控制品质仍然十分必要。

7.3.1 液压系统非线性控制问题

根据第 6 章泵排量优化控制算法计算得到的变量泵排量稳态控制需求,以及本章根据驱动力协调控制策略计算得到的动态调节增量,即可以最终确定当前工作模式下的泵排量控制目标,如式(7-24)所示。

$$\beta_{cmd} = \beta_{st} + \beta_{mpc} \tag{7-24}$$

式中,β_{cmd} 为泵排量控制目标;β_{st} 为多模式稳态控制需求;β_{mpc} 为驱动力协调控制需求。其中,当系统不在闭式回路泵助力模式工作时,$\beta_{mpc}=0$。

根据第 2 章的变量泵排量执行机构建模过程可知,泵排量目标的响应仍需要根据 PWM 占空比信号进行调节,控制泵排量响应跟随上述 β_{cmd} 控制目标。然而,受到液压系统非线性特性的影响,泵排量目标 β_{cmd} 跟随控制的实现离不开非线性控制器的设计。

针对液压系统的泵排量跟踪控制过程中的非线性问题,本小节在 Triple-stepping 控制方法设计的基础上,基于 Lyapunov 稳定性理论提出一种带有非线性反馈的改进控制器,通过非线性动态反馈控制律的引入提高控制器对液压系统泵排量跟踪控制过程的鲁棒性。

7.3.2 面向控制器设计的泵排量控制执行机构模型

为了便于非线性控制器的设计,首先根据第 3 章的变量泵排量控制执行机构动态辨识模型,建立面向控制器设计的模型表达形式。根据第 3 章内容,液压变量泵稳态目标排量与 PWM 控制信号呈现式(3-65)所示的线性关系;而液压变量泵的目标排量与实际响应排量之间的关系可以使用变参数的一阶传递函数进行描述,如式(3-66)所示;其中,传递函数的参数在第 3 章使用递推最小二乘辨识方法得到。进而,结合式(3-65)以及式(3-66),得到泵排量执行机构的状态空间方程,如式(7-25)所示。

$$\begin{cases} \dot{x} = Ax + Bu + C \\ y = x \end{cases} \quad (7\text{-}25)$$

式中，状态变量 x 表示泵排量响应，即 β_{act}；控制变量 u 表示 PWM 占空比信号。其中状态空间方程中各参数为：$A = -\dfrac{a}{\tau}$，$B = \dfrac{21.21b}{\tau}$，$C = -\dfrac{7.5b}{\tau}$。

那么针对该泵排量执行机构非线性控制器的设计，即设计控制律 u，使得系统输出 y 能够跟踪不同模式下计算得到的泵排量控制目标 β_{cmd}。

7.3.3 基于 Lyapunov 稳定性的非线性控制器设计

首先，定义泵排量跟踪控制误差为：$e = y - \beta_{cmd} = x - \beta_{cmd}$。根据 Lyapunov 稳定性理论，满足 $\dot{x} = 0$ 的状态即为系统的平衡状态或者平衡点；若最后的控制器镇定变量为 e，则泵排量执行机构在平衡点 $x = \beta_{cmd}$、$\dot{x} = 0$ 处可达到一致、渐近稳定。

根据上述系统达到稳态的条件，代入式(7-25)，则可以得到

$$u_s = -\dfrac{Ax_d + C}{B} \quad (7\text{-}26)$$

式中，u_s 为可以使系统最终响应至控制目标的稳态控制需求；x_d 为期望参考，即泵排量控制目标 β_{cmd}。

其次，进一步考虑系统跟踪控制过程中，泵排量控制目标变化对控制的影响，加入期望参考动态的补偿 u_f，则在控制律 $u = u_s + u_f$ 的作用下，假设此时系统状态变化能够跟踪上参考输入的变化，存在 $\dot{x} = \dot{x}_d$，并结合式(7-26) 代入式(7-25) 计算，得到

$$u_f = \dfrac{\dot{x}_d - A(x - x_d)}{B} \quad (7\text{-}27)$$

此时，在上述前馈控制以及参考动态控制的作用下，系统已经可以响应至目标曲线附近，进入小偏差调节状态。进一步考虑系统跟踪误差的影响，提高系统对不确定性的鲁棒性，进一步引入误差动态反馈控制 u_d 减小跟踪误差。为了提高系统对非线性的控制效果，基于指数函数处理后的跟踪误差构造动态反馈控制量，设计非线性动态反馈控制律 u_d，如式(7-28) 所示。

$$u_d = -\dfrac{k_1}{B}(\omega^e - 1) \quad (7\text{-}28)$$

式中，k_1 为非线性反馈控制增益，$k_1 > 0$；ω 为非线性反馈的设计参数，$\omega > 1$。

进而将最终控制律 $u = u_s + u_f + u_d$ 作用于泵排量控制系统，并代入式(7-25) 计算，得到误差系统如式(7-29) 所示。

$$\dot{e} = \dot{x} - \dot{x}_d = Bu_d \tag{7-29}$$

结合 Lyapunov 稳定性原理对所构造的非线性动态反馈控制器进行设计，定义系统的 Lyapunov 函数为 $V = \frac{1}{2}e^2$；对其求导计算，可得

$$\dot{V} = e\dot{e} = eBu_d \tag{7-30}$$

为了寻找满足能量函数 $\dot{V} \leqslant 0$ 的控制律，将 ω^e 展开为 e 的三阶幂级数，并忽略幂级数的高阶项，如式(7-31) 所示。

$$\omega^e - 1 \approx e\ln\omega + \frac{1}{2}e^2(\ln\omega)^2 + \frac{1}{6}e^3(\ln\omega)^3 \tag{7-31}$$

将式(7-28) 以及式(7-31) 代入式(7-30)，计算可得

$$\begin{aligned}\dot{V} &= eBu_d = -ek_1(\omega^e - 1) \\ &\approx -ek_1\left[e\ln\omega + \frac{1}{2}e^2(\ln\omega)^2 + \frac{1}{6}e^3(\ln\omega)^3\right] \\ &= -k_1 e^2 \ln\omega - \frac{1}{2}k_1 e^3(\ln\omega)^2 - \frac{1}{6}k_1 e^4(\ln\omega)^3\end{aligned} \tag{7-32}$$

根据 Young 式不等式，存在以下不等式条件。

$$-e(\ln\omega)^2 \leqslant \frac{1}{2}(\ln\omega)^4 + \frac{1}{2}e^2 \tag{7-33}$$

进而，式(7-32) 所示的能量函数的导数可以表示为式(7-34) 所示。

$$\begin{aligned}\dot{V} &\leqslant -k_1 e^2 \ln\omega + \frac{1}{2}k_1 e^2\left[\frac{1}{2}(\ln\omega)^4 + \frac{1}{2}e^2\right] - \frac{1}{6}k_1 e^4(\ln\omega)^3 \\ &= -\left[k_1 \ln\omega - \frac{1}{4}k_1(\ln\omega)^4\right]e^2 - \left[\frac{1}{6}k_1(\ln\omega)^3 - \frac{1}{4}k_1\right]e^4\end{aligned} \tag{7-34}$$

因为 $k_1 > 0$，$\omega > 1$，只要式(7-35) 所示的不等式成立，那么 $\dot{V} \leqslant 0$ 恒成立。

$$\begin{cases} \ln\omega - \frac{1}{4}(\ln\omega)^4 > 0 \\ \frac{1}{6}(\ln\omega)^3 - \frac{1}{4} > 0 \end{cases} \tag{7-35}$$

求解上述不等式，可得到 $\sqrt[3]{1.5} < \ln\omega < \sqrt[3]{4}$；进而，可求得非线性反馈控制器设计参数 ω 的取值范围为 $e^{\sqrt[3]{1.5}} < \omega < e^{\sqrt[3]{4}}$；即当非线性反馈控制律的设计参数 ω 处于区间(3.14，4.89)内时，可以使得能量函数 $\dot{V} \leqslant 0$ 恒成立；那么根据 Lyapunov 稳定性原理，此时系统在平衡点 $x = \beta_{cmd}$、$\dot{x} = 0$ 处是渐近稳定的。

综上,针对变量泵排量执行机构设计的非线性控制器的最终表达形式,如式(7-36)所示。

$$u = -\frac{Ax_d + C}{B} + \frac{\dot{x}_d - A(x - x_d)}{B} - \frac{k_1}{B}(\omega^e - 1) \qquad (7\text{-}36)$$

7.3.4 名义仿真工况验证

将式(7-36)所示的控制律在 MATLAB/Simulink 环境中实现,并作用于第3章基于系统辨识方法建立的变量泵排量控制执行机构动态模型,通过设定不同的工况进行仿真验证。为了对比所设计的非线性控制器的有效性,同时给出 PID 控制器作用下的仿真结果进行对比。其中,控制器参数设置为:$k_1 = 2$,$\omega = 3.5$。

首先,为检验泵排量控制执行机构的稳态跟踪效果,本小节选取一个阶跃函数作为目标排量,阶跃响应的跟踪控制曲线对比如图 7-3 所示。可见,仿真过程第 0.3s 附近,阶跃目标排量出现后,在不采用任何控制的情况下,泵排量执行机构跟踪上目标排量所需时间为 500ms,存在较大的滞后;在采用"前馈+反馈 PID"控制器的情况下,可以明显缩短响应时间至 100ms,但初始跟踪阶段存在较大的超调以及振动。对比上述两种情况,在本章设计的非线性控制器的作用下,跟踪上目标排量所需时间为 40ms,且不存在超调的情况。

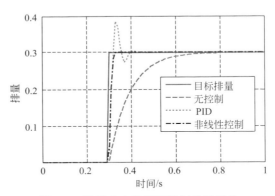

图 7-3 阶跃响应的跟踪控制曲线对比

进一步,为了检验控制器的动态跟踪效果,选取图 7-4 所示正弦波为期望目标排量进行仿真对比。根据图 7-4 可见,相比于 PID 控制器,本章设计的非线性控制器在仿真初始时刻跟踪响应略慢,但在零排量跟踪上目标排量的过程中变化更加平稳,能够有效抑制系统响应滞后带来的非线性控制问题。

综上可见,本章设计的非线性控制器能够有效控制泵排量执行机构对目标排量跟踪,在稳态响应以及动态响应过程中均实现了较好的控制效果。

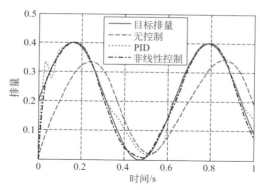

图 7-4　正弦响应跟踪控制曲线

7.4　仿真验证

在上述 MPC 协调控制器以及非线性控制器设计的基础上，进一步建立针对轮毂液压混合动力系统的 NMPC 驱动力动态协调与非线性集成控制器，并在不同的路面附着条件下对所设计的集成控制器进行仿真验证。为了验证本章设计的集成控制器的效果，本节同时给出仅采用稳态目标排量控制（即前馈控制）以及采用 PID 控制器进行驱动力协调控制的仿真结果，并进行对比。

7.4.1　低附着路面工况仿真结果

低附着路面工况下（路面附着系数设定为 0.3），驾驶员以 20% 油门开度起步，由整车控制器控制液压阀组切换进入闭式液压回路泵助力模式工作。此时，轮毂液压混合动力系统的轮速跟随情况对比，如图 7-5 所示，图中"NMPC"代表本章设计的集成控制器，"Feedforward"代表仅采用前馈控制的仿真结果。根据图 7-5，当液压系统开启助力模式后，与仅采用稳态前馈控制相比，基于轮速跟随误差的 PID 反馈控制可以在一定程度上加快轮速跟随的响应过程，但无法抑制系统非线性带来的震荡以及超调问题。与 PID 反馈控制相比，本章提出的 NMPC 非线性动态协调控制器可以进一步优化系统性能，跟踪响应速度更快的同时误差更小，并且能够抑制系统非线性引起的控制问题。

采用不同的控制器，系统的控制量会发生变化，包括发动机转矩以及变量泵排量，分别如图 7-6 和图 7-7 所示。根据图 7-7，由于路面附着系数较低，车辆起步加速阶段中后轮存在较大的滑转。为了跟随中后轮轮速，采用 PID 控制器进行驱动力协调需求较大的泵目标排量，以提高前轮液压路径功率输出，进而增大前轮轮速，此时 PID 控制器计算的泵目标排量已经产生了较大的波动。由于

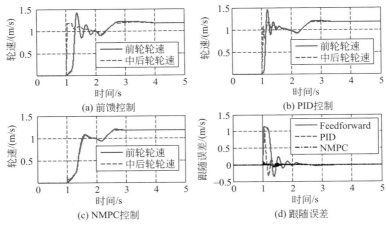

图 7-5 不同控制方法轮速跟随情况对比

液压泵排量执行控制机构的强非线性的存在,在底层液压执行机构控制也采用 PID 控制器的情况下,导致液压系统泵排量的响应过程中也存在较为严重的超调。相比之下,根据图 7-6,本章提出的 NMPC 动态反馈控制,在稳态前馈控制的基础上,可以在液压系统开启前期利用 MPC 控制器计算得到发动机转矩动态

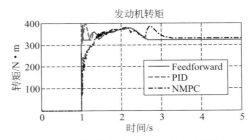

图 7-6 不同控制方法发动机转矩对比

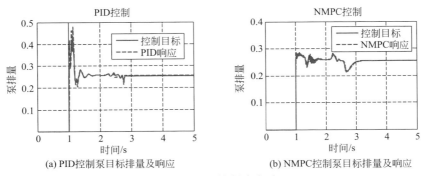

图 7-7 泵排量控制响应对比

增量,通过抑制发动机转矩,减小机械路径功率输出,进而减小中后轮的滑转,加快轮速跟随响应过程;同时利用 MPC 驱动力协调控制器得到的目标排量变化更平稳,进一步集成非线性控制器对泵排量控制执行机构进行跟踪控制,也能够有效抑制泵排量响应滞后带来的控制问题,实现较好的跟踪控制效果。

其中,轮速跟随控制过程中车轮滑转率变化如图 7-8 所示。可见,在采用 PID 控制的情况下,尽管增大了前轮液压路径的功率输出使得前轮滑转率更大,但中后轮的滑转情况并没有得到改善,此时前轮以及中后轮都处于严重打滑状态;相比之下,采用本章设计的 NMPC 控制器之后,车轮的滑转被进一步抑制,进而也可以更好地利用地面附着获取更大的驱动力。根据图 7-9 所示的车速变化对比情况,在轮速跟随的瞬态变化过程中,采用 NMPC 控制器后车辆加速性能更好,提高了系统动力性。

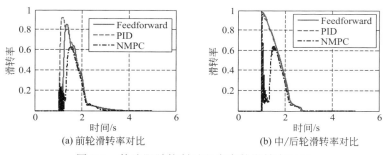

图 7-8 轮速跟随控制过程中车轮滑转率对比

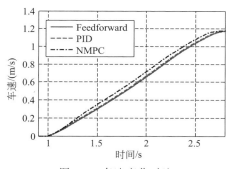

图 7-9 车速变化对比

此外,协调控制过程中轮毂液压混合动力系统低压油路以及高压油路的压力对比,如图 7-10 所示。可见,尽管采用 PID 控制器加快了系统压力响应过程,但对于系统压力的振动与超调并没有实现很好的抑制作用;而采用本章设计的 NMPC 控制器,则可以保证液压系统压力平稳变化,对系统非线性起到了明显的控制效果。

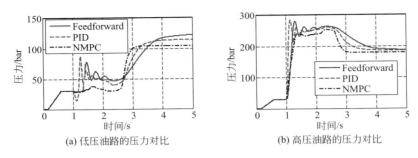

(a) 低压油路的压力对比　　　　(b) 高压油路的压力对比

图 7-10　轮毂液压混合动力系统低压油路以及高压油路的压力对比

7.4.2　高附着路面工况仿真结果

高附着路面工况下（路面附着系数设定为 0.8），驾驶员以 50% 油门开度起步，并控制系统进入闭式液压回路泵助力模式工作。此条件下的仿真结果见图 7-11～图 7-16。如图 7-11 所示为不同控制方法作用下的轮速跟随情况对比，可见，高附着条件下采用不同的控制器均能实现较好的轮速跟随控制效果；但相比于前馈控制以及 PID 反馈控制，NMPC 控制器仍然表现出更好的控制性能，跟踪控制误差最小。

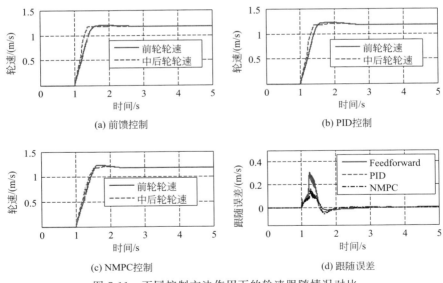

(a) 前馈控制　　　　(b) PID控制

(c) NMPC控制　　　　(d) 跟随误差

图 7-11　不同控制方法作用下的轮速跟随情况对比

如图 7-12 和图 7-13 所示分别为轮速跟随控制过程中发动机转矩变化以及泵排量变化。与低附着路面工况下的控制过程类似，此时 NMPC 控制器需要通过发动机转矩控制以及泵排量调节加快前后轮速的同步过程；相比于 PID 控制器在泵排量跟踪控制初始阶段出现的波动问题，本章设计的非线性控制器跟踪控制过程变化更加平稳，表现出较好的工况适应性与鲁棒性。

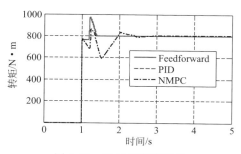

图 7-12　发动机转矩对比

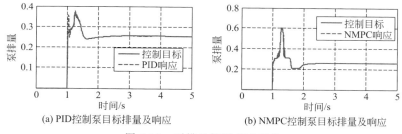

图 7-13　泵排量控制响应对比

高附着路面工况下，轮速跟随控制过程中车轮滑转率对比如图 7-14 所示。可以看出，高附着路面条件下车辆中后轮滑转仍然处于线性区范围，并未出现严重的打滑现象。此时，NMPC 控制器抑制发动机转矩实现轮速跟随控制的同时，也减小了中后轮机械路径的功率，进而导致中后轮的滑转率减小。同时，轮速跟踪控制过程中也需要增大泵排量以提高前轮液压系统的输出功率，此时前轮滑转率升高。

根据前文分析，在闭式液压回路泵助力模式下，系统中仍然只有发动机一个

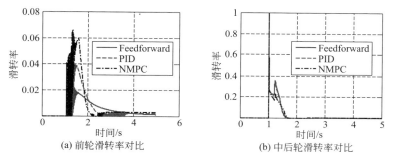

图 7-14　车轮滑转率对比

动力源，此模式更加适合低附着路面条件下通过全轮驱动以更好利用地面附着，提高车辆动力性与通过性；而高附着路面条件下，发动机动力在中后轮机械路径已经可以得到较好的利用，此时开启液压系统对车辆的动力性能影响不大。如图 7-15 所示即为高附着路面工况下的车速变化对比情况，可以看出，采用不同控制器，车辆动力性基本一致，而 NMPC 控制器由于在轮速跟随控制过程中减小了发动机的转矩输出，其动力性反而略有下降。

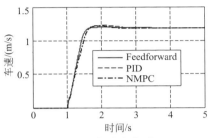

图 7-15　车速变化对比

此外，在高附着路面条件下协调控制过程中，轮毂液压混合动力系统低压油路以及高压油路的压力对比，如图 7-16 所示。由于加入 PID 或者 NMPC 反馈控制后，系统需要增大变量泵排量以实现更快的响应，此时系统压力存在明显增大，但仍处于系统安全压力范围。同时，在高附着路面条件下车辆中后轮未出现严重打滑的情况下，采用不同控制器，前轮轮速均能够较好地跟随中后轮轮速，此时液压系统的压力变化均较为平稳。

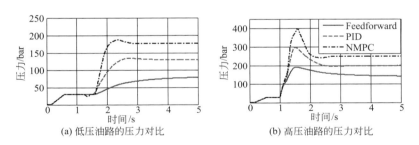

图 7-16　轮毂液压混合动力系统低压油路与高压油路的压力对比

综上所述，NMPC 控制器在低附着路面条件下表现出的优越性，以及闭式液压回路泵助力模式对低附着路面条件具备更好的适用性特点，进一步证明了本章设计的 NMPC 控制器在轮毂液压混合动力系统中的应用潜力。

7.4.3　非线性动态协调控制器性能评价

为了进一步评估所设计的 NMPC 非线性动态协调控制器的性能，本小节采用误差的平方积分准则分别对比不同控制器作用下系统的轮速跟随控制效果。首先，定义误差性能指标 J_1^e，如式（7-37）所示，表示控制过程中轮速跟随误差的平方和。显然，J_1^e 值越小，系统控制越精确。

$$J_1^e = \int_0^t e^2 \mathrm{d}t \tag{7-37}$$

进而，根据式（7-37）可分别计算低附着路面以及高附着路面条件下不同控制器的控制性能指标，计算结果分别如表 7-1 与表 7-2 所示。根据表 7-1，在低附着路面条件下，采用 PID 反馈控制、NMPC 动态反馈控制与仅采用稳态前馈控制相比，控制误差均有所减小，其中 NMPC 控制器的误差最小，与仅采用稳态控制相比，误差控制性能提高 99.7%。相比之下，根据表 7-2 所示的高附着路面条件下的仿真测试结果，NMPC 控制器的误差控制性能下降至 72.51%，但相比 PID 反馈控制以及仅采用稳态前馈控制的误差仍然最小，仍表现出较好的工况适应性与鲁棒性。

表 7-1 低附着路面工况各控制器误差性能指标对比

项目	$J_1^e/(m^2/s^2)$	提升百分比/%
Feedforward	273.63	—
PID	65.07	76.22
NMPC	0.78	99.71

表 7-2 高附着路面工况各控制器误差性能指标对比

项目	$J_1^e/(m^2/s^2)$	提升百分比/%
Feedforward	15.97	—
PID	12.78	19.97
NMPC	4.39	72.51

本章小结

良好的动态协调与非线性控制算法是提高轮毂液压混合动力系统动态品质的关键。本章将轮毂液压混合动力系统的动态协调控制问题分解为三个层面：多模式泵排量稳态控制目标，闭式液压回路泵助力模式下泵排量动态调节增量与发动机转矩控制增量，以及泵排量执行控制机构的非线性跟踪控制，并基于 MPC 控制原理以及 Lyapunov 稳定性原理提出了 NMPC 动态协调与非线性集成控制器，解决了轮毂液压混合动力系统工作过程中驱动力协调以及液压系统的本质非线性引起的控制问题。

通过本章动态协调与非线性集成控制算法的研究，进一步提升了轮毂液压混合动力系统的动态响应性能，为该液压系统的实际控制提供了有意义的理论参考，同时也为该系统在重型商用车中的推广应用奠定了理论研究基础。

第8章

轮毂液压混合动力系统试验平台

书中前述章节介绍了轮毂液压混合动力系统结构及其建模、能耗分析、能量优化、驱动力协调控制与非线性控制等关键技术,并基于模型仿真平台进行了联合仿真,验证了模型和控制算法的基本功能与控制效果。本章将在前述章节内容的基础上,介绍轮毂液压混合动力系统的试验测试平台,包括硬件在环(hardware-in-the-loop, HIL)仿真测试平台、台架试验平台与实车试验平台,从而验证相关控制算法在真实控制器中运行的实时性,并验证控制算法在实车环境下的优化与控制效果。

8.1 HIL 仿真测试

8.1.1 HIL 仿真平台

基于模型对控制策略进行离线仿真验证,无法反映控制策略在实时环境下的响应及可能遇到的问题。在控制系统开发过程中,进行 HIL 测试,可验证控制算法的实时性和控制器环境工作效果,及时发现并处理控制策略中可能存在的缺陷,降低系统开发和测试的时间与经济成本。

本节将基于 dSPACE/Simulator(模拟器)搭建 HIL 测试环境。dSPACE 实时仿真系统是由德国 dSPACE(digital Signal Processing And Control Engineering)公司生产的一套可实现与 MATLAB/Simulink/RTW 无缝连接、用于控制系统开发及测试的半实物仿真软硬件工作平台。dSPACE 将计算机支持工具贯穿于控制系统开发和测试的整个过程,具有实时性强、可靠性高、扩充性好等优点;可以使开发工程师和测试工程师在开发初期能全身心地致力于控制算法的开发完善,在产品测试阶段又能为测试提供一个适应性强、界面友好的测试环境。

dSPACE 提供的硬件系统主要有两大类:一类是单板系统,即把处理器和

I/O 集成到一个板子上,形成一个完整的实时仿真系统;另一类是标准组件系统,将实时处理器和用户接口完全分开,以实现处理器能力和 I/O 能力的自由扩展,处理器和 I/O 之间的通信由 PHS(peripheral high-speed bus)总线组成。

基于 dSPACE 的控制系统开发步骤如下。

① 在 MATLAB/Simulink 下建立仿真对象的数学模型,设计控制方案,并对系统进行离线仿真。

② 在 MATLAB/Simulink 中保留需要下载到 dSPACE 中的模块,用硬件接口关系代替原来的逻辑连接关系,对 I/O 进行配置,设定软硬件中断优先级。

③ 利用 RTW 及 dSPACE 提供的 RTI 工具自动生成代码,并将代码下载为 dSPACE 实时仿真硬件平台上可执行的程序。

④ 利用 dSPACE 综合实验和测试环境 ControlDesk 对实时仿真数据进行观测、获取、联机改变 dSPACE 硬件平台参数并进行仿真。

dSPACE 具有许多其他仿真系统无法比拟的优点。

(1)过渡性好、易于掌握和使用

由于 dSPACE 建立在 MATLAB 仿真软件基础上,从而方便开发者从非实时仿真分析、设计过渡到实时分析、设计。

(2)快速性好

由于 dSPACE 和 MATLAB 的无缝连接,使用户在几分钟之内就可以完成模型参数的修改、代码的生成及下载工作,从而可以在短期内完成对控制原型的反复更改和试验,大大节省了开发时间。

(3)实时性好

一旦代码下载到实时系统,代码即可独立运行,试验工具软件只通过内存映射访问试验过程中的各种参数及结果变量,不会对试验过程产生干扰。

(4)可靠性高

dSPACE 实时控制系统硬件、代码生成及下载软件、试验工具软件不存在任何兼容性问题,可靠性高。

(5)灵活性强

dSPACE 实时仿真系统允许用户在单板系统和多板系统、单处理器系统和多处理器系统、自动生成代码和手工编制代码之间进行选择,从而可以适应用户的各方面要求。

具体测试方法为,首先将基于 AMESim 平台搭建的整车动力学模型生成实时运行的代码并下载到模拟器中模拟实车和实际部件物理环境。同时,将基于 MATLAB/Simulink 平台搭建的控制策略算法编译后生成代码语言下载到 HCU 实际整车控制器 TTC200。然后,将控制器与模拟器的相关端口通过硬线及 CAN 总线连接,进行实时的信号交互和通信。搭建的硬件在环 HIL 仿真测试平台架构如图 8-1 所示。

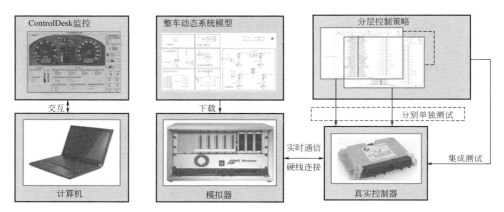

图 8-1　搭建的硬件在环 HIL 仿真测试平台架构

8.1.2　HIL 仿真测试

基于以上硬件在环平台和搭建的轮毂液压混合动力汽车仿真模型，对前文搭建的能量优化、驱动系统非线性控制等策略算法的控制效果进行测试与验证，并与传统车测试结果进行对比，从而验证轮毂液压混合动力车的性能优势和控制策略有效性。

8.1.2.1　传统车测试

基于传统车仿真模型及其控制策略开展的 HIL 测试结果如图 8-2～图 8-7 所示，可见，传统车在 CBDTRUCK 工况的 850s 内总行程 3.51km 的累积油耗为 1978.0g，换算得到工况等效油耗为 67.9L/100km。

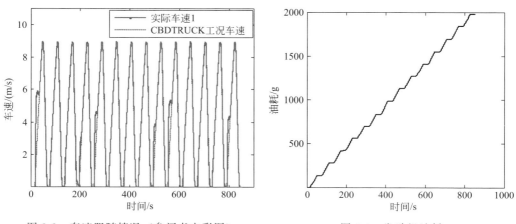

图 8-2　车速跟随情况（参阅书末彩图）　　图 8-3　发动机油耗

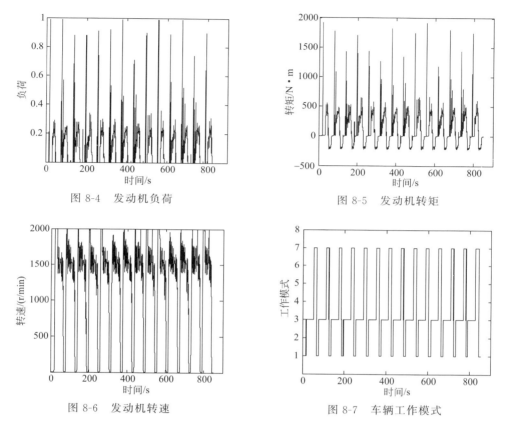

图 8-4 发动机负荷

图 8-5 发动机转矩

图 8-6 发动机转速

图 8-7 车辆工作模式

8.1.2.2 轮毂液压混合动力车测试

基于轮毂液压混合动力车仿真模型及其相关控制策略开展的 HIL 测试结果如图 8-8～图 8-14 所示。可见，轮毂液压混合动力车在 CBDTRUCK 工况

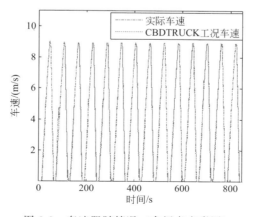

图 8-8 车速跟随情况（参阅书末彩图）

的850s内总行程3.51km的累积油耗降为1759.0g,换算得到等工况油耗为60.4L/100km。

由于在轮毂液压混合动力车行驶过程中,车辆在1~10挡之间适时切换,发动机的转速和转矩均工作在合理范围内,且处于部分负荷状态,同时车辆在六种不同模式下不断切换、液压系统适时参与工作：车辆制动时可回收部分制动能量并存储在液压蓄能器中,车辆起步时蓄能器液压能经轮毂液压马达转化为机械能辅助车辆起步。由此,发动机起步负荷改善、整车工况油耗降低,具有更好的经济性能。

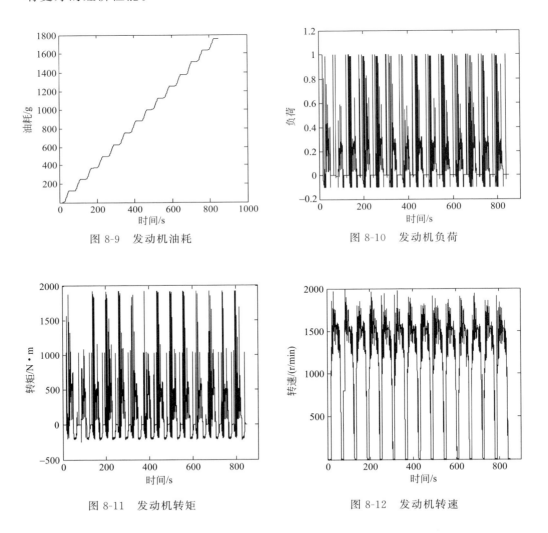

图8-9 发动机油耗

图8-10 发动机负荷

图8-11 发动机转矩

图8-12 发动机转速

由图8-15~图8-18可见,在车辆起步过程中,当蓄能器助力时其压力将随能量减少而逐渐降低，同时其放液流量将随车速增大而不断增大，直到其压力降到最低工作压力或挡位高于 6 挡时，策略算法将控制液压系统停止工作。当车速升高时，蓄能器的放液阀控制信号及其开度增大，使得流量增大以满足液压轮毂马达的速度需求。

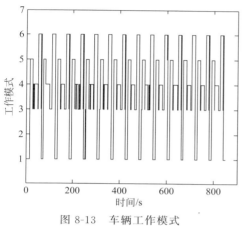

图 8-13　车辆工作模式

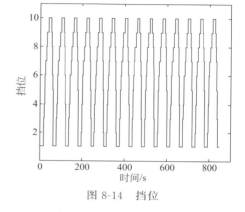

图 8-14　挡位

若蓄能器压力降低至小于主动充能压力，并且整车需求不大于发动机高效工作区所能提供的转矩，则系统工作在发动机驱动并为蓄能器充能模式。此时，发动机一部分动力用于满足整车行驶需求，剩余动力带动液压泵工作，为液压蓄能器主动充能，由仿真结果可见，在车辆部分驱动过程中，蓄能器充能压力增大。

在制动过程中，当制动强度较小且液压蓄能器压力小于最大工作压力 330bar 时，则可回收车辆部分制动能量，蓄能器压力增大，直到达到最大工作压力 $p_{\text{acc}_{\max}}$ 或制动强度过大。

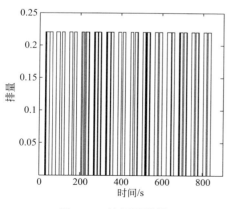

图 8-15　液压泵排量

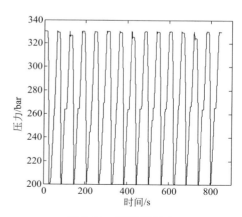

图 8-16　蓄能器压力

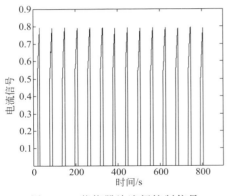

图 8-17　蓄能器放液阀控制信号

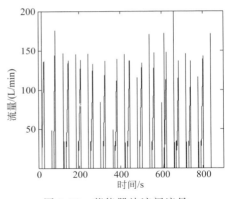

图 8-18　蓄能器放液阀流量

8.1.2.3　测试结论

传统车和轮毂液压混合动力车的油耗离线仿真结果与 HIL 测试结果对比如表 8-1 所示。

表 8-1　传统车和轮毂液压混合动力车的油耗离线仿真结果与 HIL 测试结果对比

车型	等效百公里油耗/L	
	离线仿真	HIL 测试
传统车	66.90	66.16
轮毂液压混合动力车	59.40	58.86

由以上离线仿真与硬件在环仿真结果对比分析可见，两平台仿真误差在 5% 以内，仿真结果具有可信度。同时，两平台的节油率均在 10% 以上，并且传统车及液压系统各部件参数变化合理，验证了现阶段控制策略的合理性与工况适应性。

8.2　台架试验测试

前文基于 AMESim 整车动力学模型、实际控制器及 dSPACE/Simulator 开展了液混车 HIL 测试，验证了控制算法的实时性和控制器环境工作效果。另外，通过液压系统关键部件的台架试验测试，验证控制算法对轮毂液压混合动力车系统主要物理实际部件的控制效果和部件的工作性能情况，对整车技术开发至关重要。

8.2.1　测试方案

考虑到轮毂液压马达是轮毂液压混合动力车的主要关键部件，其工作性能对车辆行驶影响重大；同时，轮毂液压马达经常在高压状态下工作，容易出现液压油泄漏现象，对其动力输出和使用寿命有较大影响，因此搭建了前桥轮毂液压马达试验台，并测试了轮毂液压马达的高压工作泄漏状况。

依据以上试验目的，基于轮毂液压马达式前桥、真实控制器和相关 CAN 通信监控设备，制定的液压系统台架试验方案，如图 8-19 所示。试验方案中采用了 TTC200 控制器、CANoe、PCAN 等硬件设备。CANoe、PCAN 可通过 CAN 接头与 TTC200 连接，PCAN 用于将计算机中的控制策略算法编译文件下载到 TTC200 中，TTC200 工作时将输出相应的 PWM 控制信号，实现液驱系统的控制，此时可通过 CANoe 监测系统反馈。同时，计算机作为上位机，可实时显示系统状态并存储相关数据，便于后续具体分析程序控制效果和部件响应性能。气站用于提供输出到车轮制动器的制动器驱动气体，实现轮毂液压马达抱死功能，从而测试轮毂液压马达在极限高压状态下工作时的油液泄漏情况。

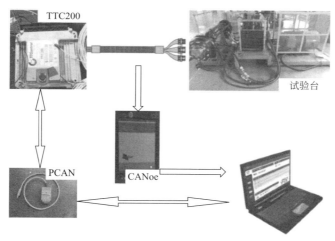

图 8-19　液压系统台架试验方案

8.2.2　测试设置

根据台架试验方案，控制器 TTC200 接收的输入信号包括两类：一类是上位机通过 PCAN 发送的控制信号；另一类是控制器接收的传感器输出信号。其中，实验的主要内容应为采集各传感器的输出信号。

TTC200 的输出信号同样包括两类：一类是通过硬线发出的控制命令信号，用于控制液压驱动系统中阀组作动和变量泵排量；另一类是通过 CAN 总线发送并采集的传感器信号值，主要包括主泵与阀组的控制信号、补油路压力、前进及后退油路压力、马达进/出油口压力、反馈排量、油温等。

除上述 TTC 控制器的输入和输出信号外，TTC 和传感器的正常工作还需要连接一些辅助硬线连接信号，比如供电电源和接地信号等。

8.2.3 试验内容

8.2.3.1 功能验证

台架试验应在确保系统正常工作的基础上进行，为此，需验证台架控制策略可确保系统正常工作。如图 8-20 所示，在 30s 左右，系统从自由轮模式切换至辅助驱动模式。当系统处于自由轮模式时，MG 端口压力较小，当系统切换至辅助驱动模式，补油路油液输送至马达自由轮阀控制腔，此时 MG 压力迅速上升，达到 25bar 左右。前进油路压力 MA、后退油路压力 MB1 分别迅速上升至 47bar 和 33bar。此时可观察到马达正常转动，说明系统工作正常。

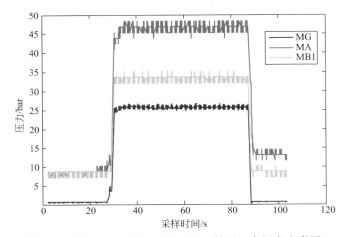

图 8-20 端口 MG、MA、MB1 压力情况（参阅书末彩图）

液压泵排量控制也是保证台架测试正常进行的必要条件，试验中，上位机通过 PCAN 发送挡位信号至控制器，从而控制泵排量。如图 8-21 所示为液压泵排

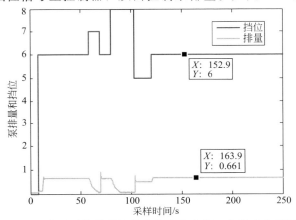

图 8-21 液压泵排量随挡位信号变化曲线（参阅书末彩图）

量随挡位信号变化曲线，由图可知，可以通过控制挡位信号改变变量泵排量，使其跟随所设定的排量信号值。

为了能够更加准确地反映马达两端的压力差，在马达进出油口安装有压力传感器，如图 8-22 所示为系统前进油路压力同后退油路压力差和马达两端压力差变化曲线。由图可见，马达两端压力差和系统前进、后退油路压力差的变化趋势相同，且差值较小，由于马达两端和系统前进、后退油路存在一定的压降，所以测量得到的系统前进、后退油路压力差稍小于马达两端压力差。

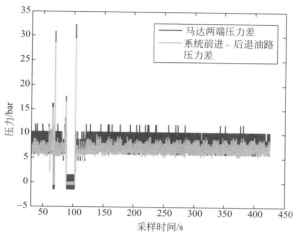

图 8-22 系统前进油路压力同后退油路压力差和
马达两端压力差变化曲线（参阅书末彩图）

由以上内容可知，在台架控制策略的作用下，液压驱动系统能够正常工作，驱动马达运转。所安装在马达进出端口的压力传感器能够准确测得马达端口压力，这也是后续试验的基础。

8.2.3.2 定排量测试

通过测试液压泵在某一排量下的轮毂液压马达泄漏，可得马达在稳态工况下的泄漏状况。在此，分别在液压泵小排量、中排量和大排量下各选定一值进行测试。关于对马达泄漏流量的测试，从三方面确保其值的准确性：通过控制器 TTC200 采集传感器信号；通过流量传感器显示屏得到流量变化情况；如若上述两种情况下的泄漏流量都为 0，可将流量传感器从马达泄流管道上拆卸，然后将连接至马达壳体一端的管道放在一张洁净的白纸上，通过对比试验前后白纸状况来判断是否有泄漏。在通过以上三个方面判断马达泄漏状况的同时，观察马达外壳是否有泄漏油液。

如图 8-23 和图 8-24 所示，液压泵排量维持在 0.15 左右，在第 20s 时，通过气站输出 2bar 气压制动马达，马达被抱死大概 20s，此时马达端口压力差和主油路压力差均迅速上升，压力最高可达约 95bar。在第 56s 时将马达切换至自由轮模式，此时系统压力差降低，由于马达进出油口无液体进出，故马达端口压力差降为 0。

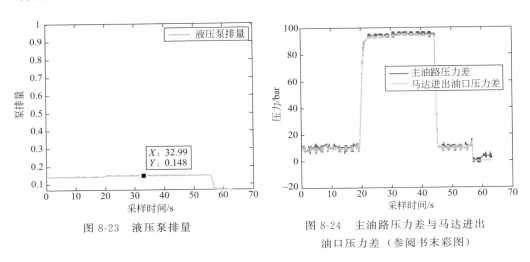

图 8-23 液压泵排量

图 8-24 主油路压力差与马达进出油口压力差（参阅书末彩图）

此时可通过流量传感器 Flow_F1 测取马达泄漏流量，马达泄漏流量如图 8-25 所示，可知马达没有出现泄漏。此外，通过流量传感器显示屏上所显示的流量值可以得到相同的结果。

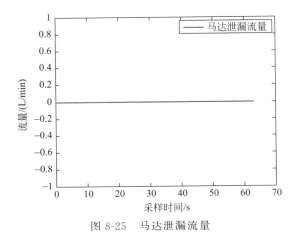

图 8-25 马达泄漏流量

同上测试可得其他排量和不同气压加载状态下的马达进出口压力差与泄漏流量情况，由于工作状态和曲线趋势相同，此处不再赘述。

上述各工况均是在马达正转条件下测得的，拟通过测试马达反转时是否出现泄漏来充分验证马达的泄漏状况。如图 8-26 所示,在第 7s 附近利用气站加载 3bar 气压制动马达,之后,变量泵排量会出现较大降低,同时马达端口压力差迅速升高至 420bar(绝对值),之后稳定在 300bar。通过图 8-27 可知,在对马达加载制动后,变量泵排量会快速降低,卸载后又迅速恢复。

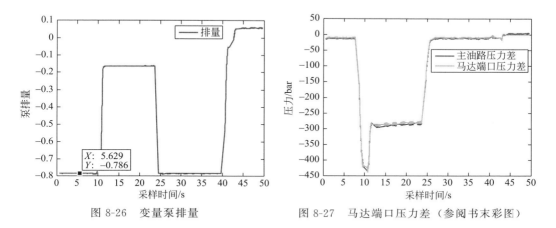

图 8-26 变量泵排量　　　　　图 8-27 马达端口压力差(参阅书末彩图)

此时通过流量传感器测得的马达泄漏流量依然恒为 0,在此工况下,马达也没有出现泄漏,这同样可以通过流量传感器显示屏以及拆卸流量传感器测试确认。

将上述不同排量和不同气压加载状态下的测试结果汇总,如表 8-2 所示。

表 8-2　试验工况及结果总结

序号	变量泵排量比	加载气压/bar	马达端口压力差/bar	马达泄漏流量/(L/min)
1	0.15	2	95	0
2	0.15	3	123	0
3	0.64	2.5	300	0
4	0.68	3	260	0
5	0.73	2	300	0
6	0.70	3	300	0
7	−0.79	3	300	0

通过以上的试验可得,马达密封效果良好,没有出现泄漏。在测试台架的轮毂液压马达车桥中,在马达端部加有高压格莱密封圈,能够起到良好的密封效果,在正常情况下不会出现泄漏,只有在较长时间工作后才会有少量泄漏(几滴油液)。经过长期使用,密封圈被损坏后才会出现较大的泄漏。所以,可认为马达在现阶段内使用过程中不会出现泄漏,可正常工作。

8.3 实车试验测试

前述通过台架试验测试验证了轮毂液压系统从自由轮模式切换至辅助驱动模式过程中的工作情况、在极限高压状态下液压马达不同排量比时的油液泄漏情况、控制算法对轮毂液压混合动力系统主要部件的控制效果和部件的基本工作性能。

8.3.1 试验样车搭建

在此基础上，基于某款自主品牌重型牵引车，通过在前轮加装液压轮毂马达辅助驱动系统，搭建了轮毂液压混合动力试验样车，如图 8-28 所示。

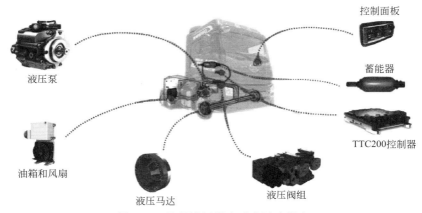

图 8-28　轮毂液压混合动力试验样车

液压轮毂马达辅助驱动系统结构如图 8-29 所示，其发动机的动力输出端连

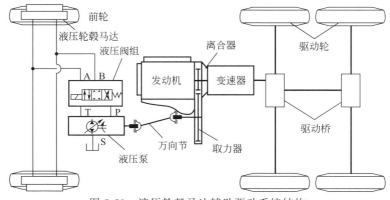

图 8-29　液压轮毂马达辅助驱动系统结构

接取力器,取力器的另一端通过万向节连接到变量泵输入端,带动轴向柱塞旋转;液压轮毂马达安装在前轮(非驱动轮)的轮毂内,可带动前轮转动;液压轮毂马达和变量泵通过液压阀组构成闭式液压回路,且通过液压阀组来控制传动回路的接通与断开。通过调节变量泵的排量,来改变液压轮毂马达的输出功率,以适应不同负载的需求。

8.3.2 实车试验测试

基于上述试验样车开展多模式测试工作。试验样车所具备的工作模式主要包括自由轮、前进助力、后退助力、后退蠕行、前进蠕行和旁通共 6 种模式,车辆各主要模式间的切换条件如图 8-30 所示。

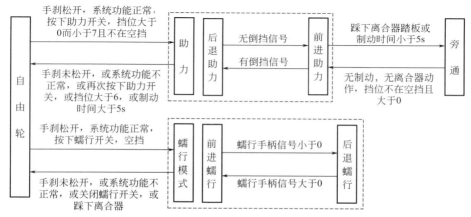

图 8-30 车辆各主要模式间的切换条件

8.3.2.1 前进蠕行测试

挡位保持空挡,松开手刹,在第 5s 左右按下蠕行开关,此时系统切换到前进蠕行模式(Mode=5),如图 8-31 所示。此时补油压力开始建立并维持在

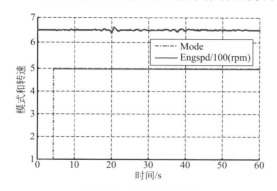

图 8-31 车辆工作模式

25bar 左右。缓慢推动手柄,至 Faw 最大位置,如图 8-32 所示。从图 8-33 中可以看出,反馈排量输出正值并跟随手柄位置缓慢变化。

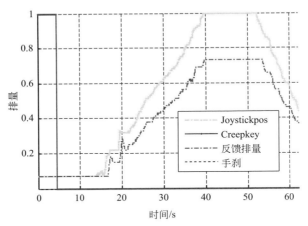

图 8-32 驾驶员操作状态

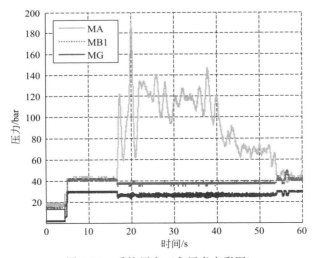

图 8-33 系统压力(参阅书末彩图)

试验曲线说明在前进蠕行模式下,系统各状态变化正常,证明前进助力算法合理,并确认了系统进入前进蠕行的条件是变速器挂入空挡;手刹松开;按下蠕行开关;推动蠕行控制手柄至 Faw 位置。

8.3.2.2 后退蠕行测试

驾驶员在第 3s 左右按下蠕行开关,在第 5.5s 左右推动手柄位置至 Rev 方向并增加,如图 8-34 所示,车辆由前进蠕行模式进入后退蠕行模式(Mode=4)。

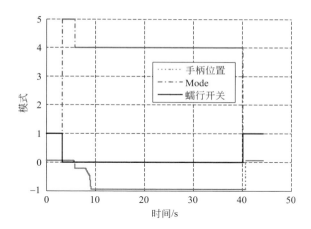

图 8-34　后退蠕行模式驾驶员输入（参阅书末彩图）

由图 8-35 可知，在刚接入后退蠕行时，有两个压力超调，通过图 8-36 中电磁阀输入信号 S1 可以看出在对应时刻有超调，是因为手柄操作过快导致，如图 8-36 中手柄位置变化曲线，第一次在 0.071s 内从 0 给到 -0.21，第二次是在 1.431s 内从 -0.21 给到 -0.95，两次的变化率分别是 -2.96 和 0.52，同时 P 值和 S1 变化斜率选取不当也可能造成压力超调。

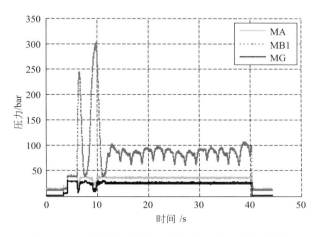

图 8-35　后退蠕行模式压力曲线（参阅书末彩图）

试验曲线证明了系统能根据驾驶员动作进入后退蠕行模式，并确认系统进入后退蠕行模式的条件是：变速器挂入空挡；手刹松开；按下蠕行开关；推动蠕行控制手柄至 Rev 位置。

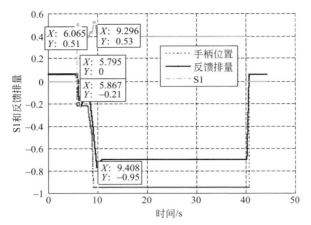

图 8-36　S1 信号和反馈排量（参阅书末彩图）

8.3.2.3　前进助力模式和旁通模式

助力模式 1～6 挡测试曲线如图 8-37～图 8-40 所示。试验工况为：各挡位下发动机转速都维持在 1600～2000r/min。

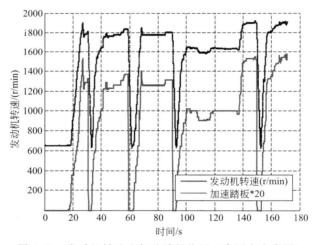

图 8-37　发动机转速和加速踏板位置（参阅书末彩图）

系统在第 25s 左右由自由轮模式（Mode=1）进入助力模式（Mode=2），然后从 1 挡逐次上升到 6 挡，从泵出油口 MA 曲线可以看出，挡位切换时，几乎不存在压力超调现象。并且系统前进油路压力随发动机负荷率增加而增加，如图 8-37 和图 8-39 对比所示。

踩下离合器踏板进行换挡过程中，系统自动进入旁通模式（Mode=6），如图 8-38 所示。此时泵出油口泄油，压力降低到近似 MB，如图 8-39 所示。

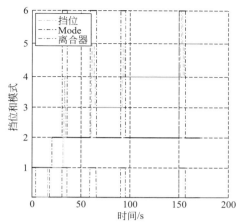

图 8-38　模式和离合器信号（参阅书末彩图）

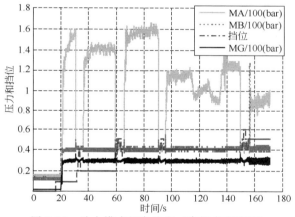

图 8-39　助力模式整车响应（参阅书末彩图）

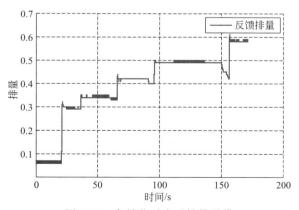

图 8-40　各挡位对应反馈排量值

从以上分析可以得到，系统能够根据驾驶员操作自动在前进助力模式与旁通模式中切换，挡位切换时压力变化平缓，反馈排量超调较小。

8.3.2.4 后退助力测试

后退助力测试曲线如图 8-41～图 8-43 所示，系统在第 9s 左右由自由轮模式进入倒车助力模式（Mode=3），由于原车只能识别倒挡信号，不能识别具体挡位，所以现有算法在倒车助力模式下排量值是个定值，为了保护系统，要求驾驶员只能在倒车 1 挡时开启倒车助力模式。

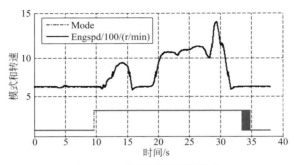

图 8-41 发动机转速和模式

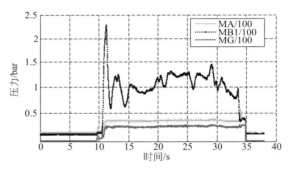

图 8-42 系统压力（参阅书末彩图）

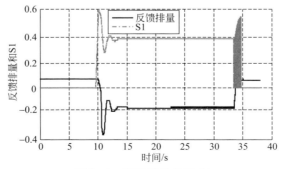

图 8-43 泵反馈排量和 S1

由试验曲线可见，进入倒车助力模式时，排量反馈的稳定值是定值，系统前进压力在接入倒车助力模式的瞬间稍有超调，这是由于 S1 信号变化太快导致排量跟随太快而引起的。但其可以很快维持稳定，系统工作状态和车辆行驶功能正常。

本章小结

本章首先基于前文内容介绍的关键控制算法和 AMESim 整车动力学模型，通过 dSPACE/Simulator（模拟器）实时仿真设备与 TTC200 快速原型控制器开展了 HIL 测试，验证了控制算法在真实控制器平台的运行与控制效果。然后，基于轮毂马达式前桥、真实控制器和相关 CAN 通信监控设备，搭建了前桥轮毂液压系统试验台架，测试了轮毂液压马达自由轮模式切换至辅助驱动模式过程中的工作情况，以及在极限高压状态下液压马达不同排量比时的油液泄漏情况，验证了控制算法对轮毂液压混合动力系统主要部件的控制效果和部件的基本工作性能。最后，基于某款自主品牌重型牵引车，通过在前轮加装液压轮毂马达辅助驱动系统，搭建了轮毂液压混合动力试验样车，开展了实车试验测试，分析了车辆行驶时在算法控制下的行驶模式、系统压力、电磁阀控制信号以及马达反馈排量等系统状态，验证了控制算法的基本功能和液压系统工作性能。同时，也再次验证了轮毂液压混合动力技术的可行性，并推动了其产业化进程。

参 考 文 献

[1] Bodin A. Development of a tracked vehicle to study the influence of vehicle parameters on tractive performance in soft terrain [J]. Journal of Terramechanics, 1999, 36 (3): 167-181.

[2] Peng D, Zhang Y, Yin C L, et al. Combined control of a regenerative braking and antilock braking system for hybrid electric vehicles [J]. International Journal of Automotive Technology, 2008, 9 (6): 749-757.

[3] Wong J Y. Theory of Ground Vehicles [M]. John Wiley & Sons, 2008.

[4] Vantsevich V V. Power losses and energy efficiency of multi-wheel drive vehicles: A method for evaluation [J]. Journal of Terramechanics, 2008, 45 (3): 89-101.

[5] Dudziński P A. The problems of multi-axle vehicle drives [J]. Journal of Terramechanics, 1986, 23 (2), 85-93.

[6] Shen W, Jiang J, Su X, et al. Control strategy analysis of the hydraulic hybrid excavator [J]. Journal of the Franklin Institute, 2015, 352 (2): 541-561.

[7] Wu W, Hu J, Yuan S, et al. A hydraulic hybrid propulsion method for automobiles with self-adaptive system [J]. Energy, 2016, 114: 683-692.

[8] Bender F A, Bosse T, Sawodny O. An investigation on the fuel savings potential of hybrid hydraulic refuse collection vehicles [J]. Waste Management, 2014, 34 (9): 1577-1583.

[9] Filipi Z, Kim Y J. Hydraulic hybrid propulsion for heavy vehicles: Combining the simulation and engine-in-the-loop techniques to maximize the fuel economy and emission benefits [J]. Oil & Gas Science and Technology-Revue de l' Institut Français du Pétrole, 2010, 65 (1): 155-178.

[10] Midgley W J B, Cathcart H, Cebon D. Modelling of hydraulic regenerative braking systems for heavy vehicles [J]. Proceedings of the Institution of Mechanical Engineers, Part D: Journal of Automobile Engineering, 2013: 227 (7): 1072-1084.

[11] Baseley S, Ehret C, Greif E, et al. Hydraulic Hybrid Systems for Commercial Vehicles [C] //SAE 2007 Commercial Vehicle Engineering Congress & Exhibition. 2007.

[12] Cunningham S. Hydrostatic drive: U. S. Patent 6, 675, 575 [P]. 2004-1-13.

[13] EauClaire M. Joining forces [J]. OEM Off-Highway, 2008, 23: 40-47.

[14] Ragavan S V, Kumar J M, Ponnambalam S G. Design of a Mechatronic Drive Train with Regenerative Braking [J]. Applied Mechanics and Materials, 2011, 110-116: 5111-5117.

[15] Midgley, William J B, Cebon D. Comparison of regenerative braking technologies for heavy goods vehicles in urban environments [J]. Proceedings of the Institution of Mechanical Engineers, Part D: Journal of Automobile Engineering, 2012, 226 (7): 957-970.

[16] Midgley, William JB, Cebon D. Control of a hydraulic regenerative braking system for a heavy goods vehicle [J]. Proceedings of the Institution of Mechanical Engineers, Part D: Journal of Automobile Engineering, 2016, 230 (10): 1338-1350.

[17] Midgley W J B, Cebon D. Architecture of regenerative braking systems for heavy goods vehicles [C] //10th international symposium on advanced vehicle control. 2010: 544-549.

[18] John Henry, Lumkes J R. Simulation and Testing of an Energy Storage Hydraulic Vehicle Transmission and Controller [D]. University of Wisconsin-Madison, 1997: 16-21.

[19] Casoli P, Gambarotta A, Pompini N, et al. Coupling excavator hydraulic system and internal com-

bustion engine models for the real-time simulation [J]. Control Engineering Practice, 2015, 41: 26-37.

[20] 姜继海. 二次调节压力耦联静液传动技术 [M]. 北京: 机械工业出版社, 2012.

[21] Buchwald P, Christensen G, Larsen H, et al. Improvement of Citybus Fuel Economy Using a Hydraulic Hybrid Propulsion System-A Theoretical and Experimental Study [J]. Society of Automotive Engineers Preprint, 1979: 1042-1056.

[22] Pourmovahed A, Beachley N H, Fronczak F J. Modeling of a Hydraulic Energy Regeneration System: Part I—Analytical Treatment [J]. Journal of Dynamic Systems Measurement & Control, 1992, 114 (114): 160-165.

[23] Beachley N H, Fronczak F J. Advances in Accumulator Car Design [C] //Sae Future Transportation Technology Conference & Exposition. 1997.

[24] Bravo R R S, De Negri V J, Oliveira A A M. Design and analysis of a parallel hydraulic-pneumatic regenerative braking system for heavy-duty hybrid vehicles [J]. Applied Energy, 2018, 225: 60-77.

[25] Chen J S. Energy efficiency comparison between hydraulic hybrid and hybrid electric vehicles [J]. Energies, 2015, 8 (6): 4697-4723.

[26] Pourmovahed A, Beachley N H, Fronczak F J. Modeling of a Hydraulic Energy Regeneration System: Part I—Analytical Treatment [J]. Journal of Dynamic Systems Measurement & Control, 1992, 114 (114): 160-165.

[27] Beachley N H, Fronczak F J. Advances in Accumulator Car Design [C] //Sae Future Transportation Technology Conference & Exposition. 1997.

[28] Bravo R R S, De Negri V J, Oliveira A A M. Design and analysis of a parallel hydraulic-pneumatic regenerative braking system for heavy-duty hybrid vehicles [J]. Applied Energy, 2018, 225: 60-77.

[29] Chen J S. Energy efficiency comparison between hydraulic hybrid and hybrid electric vehicles [J]. Energies, 2015, 8 (6): 4697-4723.

[30] 冯代伟. 串联型液压混合动力汽车的能量管理策略研究 [D]. 成都: 电子科技大学, 2012.

[31] 徐耀挺. 复合再生制动系统的制动效能稳定和能量高效回收的研究 [D]. 杭州: 浙江工业大学, 2012.

[32] 王瑞武. 我国混合动力城市客车的开发与应用 [J]. 人民公交, 2008 (1): 17-20.

[33] 陈杰. 交大神舟, 液压混合动力公交车 "专家" [J]. 人民公交, 2008 (2): 16-17.

[34] 陈婷. 神舟汽车: 环保节能汽车技术的领跑者 [J]. 国际融资, 2013 (7): 22-23.

[35] 潘霜威. 液压混合动力自卸车顶升节能控制系统研究 [D]. 杭州: 浙江大学, 2018.

[36] Hui S, Junqing J. Research on the system configuration and energy control strategy for parallel hydraulic hybrid loader [J]. Automation in Construction, 2010, 19 (2): 213-220.

[37] 王昕, 姜继海. 轮边驱动液压混合动力车辆再生制动控制策略 [J]. 吉林大学学报: 工学版, 2009 (6): 1544-1549.

[38] 董晗, 刘昕晖, 王昕, 等. 并联式液压混合动力系统中蓄能器各主要参数对系统性能的影响 [J]. 吉林大学学报: 工学版, 2015, 45 (2): 420-428.

[39] 董晗, 刘昕晖, 王昕, 等. 基于 AMESim 的液压混合动力系统节能特性 [J]. 吉林大学学报: 工学版, 2013, 43 (5): 1264-1270.

[40] 肖清, 王庆丰, 张彦廷, 等. 液压挖掘机混合动力系统建模及控制策略研究 [J]. 浙江大学学报: 工学版, 2007, 41 (3): 480-483.

[41] 肖扬，管成，王飞.扭矩耦合式油液混合动力挖掘机能量管理［J］.浙江大学学报：工学版，2016，50（1）：70-77.

[42] 杜玖玉，王贺武，黄海燕.基于规则的混联式混合动力系统控制策略［J］.农业工程学报，2012（S1）：152-157.

[43] 杜玖玉，王贺武，黄海燕.混联式液压混合动力系统储能元件参数优化［J］.农业工程学报，2012，28（6）：39-43.

[44] 张庆永，常思勤.液驱混合动力车辆液压系统设计及性能分析［J］.拖拉机与农用运输车，2010（1）：62-65.

[45] 张庆永，常思勤.液驱混合动力车辆液压系统试验台设计与试验研究［J］.机床与液压，2011，39（1）：23-26.

[46] Baer K，Ericson L，Krus P. Aspects of Parameter Sensitivity for Series Hydraulic Hybrid Light-Weight Duty Vehicle Design［C］//9th FPNI Ph. D. Symposium on Fluid Power. American Society of Mechanical Engineers，2016：V001T01A041-V001T01A041.

[47] Zheng B，Wang X，Liang W，et al. Simulation and experiment of front located parallel hydraulic hybrid system［C］//Fluid Power and Mechatronics（FPM），2015 International Conference on. IEEE，2015：1383-1387.

[48] 罗晓岚.采用静液压前桥驱动技术的 MAN TGS35. 440 8X6 自卸车［J/OL］.商用汽车杂志，［2011-7-5］.http：//www. magcv. com/html/Model/Newcar/1037. html

[49] MAN HydroDrive | MAN Truck International：Technology ＆ competence. http：//www. mantruckandbus. com/com/en/innovation＿competence/applied＿safety/man＿hydrodrive＿/MAN＿Hydro-Drive＿. html

[50] 牛峰. MAN 公司开发重型汽车新型前轮驱动——动液传动系统［J］.汽车与配件，2005（44）：44-45.

[51] http：//www. 360che. com/tech/100925/11426. html

[52] 姜延民.波克兰液压技术在工程机械上的应用［J］.液压气动与密封，2003（S1）：17-18.

[53] 薛文祥.经济、环保与安全——由汉诺威车展看卡车技术发展趋势［J］.物流技术与应用（货运车辆），2012（10）：16-18.

[54] Eith H，Staib H，Friedow M，et al. Magnetic valve for a traction-controlled hydraulic brake system for motor vehicles：U. S. Patent 5，810，330［P］. 1998-9-22.

[55] Zeng X，Li G，Song D，et al. Auxiliary Drive Control Strategy of Hydraulic Hub-Motor Auxiliary System for Heavy Truck［R］. SAE Technical Paper，2016.

[56] Vu T V，Vu T H. An improvement of rule-based control strategy for a series hydraulic hybrid vehicle［C］//International Conference on Advanced Engineering Theory and Applications. Springer，Cham，2016：902-912.

[57] Wu B，Lin C C，Filipi Z，et al. Optimal power management for a hydraulic hybrid delivery truck［J］. Vehicle System Dynamics，2004，42（1-2）：23-40.

[58] Meyer J J，Stelson K A，Alleyne A G，et al. Power management strategy for a parallel hydraulic hybrid passenger vehicle using stochastic dynamic programming［C］//Proceedings of 7th International Fluid Power Conference，Aachen，Germany，March. 2010：22-24.

[59] Molla S. System modeling and power management strategy for a series hydraulic hybrid vehicle［J］. 2010.

[60] Johri R, Filipi Z. Low-cost pathway to ultra efficient city car: Series hydraulic hybrid system with optimized supervisory control [J]. SAE International Journal of Engines, 2010, 2 (2): 505-520.

[61] Vu T V, Chen C K. A Model-Based Controller Development for a Series Hydraulic Hybrid Vehicle [C] //International Conference on Advanced Engineering Theory and Applications. Springer, Cham, 2016: 891-901.

[62] Vu T V, Chen C K. A control oriented model and application for control system design of a series hydraulic hybrid vehicle [C] //Systems and Informatics (ICSAI), 2014 2nd International Conference on. IEEE, 2014: 51-56.

[63] Deppen T O, Alleyne A G, Stelson K A, et al. Optimal energy use in a light weight hydraulic hybrid passenger vehicle [J]. Journal of dynamic, systems, measurement, and control, 2012, 134 (4): 041009.

[64] Bellman R. Dynamic programming [J]. Science, 1966, 153 (3731): 34-37.

[65] Bertsekas D P, Bertsekas D P, Bertsekas D P, et al. Dynamic programming and optimal control [M]. Belmont, MA: Athena scientific, 2005.

[66] Gong Q, Li Y, Peng Z R. Trip-Based Optimal Power Management of Plug-in Hybrid Electric Vehicles [J]. IEEE Transactions on Vehicular Technology, 2008, 57 (6): 3393-3401.

[67] Zhou Z, Mi C, Chen Z, et al. Power management of passive multi-source hybrid electric vehicle [C] //Vehicle Power and Propulsion Conference (VPPC), 2011 IEEE. IEEE, 2011: 1-4.

[68] 杨南南. 基于历史数据的行星混联式客车在线优化控制策略 [D]. 长春: 吉林大学, 2018.

[69] Zilinskas A. Simulation-Based Optimization: Parametric Optimization Techniques and Reinforcement Learning [J]. Interfaces, 2005, 35 (6): 535.

[70] Moura S J, Fathy H K, Callaway D S, et al. A stochastic optimal control approach for power management in plug-in hybrid electric vehicles [J]. IEEE Transactions on control systems technology, 2011, 19 (3): 545-555.

[71] Vagg C, Akehurst S, Brace C J, et al. Stochastic Dynamic Programming in the Real-World Control of Hybrid Electric Vehicles [J]. IEEE Transactions on Control Systems Technology, 2016, 24 (3): 853-866.

[72] Kumar R. A power management strategy for hybrid output coupled power-split transmission to minimize fuel consumption [D]. Purdue University, 2010.

[73] Tate E D, Grizzle J W, Peng H. SP-SDP for Fuel Consumption and Tailpipe Emissions Minimization in an EVT Hybrid [J]. IEEE Transactions on Control Systems Technology, 2010, 18 (3): 673-687.

[74] Paganelli G, Ercole G, Brahma A, et al. General supervisory control policy for the energy optimization of charge-sustaining hybrid electric vehicles [J]. JSAE review, 2001, 22 (4): 511-518.

[75] Serrao L, Onori S, Rizzoni G. ECMS as a realization of Pontryagin's minimum principle for HEV control [C] //American Control Conference, 2009. ACC'09. IEEE, 2009: 3964-3969.

[76] Musardo C, Rizzoni G, Guezennec Y, et al. A-ECMS: An adaptive algorithm for hybrid electric vehicle energy management [J]. European Journal of Control, 2005, 11 (4-5): 509-524.

[77] Kumar R, Ivantysynova M. An instantaneous optimization based power management strategy to reduce fuel consumption in hydraulic hybrids [J]. International journal of fluid power, 2011, 12 (2): 15-25.

[78] Hippalgaonkar R R. Power management strategies for hydraulic hybrid multi-actuator mobile machines with DC actuators [D]. Purdue University, 2014.

[79] Hippalgaonkar R, Ivantysynova M. Optimal Power Management of Hydraulic Hybrid Mobile Machines—Part Ⅰ: Theoretical Studies, Modeling and Simulation [J]. Journal of Dynamic Systems, Measurement, and Control, 2016, 138 (5): 051002.

[80] Hippalgaonkar R, Ivantysynova M. Optimal Power Management of Hydraulic Hybrid Mobile Machines—Part Ⅱ: Machine Implementation and Measurements [J]. Journal of Dynamic Systems, Measurement, and Control, 2016, 138 (5): 051003.

[81] Yan F, Wang J, Huang K. Hybrid Electric Vehicle Model Predictive Control Torque-Split Strategy Incorporating Engine Transient Characteristics [J]. IEEE Transactions on Vehicular Technology, 2012, 61 (6): 2458-2467.

[82] Borhan H A, Vahidi A, Phillips A M, et al. Predictive energy management of a power-split hybrid electric vehicle [C] //American Control Conference, 2009. ACC'09. IEEE, 2009: 3970-3976.

[83] Vu, TriVien, Chen, et al. Energies, Vol. 7, Pages 7017-7040: A Model Predictive Control Approach for Fuel Economy Improvement of a Series Hydraulic Hybrid Vehicle [J]. Energies, 2014, 7 (11): 7017-7040.

[84] Deppen T O, Alleyne A G, Stelson K A, et al. Predictive energy management for parallel hydraulic hybrid passenger vehicle [C] //ASME 2010 Dynamic Systems and Control Conference. American Society of Mechanical Engineers, 2010: 185-192.

[85] Thuring P. Model Predictive Control Based Energy Management Algorithm for a Hybrid Excavator [J]. MSc Theses, 2008.

[86] 曾小华, 李文远, 李广含, 等. 轮毂液驱车辆泵控系统建模 [J]. 浙江大学学报: 工学版, 2017 (08): 1603-1609.

[87] 曾小华, 李文远, 宋大凤, 等. 重型商用车辆轮毂液驱系统的驱动特性 [J]. 吉林大学学报: 工学版, 2017 (04): 1009-1016.

[88] 曾小华, 蒋渊德, 李高志, 等. 重型车辆液压辅助驱动系统的前馈+反馈复合控制 [J]. 华南理工大学学报: 自然科学版, 2016, 44 (9): 116-122.

[89] Song D, Li L, Zeng X, et al. Traction control-integrated energy management strategy for all-wheel-drive plug-in hybrid electric vehicle [J]. Advances in Mechanical Engineering, 2017, 9 (12).

[90] Song D, Li L, Zeng X, et al. Hardware-in-the-loop validation of speed synchronization controller for a heavy vehicle with Hydraulics AddiDrive System [J]. Advances in Mechanical Engineering, 2018, 10 (4).

[91] 何渝生. 汽车控制理论基础及应用 [M]. 重庆: 重庆大学出版社, 1995.

[92] 竺长安, 张屹. 控制理论与机械系统控制 [M]. 北京: 高等教育出版社, 2003.

[93] 崔红亮. 计及温度补偿的阻尼可调减振器特性研究 [D]. 长春: 吉林大学, 2014.

[94] Ohno, Hir oshi. Neural network control for automatic braking control system [J]. Neural Networks, 1994, 7 (8): 1303-1312.

[95] 程相君等. 神经网络原理及其应用. 北京: 国防工业出版社, 1995.

[96] 阴晓峰, 葛安林, 雷雨龙, 等. 基于神经网络的 AMT 离合器自适应温度补偿控制 [J]. 农业机械学报, 2001, 32 (3): 11-14.

[97] 阴晓峰, 谭晶星. 具有自适应温度补偿的自动变速器起步控制 [J]. 西南交通大学学报, 2005, 40

[98] 赵鑫.基于变频技术的高温液压流量控制系统 [D].北京：北京交通大学，2010.

[99] Zeng X，Li G，Yin G，et al. Model predictive control-based dynamic coordinate strategy for hydraulic hub-motor auxiliary system of a heavy commercial vehicle [J]. Mechanical Systems and Signal Processing，2018，101：97-120.

[100] 李文远.轮毂液压混合动力车辆分层协调控制研究 [D].长春：吉林大学，2018.

[101] 李相华.重型牵引车液压轮毂马达系统辅助驱动与制动控制 [D].长春：吉林大学，2015.

[102] Simon B，Christine E，Edward G，et al. Hydraulic hybrid systems for commercial vehicles [C]. SAE Paper，2007-01-4150.

[103] 钟汉田.内曲线形式对径向柱塞式液压马达输出特性影响研究 [D].哈尔滨：哈尔滨工业大学，2011.

[104] 陈家瑞.汽车构造：下册 [M].第3版.北京：机械工业出版社，2009.

[105] 王玉海，宋健，李兴坤.离合器动态过程建模与仿真 [J].公路交通科技，2004，21（10）：121-125.

[106] 赵健.轻型越野汽车牵引力/制动力控制系统研究 [D].长春：吉林大学，2007.

[107] 房勇.三轴半挂汽车列车稳定性控制算法研究 [D].长春：吉林大学，2010.

[108] 魏超，周俊杰，苑士华.液压油体积弹性模量稳态模型与动态模型的对比 [J].兵工学报，2015，36（7）：1153-1159.

[109] 王红伟.高速大扭矩全液压顶驱主传动系统研究 [D].长春：吉林大学，2015.

[110] 易小刚，焦生杰，刘正富，等.全液压推土机关键技术参数研究 [J].中国公路学报，2004，17（2）：119-123.

[111] 周中锐.车辆换挡用数字比例溢流阀设计及试验研究 [D].南昌：华东交通大学，2009.

[112] 李相华.重型牵引车轮毂液压马达系统辅助驱动与制动控制 [D].长春：吉林大学，2015.

[113] 曾小华，李文远，李广含，等.轮毂液驱车辆泵控系统建模 [J].浙江大学学报：工学版，2017，51（8）：1603-1609.

[114] Young W C，Budynas R G. Roark's formulas for stress and strain [M]. New York：McGraw-Hill，2002.

[115] 雷秀，赵凯亮，倪萌，等.液压系统的能量损失与节能对比分析 [J].机床与液压，2012，40（2）：30-34.

[116] https：//baike. baidu. com/item/%E6%B6%B2%E5%8E%8B%E6%B2%B9/271356？fr=aladdin.

[117] 王积伟，章宏甲，黄谊.液压与气压传动 [M].北京：机械工业出版社，2005.

[118] Bode B. Verfahren zur Extrapolation wichtiger Stoffeigenschaften von Flüssigkeiten unter hohem Druck [J]. Tribologie und Schmierungstechnik，1990，37（4）：197-202.

[119] 李永林，曹克强.基于 Dymola 的液压系统热力学模块化建模与仿真 [J].系统仿真学报，2010，22（9）：2043-2047.

[120] 何二春.打桩机履带底盘液压系统温度特性研究 [D].长沙：中南大学，2014.

[121] 桑月仙.闭式液压系统补油泵研究 [D].成都：西南交通大学，2010：14-27.

[122] 刘文平，王林涛，姜兆亮.闭式液压系统油温分析及补油量确定 [J].中南大学学报：自然科学版，2013，9：3658-3664.

[123] 毛福合，罗小梅.一种供油系统压力油箱的 AMESim 定义建模与仿真 [J].中国科技信息，2009，

(01): 98-100.

[124] 张兴中，黄文，刘庆国. 传热学 [M]. 北京：国防工业出版社，2011.

[125] Pourmovahed A，Beachley N H，Fronczak F J. Modeling of a Hydraulic Energy Regeneration System. Part 1. Analytical Treatment. Journal of Dynamic Systems [J]. Measurement and Control，1992，(114)：155-159.

[126] 张锐，李长春，杨雪松. 阀控液压伺服系统的辨识与优化设计研究 [J]. 液压气动与密封，2014(3)：19-22.

[127] 高钦和，黄先祥. 基于 Simulink 的重物举升液压控制系统建模与仿真 [J]. 机床与液压，2001，1：61-62.

[128] 高钦和，黄先祥. 复杂液压系统动态特性仿真中的刚性问题研究 [J]. 系统仿真学报，2003，15(4)：482-485.

[129] 曾小华，杨南南，宋大凤，等. 基于功率损失模型的混合动力系统能耗分析 [J]. 汽车工程，2017，39(6)：630-635.

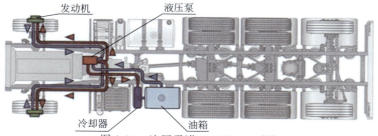

图 1-14 法国雷诺 OptiTrack 系统

图 1-19 轮毂液压混合动力系统样机

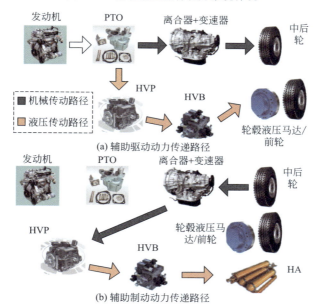

(a) 辅助驱动动力传递路径

(b) 辅助制动动力传递路径

图 2-2 轮毂液压混合动力系统动力传递路径

215

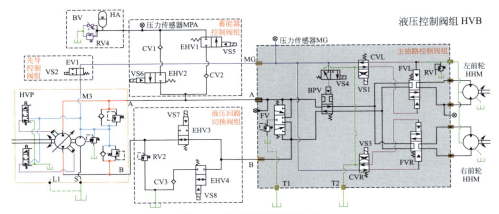

图 2-6 液压控制阀组构型

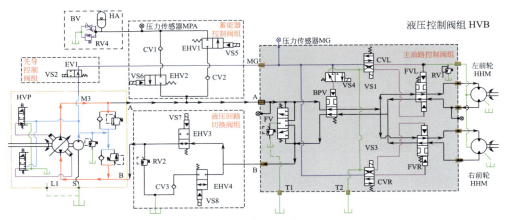

图 2-7 蠕行模式

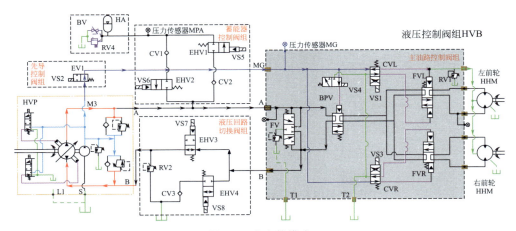

图 2-8 自由轮模式

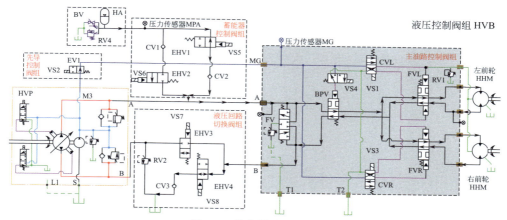

图 2-9 蓄能器助力模式

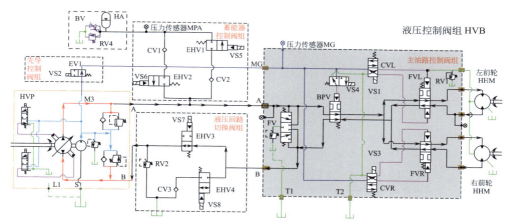

图 2-10 泵助力模式

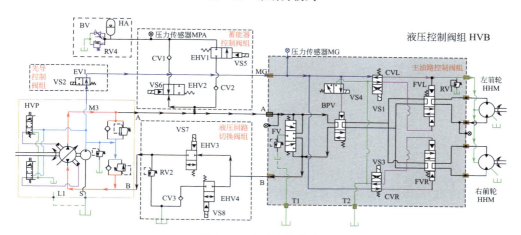

图 2-11 主动充能模式

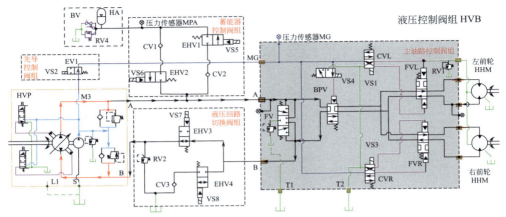

图 2-12 旁通模式

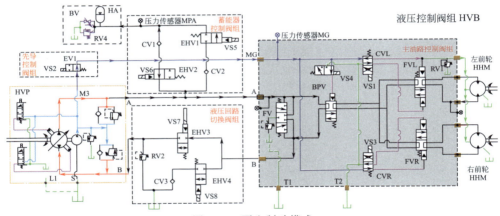

图 2-13 再生制动模式

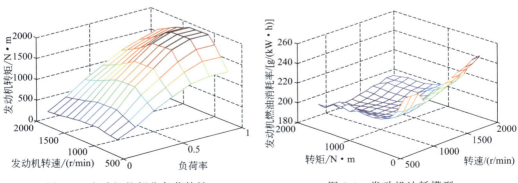

图 3-3 发动机的部分负荷特性　　图 3-4 发动机油耗模型

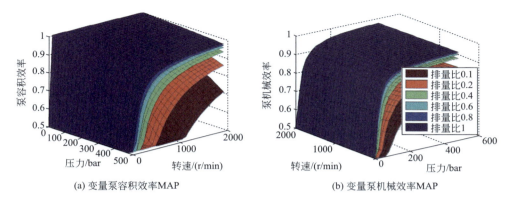

(a) 变量泵容积效率MAP

(b) 变量泵机械效率MAP

图 3-9 液压变量泵效率 MAP

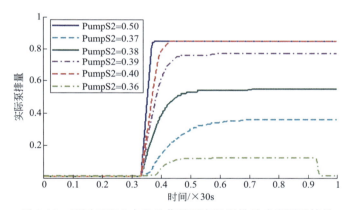

图 3-18 不同 PWM 占空比信号下变量泵排量响应测试结果

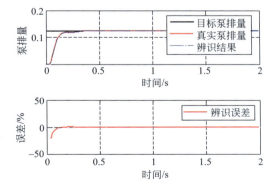

图 3-19 单目标下泵排量执行机构动态模型辨识结果

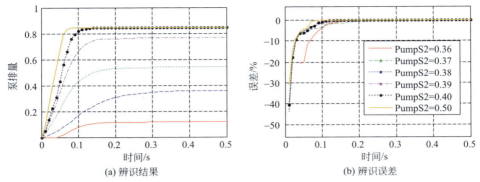

(a) 辨识结果　　　　　　　　　　　　(b) 辨识误差

图 3-20　泵排量执行机构动态模型辨识结果

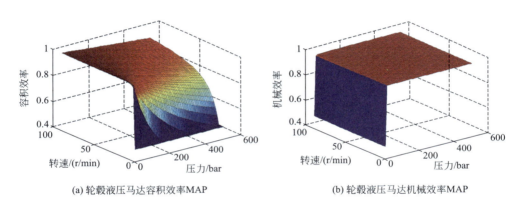

(a) 轮毂液压马达容积效率MAP　　　　(b) 轮毂液压马达机械效率MAP

图 3-22　轮毂液压马达效率 MAP

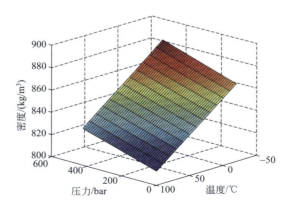

图 3-25　油液密度-温度-压力关系

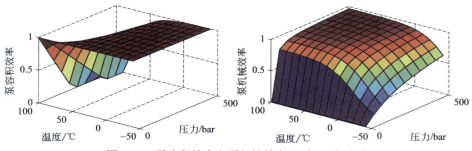

图 3-27 泵容积效率和泵机械效率-温度-压力关系

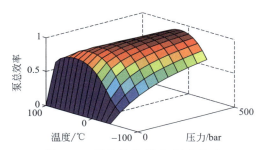

图 3-28 泵总效率-温度-压力关系

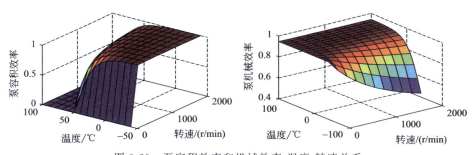

图 3-29 泵容积效率和机械效率-温度-转速关系

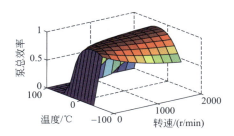

图 3-30 泵总效率-温度-转速关系

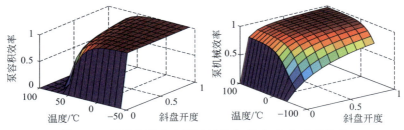

图 3-31 泵容积效率和泵机械效率-温度-斜盘开度关系

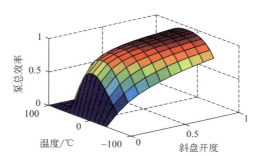

图 3-32 泵总效率-温度-斜盘开度关系

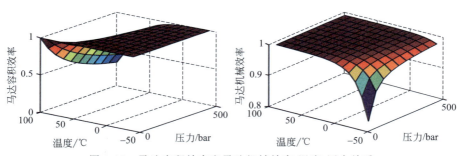

图 3-35 马达容积效率和马达机械效率-温度-压力关系

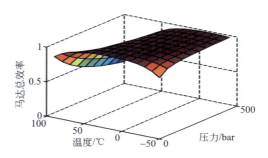

图 3-36 马达总效率-温度-压力关系

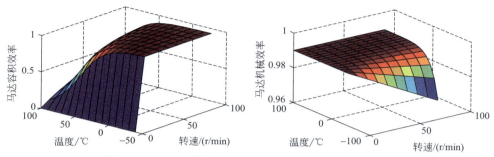

图 3-37　马达容积效率和马达机械效率-温度-转速关系

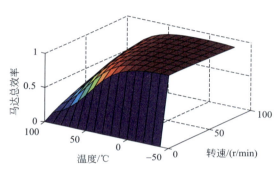

图 3-38　马达总效率-温度-转速关系

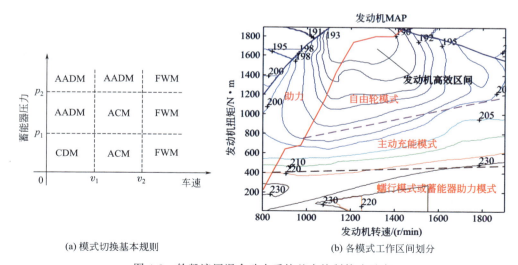

(a) 模式切换基本规则　　　　　　　　　　(b) 各模式工作区间划分

图 4-3　轮毂液压混合动力系统基本控制策略示意

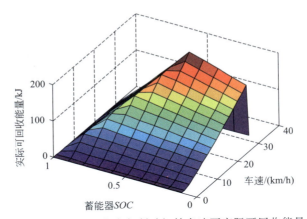

图 5-3 不同 SOC 状态与制动初始车速下实际可回收能量

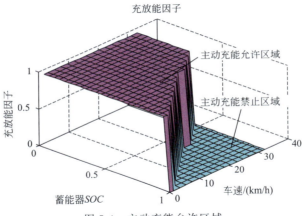

图 5-4 主动充能允许区域

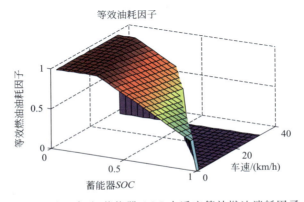

图 5-6 基于车速-蓄能器 SOC 自适应等效燃油消耗因子

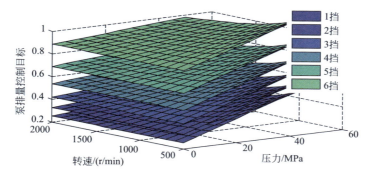

图 6-22　在闭式液压回路泵助力模式下的泵排量控制目标

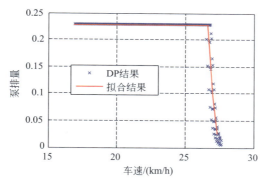

图 6-23　全局优化算法中主动充能模式的泵排量拟合结果

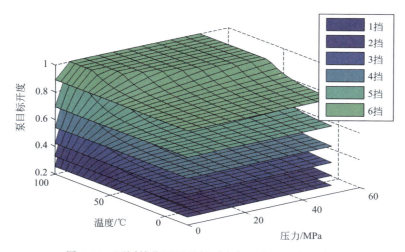

图 6-28　不同挡位下泵目标开度与温度、压力的关系

225

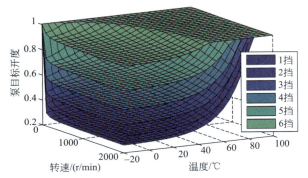

图 6-29 不同挡位下泵目标开度与温度、转速的关系

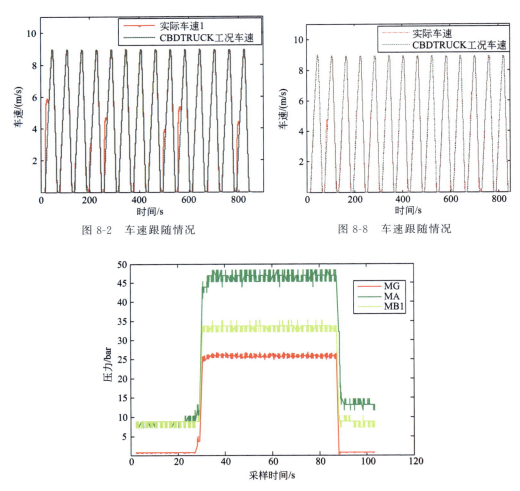

图 8-2 车速跟随情况

图 8-8 车速跟随情况

图 8-20 端口 MG、MA、MB1 压力情况

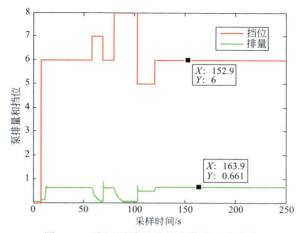

图 8-21 液压泵排量随挡位信号变化曲线

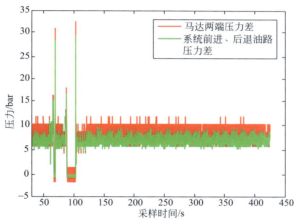

图 8-22 系统前进油路压力同后退油路压力差和马达两端压力差变化曲线

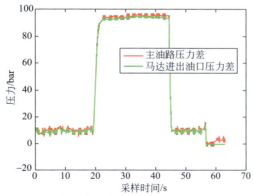

图 8-24 主油路压力差与马达进出油口压力差

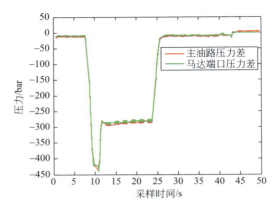

图 8-27 马达端口压力差

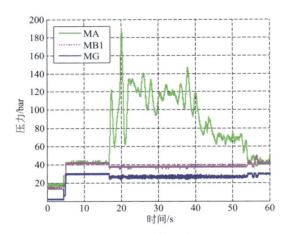

图 8-33 系统压力

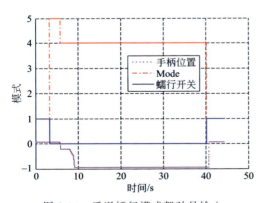

图 8-34 后退蠕行模式驾驶员输入

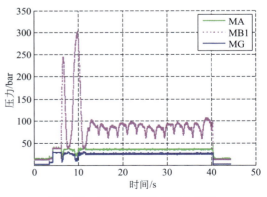

图 8-35 后退蠕行模式压力曲线

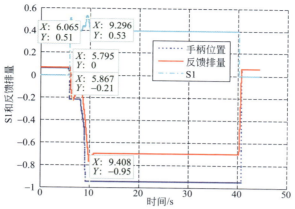

图 8-36　S1 信号和反馈排量

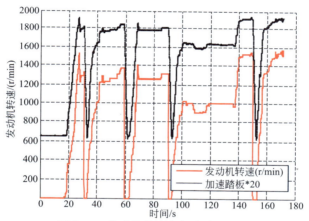

图 8-37　发动机转速和加速踏板位置

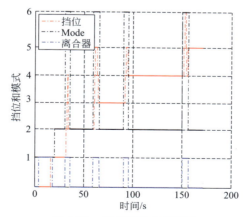

图 8-38　模式和离合器信号

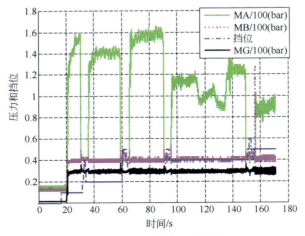

图 8-39 助力模式整车响应

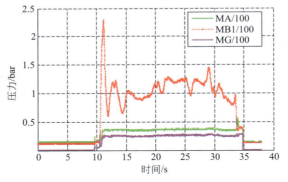

图 8-42 系统压力